FOM-Edition
FOM Hochschule für Oekonomie & Management

Weitere Bände dieser Reihe finden Sie unter
http://www.springer.com/series/12753

Marcel Seidel

Herausgeber

Banking & Innovation 2016

Ideen und Erfolgskonzepte von Experten für die Praxis

Marcel Seidel
Stuttgart, Deutschland

Dieses Werk erscheint in der FOM-Edition, herausgegeben von FOM Hochschule für Oekonomie & Management.

FOM-Edition
ISBN 978-3-658-11051-2   ISBN 978-3-658-11052-9 (eBook)
DOI 10.1007/978-3-658-11052-9

Die Deutsche Nationalbibliothek verzeichnet diese Publikation in der Deutschen Nationalbibliografie; detaillierte bibliografische Daten sind im Internet über http://dnb.d-nb.de abrufbar.

Springer Gabler
© Springer Fachmedien Wiesbaden 2016

Lektorat: Angela Meffert

Gedruckt auf säurefreiem und chlorfrei gebleichtem Papier.

Springer Fachmedien Wiesbaden GmbH ist Teil der Fachverlagsgruppe Springer Science+Business Media
(www.springer.com)

Geleitwort

Innovationen sind für den Bankenbereich mindestens genauso wichtig wie für andere Wirtschaftsbereiche. Die Finanzmarktkrise hat gezeigt, dass aber nicht alle Innovationen gemessen an den Kriterien Nachhaltigkeit, Kundennutzen, Transparenz oder Sicherheit ausgereift waren.

Mit dieser Publikationsreihe wurde ein Forum geschaffen, das Wissenschaft und Praxis beim Bemühen um branchenbezogene Innovationen unterstützt: Banking & Innovation richtet sich an Führungskräfte und Entscheider aus den Bereichen Banking und Finance, die kreativ, innovativ und vor allem langfristig denken und handeln. Dieses Buch ist von und für Vordenker der Branche geschrieben und führt Perspektiven aus Wissenschaft und Praxis handlungsorientiert zusammen.

Das Themenspektrum des nach der Erstausgabe 2015 bereits zweiten Jahresbands Banking & Innovation ist wiederum breit gefächert. Ziel ist es aufzuzeigen, wie vielfältig das Spektrum an innovativen Themen in der Bankbranche ist und welches Chancenpotenzial sich damit verbindet. Den Rahmen für die Themen geben die klassischen Erfolgsfaktoren Strategie, Struktur, Kultur und Technik vor. Außerdem werden außergewöhnliche Themen behandelt und interdisziplinäre Ansätze vor- und angedacht. Die Analyse von Entwicklungspfaden anderer Branchen schafft neue Einsichten und bietet einen Innovationstransfer für den Bereich Banking.

Die FOM Hochschule für Ökonomie & Management stellt gerne den Rahmen für diese Publikationsreihe. In der Bankwirtschaft bilden sich zahlreiche Mitarbeiter berufsbegleitend an den bundesweiten Studienzentren der FOM weiter. Ihnen, aber auch der Bankwirtschaft insgesamt, sollen die Inhalte Anregung und Inspiration für neue Ideen sein. Wir freuen uns sehr, dass unsere Expertise auch in Form konkreter Beiträge unserer Hochschullehrer Eingang in die Reihe gefunden hat. Wir wünschen auch dieser neuen Ausgabe von „Banking & Innovation" eine gute Resonanz in Wissenschaft und Praxis.

Prof. Dr. Burghard Hermeier   Prof. Dr. Thomas Heupel
Rektor der FOM Hochschule   Prorektor Forschung der FOM Hochschule

Vorwort des Herausgebers

In insgesamt 15 Beiträgen werden Innovationen in Banken aus verschiedenen Blickwinkeln betrachtet. Dabei ist der Begriff „Innovation" sehr dehnbar. Für die einen ist eine Innovation etwas vollkommen Neues, für andere ist eine Innovation im Banking etwas, das im Bankensektor neu ist bzw. noch wenig Verbreitung gefunden hat. Letzterem Verständnis wird hier gefolgt. Unter dieser Prämisse sind die hier vorgestellten Gedanken zu verstehen.

Dass einzelne Erfolgsfaktoren nicht immer einfach voneinander abzugrenzen sind, wird gleich im ersten Beitrag von Manfred Goeke deutlich. Er verbindet die Themenfelder Strategie (Vertriebsausrichtung) und Kultur (Werte) auf kritische und zugleich anschauliche Weise – ein Beispiel für frisches und innovatives Denken. Auch die folgenden Beiträge decken zumeist mehrere Erfolgsfaktoren mit unterschiedlichem Gewicht ab. Die Suche nach neuen Ideen ist eine klassisch strategische Aufgabe. In Gesprächen mit Verantwortlichen aus Banken ist festzustellen, dass insbesondere die Suche nach neuen und alternativen Geschäftsfeldern viele Institute bewegt. Hierzu werden mit den Geschäftsfeldern Digitalisierung und Mediation zwei vollkommen unterschiedliche Ansätze vorgestellt. Insgesamt lassen sich so sieben Beiträge einer eher strategisch-vertrieblichen Ausrichtung zuordnen **(Teil 1)**.

In **Teil 2** ergeben sich neue Ideen einer strategisch-strukturellen Ausrichtung im Bankgeschäft aus der Beschreibung der Finanz- und Risikofabrik der TeamBank AG/easyCredit. Eine andere, aber nicht minder spannende Frage wird im Beitrag von Hans-Dieter Schat vorgestellt. Er zeigt einen Weg auf, wie das Ideenmanagement einer Bank konkret und erfolgreich in die Organisation einer Bank integriert werden kann.

Fachkräftemangel und Fluktuation sind auch in Banken schon lange ein Thema. Die Finanzkrise hat diese Phänomene verstärkt, sodass Banken gefordert sind, hier anders zu agieren als bisher. Dies wird in **Teil 3** in zwei kulturell-personalwirtschaftlich orientierten Beiträgen thematisiert. Der Beitrag zum Talentmanagement beschreibt ein konkretes und gleichzeitig pragmatisches Bewertungsinstrument, das Banken unabhängig von ihrer Größe helfen kann, gute Mitarbeiter zu identifizieren, zu entwickeln und im Unternehmen zu halten. Der Beitrag zur Personalbeurteilung mittels 360-Grad-Feedback kann vor allem kleineren und mittleren Banken Anregungen geben, ihr Beurteilungssystem zu verbessern.

Einer eher technisch-vertrieblichen Sicht wird die Betrachtung von Social-Media-Kommunikation zur Kundenbindung zugeordnet. Auch der zweite Beitrag in **Teil 4** ist eher technisch-vertrieblicher Natur: Bezahlsysteme werden analysiert und es wird aufgezeigt, dass Branchengrenzen schrittweise verschwinden bzw. Branchen verschmelzen.

Teil 5 greift zwei methodische Vorgehensweisen auf, die helfen, Potenziale frühzeitig zu entdecken bzw. für das Unternehmen nutzbar zu machen. Dies ist zum einen die Beschreibung eines Future-Management-Systems, mit dessen Hilfe das Retail-Banking der Zukunft gestaltet werden kann. Zu anderen wird ein Weg aufgezeigt, wie es in Zeiten verkürzter Innovationszyklen gelingt, neue Ideen schrittweise zu konkretisieren und Erfolg bringend im Unternehmen umzusetzen.

Die FOM Hochschule für Ökonomie & Management stellt den Rahmen dieser Jahrbuchreihe und unterstützt nicht zuletzt aus einer wissenschaftlichen Perspektive ein neues und innovatives Denken im Banking. Herzlichen Dank an Herrn Professor Thomas Heupel für die Aufnahme des Buches in die FOM-Edition und an Herrn Dipl.-Jur. Kai Enno Stumpp für die Begleitung bei der Erstellung. Ich bedanke mich an dieser Stelle auch bei allen Autoren für die kooperative Unterstützung durch ihre Beiträge.

Liebe Leser: Das Buch mit seinen Praxisbeispielen soll Ihnen neue Impulse geben, die Dinge anders zu machen als bisher, und es soll Sie ermutigen, neues Denken zu wagen. Beides braucht die Branche. Ohne mutige Entscheider ist kein Fortschritt möglich. Ich wünsche Ihnen spannende und inspirierende Einsichten.

Prof. Dr. Marcel Seidel

Inhaltsverzeichnis

Teil I   Strategie/Vertrieb

1   Kompetenz und Trends im Private Banking   3
Manfred Goeke
  1.1   Die sachliche Kompetenzvielfalt   4
  1.2   Personalqualität als Schlüsselfaktor   6
  1.3   Die absolute Kundenausrichtung als Leitmaxime   7
         Literatur   9

2   Corporate Governance und die Reputation von Banken   11
Marion Pester und Ursula Arlt
  2.1   Einführung   11
  2.2   Die Reputation von Bankgeschäften im historischen Rückblick   12
  2.3   Corporate Governance und Reputation – Relevanz für Banken   14
  2.4   Interne Corporate Governance von Banken   15
  2.5   Externe Corporate Governance von Banken   20
  2.6   Fazit   24
         Literatur   26

3   Geschäftsmodelle von Banken in Zeiten fundamentalen Wandels   29
Georg F. Walter
  3.1   Fundamentaler Wandel der Rahmenbedingungen:
         Die wirklichen Herausforderungen beginnen gerade erst   29
  3.2   Aktuelle Wirkungen auf die Geschäftsmodelle
         und Gewinn- und Verlustrechnung von Banken   32
  3.3   Wege der Strategiedefinition im Kontext „Digitalisierung"   34
  3.4   Zentrale Stellhebel der erfolgreichen Weiterentwicklung   39
         Literatur   40

4   Geschäftsfeld Mediation   41
     Jakob Harich
     4.1   Ausgangssituation   41
     4.2   Dienstleistungsinnovationen als neue Ertragsquellen   42
     4.3   Mediation und mediative Kompetenz   44
     4.4   Wirtschaftsmediation als Dienstleistung für Kunden und gegebenenfalls
           Dritte bei deren externen Konflikten   47
     4.5   Mediative Kompetenzen innerhalb der Organisation aufbauen und stärken   50
     4.6   Implementierung   54
     4.7   Fazit   55
           Literatur   56

5   Quantitatives Asset-Management mittels Exchange Traded Funds   57
     Andreas Schyra und Eric Frère
     5.1   Einleitung   57
     5.2   Optimum Portfolio ETF Indices   58
     5.3   Effizienz Invest Portfolios   59
     5.4   Auswahluniversum   59
     5.5   Quantitativer Reallokationsprozess   61
     5.6   Rahmenbedingungen der Rückrechnung   64
     5.7   Analyseresultate der Rückrechnung   64
     5.8   Kritische Würdigung   66
     5.9   Praktische Umsetzung   67
     5.10 Zusammenfassung   67
           Literatur   68

6   FiRMa – Finanzen Rundum Managen   71
     Harald Wirtz und Ewald Seifried
     6.1   Ausgangslage   72
     6.2   Anspruch und Vorgehensweise   73
     6.3   FiRMa ins Leben bringen – Unser Weg, die Herausforderungen
           zur Kundenbegeisterung zu meistern   74
     6.4   Akzeptanz schaffen und Sog entfalten   76
     6.5   Fazit   85
           Literatur   86

7   Wertorientiertes Firmenkundenrating   87
     Karl-Heinz Prieß
     7.1   Große Bedeutung des Unternehmenswertes   87
     7.2   Geringe Rolle des Unternehmenswertes in der Kreditanalyse   88
     7.3   Finanzkennzahlen im Vordergrund des Firmenkundenratings   90
     7.4   Empfehlung für wertorientierte Kennzahlen   91

7.5   Voraussetzungen für den Einsatz wertorientierter Kennzahlen   92
7.6   Unterschieds-Brutto-Cashflow   93
7.7   Eigenschaften und Wirkungen wertorientierter Kennzahlen   95
7.8   Integration in Ratingverfahren   98
7.9   Fazit   99
      Literatur   99

Teil II   Strategie/Struktur

8   Aufbau einer Finanz- und Risikofabrik bei der TeamBank AG/easyCredit   103
Christiane Decker und Andrew J. Zeller

8.1   Einleitung   103
8.2   Strategischer Rahmen   104
8.3   Organisationsprogramm GO: Fabrikstrukturen für Finanzen und Risiko .   105
8.4   Ausgewählte Umsetzungskomponenten   111
8.5   Zusammenfassung und Würdigung   113
      Literatur   114

9   Neuorientierung im Ideenmanagement einer Bank   115
Hans-Dieter Schat

9.1   Ideenmanagement   115
9.2   Ziele des Ideenmanagements   118
9.3   Zukunft des Ideenmanagements   119
9.4   Ein Beispiel guter Praxis: Die Neuorientierung im Ideenmanagement
      der LBBW – Landesbank Baden-Württemberg   120
9.5   Fazit   129
      Literatur   129

Teil III   Kultur/Personal

**10   Personalbeurteilung im Talentmanagement
anhand eines Bewertungsinstruments**   133
Daniela Lißon und Marcel Seidel

10.1 Einführung   133
10.2 Grundlagen der Personalbeurteilung als Teil der Identifikationsphase . .   138
10.3 Aufbau eines Bewertungsinstruments   143
10.4 Fazit   147
      Literatur   147

11   Das 360-Grad-Feedback 149
Wolfgang H. Waldmann
11.1 Mitarbeiterbefragungen in deutschen Unternehmen 149
11.2 Die 360-Grad-Beurteilung und das 360-Grad-Feedback 150
11.3 Wahrnehmung oder Realität 151
11.4 Die Konstruktion der sozialen Realität 152
11.5 360-Grad-Feedback in der Praxis 153
11.6 Fakten, Studien und Theorien zum Feedback 154
11.7 Das erfolgreiche Feedback-Coaching 157
11.8 Fazit 161
        Literatur 161

Teil IV   Technik

12   Social-Media-Kommunikation zur Kundenbindung 165
Carolin Drechsel und Harald Mertz
12.1 Wettbewerb um Privatkunden 165
12.2 Relevanz der Social-Media-Kommunikation für die Kundenbindung ... 166
12.3 Social Media und psychologische Kundenbindungsdeterminanten 167
12.4 Social-Media-Kommunikation bei Banken 171
12.5 Fazit 175
        Literatur 175

13   Mobile Payment: Branchengrenzen verschwinden 179
Thomas Barsch
13.1 Ausgangssituation 179
13.2 Mobile Payment 181
13.3 Player Bezahlsystem 183
13.4 Handlungsempfehlungen 190
        Literatur 191

Teil V   Methoden

14   Ein Future-Management-System für das Retail-Banking der Zukunft ... 195
Michael Durst und Carolin Durst
14.1 Einleitung 195
14.2 Ausgangssituation und aktuelle Herausforderungen im Retail-Banking . 197
14.3 Zielsetzung 201
14.4 Foresight-Management-System 201

14.5 Ergebnisse und Lessons Learned 207
14.6 Zusammenfassung 208
      Literatur 209

**15   Serviceorientierte innovative Entwicklung
      neuer Geschäftsmodelle für Banken** 211
      Steffen Weimann und Sascha Beul
      15.1 Ausgangssituation und Umfeld im Geno-Bankenbereich 211
      15.2 Grundlagen der Serviceorientierung 213
      15.3 Grundlagen der Prozessgestaltung bei der Geschäftsmodellierung 214
      15.4 Serviceorientierte innovative Entwicklung neuer Geschäftsmodelle
            für Banken 216
            Literatur 225

Der Herausgeber

Prof. Dr. Marcel Seidel ist gelernter Bankkaufmann und studierte Wirtschaftswissenschaften an der Universität Stuttgart. Nach mehreren beruflichen Stationen promovierte er 1996 zum Thema Fusionsmanagement in Banken. Er hat über 20 Jahre Erfahrung in der Organisations- und Strategieberatung. In dieser Zeit hat er zahlreiche Strategieprojekte erfolgreich begleitet. Er ist Co-Gründer und Gesellschafter der BIG – Banking Innovation Group GmbH. Seine Beratungsschwerpunkte sind Strategieentwicklung, Innovationsmanagement, strategisches Marketing und Veränderungsmanagement. Seit März 2012 lehrt er an der FOM Hochschule in Stuttgart u.a. in den Themenfeldern Strategische Unternehmens- und Organisationsentwicklung, Human Resources und Bank-Marketing.

Die Autoren

Dr. Ursula Arlt studierte Wirtschaftswissenschaften an der University of Kent und an der Universität München. Sie promovierte in München über ein finanzwissenschaftliches Thema. Neben 25 Jahren Branchen- und Führungserfahrung im Finanzsektor mit Schwerpunkt Unternehmensplanung, Controlling und Risikomanagement ist sie ausgebildete Wirtschaftsmediatorin.

Thomas Barsch ist Geschäftsführer der pionierfabrik GmbH. Die Beratungsschwerpunkte liegen im Bereich absatzmarktorientierter Internetprojekte und der Innovationsvermarktung. Die Aktualität in den Beratungsthemen erhält er sich durch die Lehre. So ist er Dozent an der FOM Hochschule für Oekonomie und Management am Studienzentrum Stuttgart. Außerdem berät er den gehobenen Mittelstand und Konzerne als Online-Marketer, Vertriebler, Blogger, Dozent und Autor. Veröffentlichungen hat er in den Themenbereichen ITK-Outsourcing, ITFLATrate, im Ideen- und Innovationsmanagement und Neugeschäftgenerierung.

Sascha Beul ist Unternehmensberater im Automotive- und Finanzdienstleistungsbereich mit Schwerpunkt Lean Management und Dozent für Wirtschafts- und Gesundheitspsychologie an verschiedenen Hochschulen. Er begleitete jüngst unter anderem den Aufbau eines Werkes nach Lean-Standards und die Prozessreorganisation bei einem Finanzdienstleister. Heute lebt Sascha Beul seine eigene Führungsrolle und bringt besonders seine langjährige Erfahrung bei der Gestaltung neuer Prozesse und Dienstleistungen im Finanzsektor ein.

Dr. Christiane Decker ist Vorstandsmitglied der TeamBank AG und verantwortet als CFO die Bereiche der Steuerungsbank. Dazu gehören Finanzen und Controlling, Risikocontrolling sowie Finanz- und Risikoservice. Sie studierte Geographie mit Schwerpunkt Wirtschaftsgeographie und war danach unter anderem bei der DG BANK AG tätig. Seit 2001 arbeitet sie in der Genossenschaftlichen FinanzGruppe Volksbanken Raiffeisenbanken und leitete bei der Bausparkasse Schwäbisch Hall AG den Bereich Auslandsmärkte. 2006 wechselte Dr. Decker zu easyCredit und war zunächst als Generalbevollmächtigte für die Auslandsaktivitäten verantwortlich.

Carolin Drechsel, (M.A.) ist Referentin für Kommunikation bei einem öffentlich-rechtlichen Kreditinstitut. Als Ansprechpartnerin für externe Kommunikation koordiniert sie Produkt- und Image-Werbemaßnahmen. Im Rahmen dessen entwirft sie unter anderem Texte für Werbemittel und ist für die Mediaplanung zuständig. Nach dem Abschluss des BWL-Studiums mit Schwerpunkt Bank an der Dualen Hochschule Baden-Württemberg in Stuttgart erwarb Carolin Drechsel ihren Master in Marketing und Kommunikation an der FOM Hochschule für Oekonomie und Management.

Prof. Dr. Carolin Durst ist akademische Rätin am Lehrstuhl für Wirtschaftsinformatik im Dienstleistungsbereich der FAU Erlangen-Nürnberg und vertritt derzeit die Professur für Wirtschaftsinformatik an der Universität Bremen. In ihrer Forschung beschäftigt sie sich mit der Analyse und der Gestaltung von sozio-technischen Systemen. Ihre Forschungsergebnisse wurden unter anderem in den Journals Technological Forecasting and Social Change, Communications of the AIS (CAIS) und im Journal of Computer Information Systems and Industrial Management Applications publiziert.

Prof. Dr. Michael Durst hat an der FAU Erlangen-Nürnberg zum Thema „Wertorientiertes Management von IT-Architekturen" promoviert und war als Unternehmensberater bei diversen Fortune500-Unternehmen tätig. Von 2007 bis 2009 leitete Michael Durst bei der adidas AG die Abteilung Research & Innovations in der Global IT. Heute ist er Professor für Wirtschaftsinformatik an der FOM Hochschule für Oekonomie und Management und geschäftsführender Gesellschafter der ITONICS GmbH.

Prof. Dr. Dr. Eric Frère studierte nach seiner Ausbildung zum Bankkaufmann VWL und BWL in Würzburg und Köln, promovierte dann am Lehrstuhl für Wirtschaftspolitik der Ruhr-Universität Bochum und habilitierte an der Westungarischen Universität Sopron. Nach Tätigkeiten beim Credit Commercial de France, bei Bayer UK und beim Bankhaus Lampe ist er seit mehr als 20 Jahren selbständiger Unternehmensberater für Corporate Finance und Asset Management. Darüber hinaus ist er Mitglied einiger Aufsichtsräte und Beiräte. An der FOM Hochschule wurde er 2001 zum Professor berufen und ist seitdem Dekan für BWL II sowie Direktor des isf Institute for Strategic Finance.

Prof. Dr. Manfred Goeke ist gelernter Bankkaufmann und studierte Wirtschaftswissenschaften an der Universität Erlangen-Nürnberg. Im Rahmen seiner Assistentenzeit bei Prof. Dr. Oswald Hahn promovierte er 1978 über die Foreign Banks in der BRD. Danach war er über 20 Jahre in Führungspositionen im Bankbereich tätig, unter anderem zwölf Jahre als Vorstand bei Genossenschaftsbanken. 2001 - 2013 war er Professor und Studiengangsleiter an der Dualen Hochschule Baden-Württemberg in Stuttgart. Seine Themenschwerpunkte liegen im Bereich Bank-BWL, ABWL, insbesondere Finanzwirtschaft, Private Banking sowie KMU-Management. Seit 2002 begleitet er die Hoerner Bank AG als Mitglied des Aufsichtsrates.

Jakob Harich ist seit 2004 selbständiger Wirtschaftsmediator (DGMW), Lehrmediator (DGMW), Rechtsanwalt mit den Schwerpunkten Wirtschaftsmediation, Wirtschafts- und Bankrecht sowie eingetragener Mediator in Österreich. 30 Jahre Bankerfahrung in verschiedenen leitenden Positionen in der Finanzindustrie sind das Fundament seiner heutigen Arbeit und Beratungstätigkeit. Seit 1992 ist Jakob Harich als Dozent und Trainer in Deutschland und Österreich tätig. Er lehrt unter anderem an der Frankfurt School of Finance & Management und der HfWU Nürtingen-Geislingen. Zudem ist er Autor von Fachveröffentlichungen zum Thema Wirtschaftsmediation.

Daniela Lißon, (M.A.) ist seit 2009 als Personalreferentin in der Automobilindustrie tätig. Ihre Schwerpunkte liegen in den Bereichen Personal- und Nachfolgeplanung, -betreuung, Talent Management, Personal- und Organisationsentwicklung sowie Konzipierung und Umsetzung von nationalen und internationalen Projektarbeiten. Ihren Bachelor-Abschluss, Fachrichtung BWL, erhielt sie 2009 durch die DHBW Ravensburg. Hier verbrachte sie ein Auslandssemester in Johannesburg. Ihren berufsbegleitenden Master in Human Resources Management absolvierte sie 2014 an der FOM Hochschule in Stuttgart.

Dr. phil. Harald Mertz, (M.A.) ist Seniorberater beim Baden-Württembergischen Genossenschaftsverband (BWGV) mit Sitz in Karlsruhe und Stuttgart. Er ist dort zuständig für die Organisation, Moderation und Dokumentation der Erfahrungsaustauschgruppen (Vertrieb) der Volksbanken und Raiffeisenbanken in Baden-Württemberg. Er lehrt an der FOM Hochschule für Oekonomie und Management in Mannheim und Stuttgart unter anderem „Unternehmenskommunikation" in den Bachelor- und Masterstudiengängen.

Dr. Marion Pester studierte Betriebswirtschaftslehre an den Universitäten in Frankfurt am Main und in Köln und promovierte an der Universität zu Köln über ein kooperationstheoretisches Thema. Sie besitzt 20 Jahre Führungsverantwortung in der genossenschaftlichen Finanzgruppe, die letzten neun Jahre im Vorstand einer Schweizer Privatbank.

Prof. Dr. Karl-Heinz Prieß ist hauptberuflich Lehrender an der FOM Hochschule in Münster. Er hat eine Professur für Allgemeine Betriebswirtschaftslehre, insbesondere Financial Management und Rechnungswesen. Nach Abschluss seiner Bankausbildung studierte Prof. Dr. Prieß Betriebswirtschaftslehre an der Westfälischen Wilhelms Universität Münster. Er promovierte berufsbegleitend und war langjährig in leitender Position im Kreditmanagement beschäftigt. Parallel zu seiner Tätigkeit als Professor arbeitet er leitend im Bereich Facility Management.

Prof. Dr. Hans-Dieter Schat ist Diplom-Handelslehrer und Soziologe. Er ist Professor für Allgemeine Betriebswirtschaftslehre mit dem Schwerpunkt Human Resource Management an der FOM Hochschule für Oekonomie und Management. Seit 2013 ist Prof. Dr. Schat Mitglied im KompetenzCentrum für Public Management der FOM und verantwortlich für den Bereich Human Resource Management. Seit 2015 ist er Stellvertretender wissenschaftlicher Direktor des Instituts für Public Management (i.G.) der FOM.

Dr. Andreas Schyra ist gelernter Bankkaufmann und nach verantwortungsvollen Positionen unter anderem im Portfoliomanagement bei einer Essener Privatbank sowie als Vorstandsmitglied einer börsennotierten Beteiligungsgesellschaft im Jahr 2013 in den Vorstand der Private Vermögensverwaltung AG berufen worden. Dr. Schyra absolvierte ein berufsbegleitendes Studium der Betriebswirtschaftslehre an der FOM Hochschule, der er als Dozent weiterhin verbunden ist, und promovierte zum Thema „Indices as Benchmarks in the Portfolio Management. With Special Consideration of the European Monetary Union". Zudem publiziert er regelmäßig zu aktuellen Themen der Kapitalmärkte.

Ewald Seifried ist gelernter Bankkaufmann und verfügt über mehr als 30 Jahre Erfahrung im Banking. Ab 2000, als Dipl. Bankbetriebswirt (ADG), ergänzte er sein Profil als Unternehmensberater, Personalentwickler, Trainer und Coach. Als Sparringspartner begleitet er Führungskräfte und Teams in Industrie- und Dienstleistungsbetrieben systemisch wie situativ. Er ist Co-Gründer und Gesellschafter der BIG – Banking Innovation Group GmbH. Seine Beratungsschwerpunkte sind Führungskräfteentwicklung, Individualgeschäft der Zukunft (Firmen und Privat), Business Coaching, Innovationsmanagement, Lernen in Bewegung und Veränderungsmanagement.

Prof. Dr. Wolgang H. Waldmann studierte in Mannheim und Gainesville (USA) als Fulbright-Stipendiat Psychologie und Wissenschaftstheorie. Während seiner Zeit als Personalleiter absolvierte er berufsbegleitend ein Studium der Betriebswirtschaftslehre an der VWA und die Promotion zum Thema „360-Grad-Feedback". Danach arbeitete er als Personal- und Organisationsentwickler sowie als Outplacement- und Karriereberater. Seit September 2013 lehrt er an der FOM Hochschule in Stuttgart Biopsychologie, Allgemeine Psychologie, Sozialpsychologie, Entwicklungspsychologie, Entscheidungsorientiertes Management, Markt- und Werbepsychologie sowie Arbeits- und Organisationspsychologie.

Dr. Georg F. Walter arbeitet seit vielen Jahren im Finanzdienstleistungssektor sowie internationalen Unternehmensberatungsgesellschaften für Groß- und Landesbanken ebenso wie bei Privatbanken und im Sparkassen-Sektor. Erfahrungsschwerpunkte liegen neben dem Retail und Private Banking insbesondere im Corporate Banking. Heute verantwortet er bei der UniCredit-Deutschlandtochter HypoVereinsbank das Business Development und Projekte im Corporate Banking. Darüber hinaus ist Dr. Walter Lehrbeauftragter für Business Administration an der Hochschule Fresenius für Management, Wirtschaft und Medien.

Steffen Weimann ist Service Designer, Service Manager und Dozent für Servicemanagement und Informationsmanagement an verschiedenen Hochschulen. Er beschäftigte sich schon während des Studiums in Heidelberg mit dem Servicemanagement in Verbindung mit Lösungen eines weltweit führenden Softwareherstellers. Als verantwortlicher Manager für Callcenter, Corporate-IT und Customer Service Center entwickelte und führte er unterschiedliche Service-Organisationen im Investitionsgüter-Bereich und in der Software-Branche. Seit 2006 ist er Unternehmer und gewann unter anderem 2008 mit seinem Team den Innovationspreis der Initiative Mittelstand in der Kategorie IT-Service für das Lösungsangebot ITFLAT.de.

Harald Wirtz 38 Jahre alt, ist Prokurist und Leiter der Individualkundenbetreuung der Volksbank Bitburg, die das klassische Firmenkundengeschäft mit dem Privat-Banking vereint. Eine Ausbildung zum Bankkaufmann sowie ein berufsbegleitendes betriebswirtschaftliches Studium der Mittelstandsökonomie bildeten die Grundlage für einen frühen Einstieg ins Firmenkundengeschäft mit inzwischen 15 Jahren Erfahrung. Der Dipl. Bankbetriebswirt (ADG) unterstützt Weiterentwicklungen zum Firmenkundengeschäft im genossenschaftlichen Finanzverbund beispielsweise durch die Mitarbeit in der ProFi-Initiative des BVR (seit 2008) oder aktuell als Mitglied des Firmenkundenkompetenzteam des genossenschaftlichen Regionalverbandes RWGV in Münster.

Dr. Andrew J. Zeller ist Mitglied des Management Boards bei der TeamBank AG und leitet den Bereich Strategie/Qualität/Organisation. In seiner Verantwortung liegen die Entwicklung der Unternehmensstrategie, das Investitionsportfolio, die Beteiligungssteuerung, das Business Continuity Management, die Geschäftsprozessoptimierung sowie das Qualitäts- und Kundenzufriedenheitsmanagement.

Bevor er zur TeamBank AG wechselte, war er für ein amerikanisches Investmenthaus und eine internationale Unternehmensberatung tätig. Er studierte Volkswirtschaftslehre an der Ludwig-Maximilians-Universität München, hat ein Diplom im Investment Accounting vom Chartered Banker Institut (UK) und promovierte im Fach Wirtschaftsinformatik an der Friedrich-Alexander-Universität Nürnberg.

Teil I
Strategie/Vertrieb

Manfred Goeke

Inhaltsverzeichnis

1.1 Die sachliche Kompetenzvielfalt 4
1.2 Personalqualität als Schlüsselfaktor 6
1.3 Die absolute Kundenausrichtung als Leitmaxime 7
Literatur 9

Kennzeichnete die Katastrophe von 9/11 im Jahr 2001 eine Zeitenwende für die Vereinigten Staaten, so markiert die Pleite von Lehmann Brothers am 15.11.2008 den Höhepunkt der von USA ausgehenden Subprime-Krise und mündete nach einer allgemeinen Finanzkrise schließlich zu einer Wirtschaftskrise des Euroraumes in den Jahren 2010/11, deren Auswirkungen und Bewältigung wir bis heute spüren und in den letzten Wochen mit dem Ringen um Griechenland nahezu täglich konfrontiert werden.

Nicht nur die geopolitischen Herausforderungen, auch die derzeitigen finanzwirtschaftlichen Rahmenbedingungen wie das Niedrigzinsniveau, verschärfte Regulierungen, Zerfall der Margen sowie der Trend zur Digitalisierung, skizzieren die Komplexität der derzeitig zu bewältigenden Problemfelder für die Bankenwelt.

Diesem Umfeld müssen sich die Private-Banking-Anbieter stellen, wobei erschwerend dazu kommt, dass nirgendwo in Europa das Geschäft mit den Reichen so hart umkämpft ist wie in Deutschland.

Aufgrund seiner Marktgröße und seiner zu erwartenden Wachstumsraten gilt das Marktsegment Private Banking und Wealth Management dennoch als attraktiv, da die Ertrags- und Risikostruktur dieses Geschäftsfeldes sich in der Regel stabilisierend auf die Bilanzergebnisse auswirken.

Ein Effekt, der gerade in Zeiten volatiler Marktbedingungen nicht zu unterschätzen ist.

M. Goeke (✉)
Burgthann, Deutschland
email: dr.goeke@web.de

© Springer Fachmedien Wiesbaden 2016
M. Seidel (Hrsg.), *Banking & Innovation 2016*, FOM-Edition,
DOI 10.1007/978-3-658-11052-9_1

Insbesondere der Blick auf das steigende Erbschaftsvolumen in Deutschland bis 2020 verdeutlicht die Chancen in diesem Geschäftsfeld. Denn nach der neuesten Studie des Deutschen Instituts für Altersvorsorge werden bis zum Jahr 2020 2,6 Billionen (27 Prozent) des rund 9,6 Billionen Euro umfassenden Vermögensbestandes der privaten Haushalte vererbt. Ein Zehntel der Erbschaften entfallen auf Sachwerte, jeweils die Hälfte auf Immobilien (47 Prozent) und Geldvermögen (43 Prozent).

Wir erwarten also die einkommensstärkste und vermögendste Erbengeneration, die Deutschland je gesehen hat (vgl. Deutsches Institut für Altersvorsorge 2011).

Nach der neuesten Studie der Boston Consulting Group von 2015 leben 350.000 Dollar-Millionäre in Deutschland, davon 679 mit mehr als 100 Millionen und 49 mit über einer Milliarde Dollar (vgl. Kanning 2015).

Die Frankfurt School of Finance and Management beziffert den deutschen Private Banking Markt mit 1,2 Millionen Kunden mit Assets under Management größer 250.000,- Euro (vgl. Faust 2010).

Auch wenn sich die Zahl der Dollar-Millionäre gegenüber 2013 aufgrund der Euroschwäche um 300 verringert hat, signalisieren diese Zahlen, dass das Geschäft mit den Vermögenden, insbesondere im Hinblick auf die kommende Erbengeneration an Attraktivität nichts verloren hat, obwohl die Cost-Income-Ratio, also die Quote von Aufwand und Ertrag, derzeit eine steigende Tendenz aufweist und teilweise 80 Prozent und mehr beträgt (vgl. Schreiber 2013).

Angesichts der angesprochenen aktuellen Rahmenbedingungen ist es dennoch eine spannende, aber auch eine riesige Herausforderung, Private Banking in Deutschland erfolgreich und profitabel zu betreiben.

Eckpfeiler auf dem Weg zum Erfolg bilden dabei die Kompetenz einer Bank im weiteren Sinne, respektive die Kompetenz des einzelnen Private Bankers im engeren Sinne.

Nachdem der einzelne Private-Banking-Berater den Schlüssel zum Kunden darstellt, werden die folgenden Ausführungen das Kompetenzprofil eines erfolgreichen Privat Bankers in den Fokus der Betrachtung stellen und dabei drei Aspekte herausarbeiten:

- die sachliche Kompetenzvielfalt,
- die Personalqualität als Schlüsselfaktor und
- die absolute Kundenausrichtung als Leitmaxime.

1.1 Die sachliche Kompetenzvielfalt

Exzellentes Fachwissen über sämtliche Finanzprodukte bildet eine unabdingbare Erfolgsvoraussetzung, sozusagen das Handwerkszeug eines Private Bankers.

In Zeiten volatiler Märkte und abnehmender Risikofreudigkeit der Kunden kommt dem Einsatz strukturierter Produkte zur Risikoabsicherung entsprechende Bedeutung bei.

Laut einer Studie des Bayerischen Finanz Zentrums und der Complementa Investment Controlling AG von 2015 investieren Family-Office-Vermögensverwaltungen bevorzugt in alternative Investments und dabei vornehmlich in Private-Equity-Direktanlagen (vgl. Köhler 2015).

Aber auch Sachinvestments in Agrar- und Forstwirtschaft etablieren sich zunehmend. Gemäß einer Studie der Welternährungsorganisation wird die Lebensmittelproduktion bis zum Jahr 2050 um rund 70 Prozent wachsen und somit interessante Erträge versprechen (vgl. Hamburgisches WeltWirtschaftsInstitut 2012).

Lange Zeit herrschte die Auffassung, dass mit Kunst- und Kapitalmarkt zwei Welten aufeinanderprallen, die nicht zusammenpassen. Doch Kunst und Ökonomie können sich durchaus ergänzen, wie das Beispiel des „Schraubenkönigs" aus Hohenlohe, Reinhold Würth, belegt. Dazu bedarf es allerdings einer hohen Sachkenntnis denn die richtige Bewertung eines Gemäldes ist aufwendig und zudem zeitintensiv.

Spezielle Sachkenntnisse zu diesen Themenbereichen wäre von einem Private Banker sicher zu viel verlangt, aber er sollte über entsprechende Kontakte zu derartigen Spezialisten verfügen und selbst ein gewisses Interesse und somit Grundwissen über derartige Anlageklassen mitbringen. Auf jeden Fall sollte er seinen Kunden vermitteln können, dass mit der Ergänzung des Portfolios um alternative Investments – im Sinne der erweiterten Portfoliotheorie von Markowitz – idealerweise eine Reduzierung des Risikos bei gleichzeitiger Renditeerhöhung erreicht werden kann.

Selbst Philipp Lahm, unser Weltmeister-Kapitän, erläutert in einem Interview mit Euro, dem Magazin für Wirtschaft und Geld im Mai 2015, dass Vermögenssicherung für ihn in erster Linie eine breite Streuung in verschiedene Assetklassen bedeutet wie beispielsweise Immobilien, Aktien oder auch unternehmerische Beteiligungen, natürlich mit Feinsteuerung durch professionelle Berater (vgl. Vogel 2015).

Nachdem ein Großteil der vermögenden Kundschaft ihr Vermögen unternehmerischem Erfolg verdanken, erwarten diese Unternehmerpersönlichkeiten von ihrem Private Banker eine Dialogbefähigung auf Augenhöhe. Das heißt, unabhängig von seinen Spezialkenntnissen – diese werden einfach vorausgesetzt – sollte ein Private Banker die Sprache und die Anliegen seines Kunden bezogen auf sein Unternehmen verstehen und sich als verständnisvoller Gesprächspartner präsentieren können. Informationen über das Unternehmen, dessen Branche und Konkurrenz sowie Interesse an unternehmerischen Fragestellungen (Risikomanagement, neue Bilanzierungsvorschriften, Compliance-Problematik etc.) widerspiegeln eine Verbundenheit zum Kunden und festigt gleichzeitig das Beziehungsverhältnis zwischen Berater und Kunde.

Im Gleichschritt mit der zunehmenden Globalisierung sind vornehmlich auch die mittelständischen Unternehmen und Unternehmer grundsätzlich mobiler geworden; das heißt, Familienmitglieder verfügen über Immobilien oder Unternehmen in mehreren Jurisdiktionen und sind in verschiedenen Ländern wohnhaft oder erwerbstätig.

Die erhöhte globale Transparenz bezüglich Finanzwerten verlangt, dass lokale Rechts- und Steuerregeln nicht mehr ignoriert werden dürfen. Eine integrierte Beratung, die neben finanzwirtschaftlichen auch steuerrechtlichen oder sogar erbschaftsrechtlichen Aspekten gerecht wird, belegt das hohe Anforderungsprofil für erfolgreiche Private Banker.

1.2   Personalqualität als Schlüsselfaktor

Obwohl die sachliche Kompetenzvielfalt als Grundvoraussetzung unersetzlich ist, fällt der Personalqualität im Private-Banking-Geschäft die Schlüsselrolle zu.

Die menschliche Qualität oder wissenschaftlich formuliert, eine hohe Sozialkompetenz des einzelnen Private-Banking-Beraters prägt das Vertrauensverhältnis zwischen Bank und Kunde und bestimmt unter anderem den Umfang der Geschäftsverbindung.

Nachdem ein Großteil der Unternehmenspersönlichkeiten beziehungsweise die Führungskräfte der Unternehmen akademisch ausgebildet sind, empfiehlt sich eine hohe Quote akademisch ausgebildeter Private Banker, um sozusagen ausbildungsbezogen auf Augenhöhe zu sein.

Auch im Sinne der Nutzung der subjektivpersönlichen Beziehungsebene wäre ein Studium ein gemeinsam verbindendes Präferenzmerkmal.

Unter Berücksichtigung der Altersstruktur der Private-Banking-Kunden, wäre ein ausgewogener Mix des Mitarbeiterteams hinsichtlich Alter und Erfahrung vorteilhaft.

Kontraproduktiv wirkt dagegen ein steter Personalwechsel bei den Beratern, da aufgebautes Vertrauen verschenkt und mit einem neuen Berater erst wieder erarbeitet werden muss.

Der einzelne Private-Banker-Berater sollte sich durch stilsicheres Auftreten, analytischem Scharfsinn einerseits, aber auch Einfühlungsvermögen andererseits auszeichnen und zudem auch eine gewisse Akquisitionsstärke mitbringen.

Der perfekte Private Banker besticht durch eine starke Persönlichkeit – Marketingleute sprechen in diesem Fall gerne von der sogenannten Ich-Marke.

Er besitzt zudem die hohe Gabe des geduldigen Zuhörens und des Beobachtens und entwickelt sich als Sympathieträger der Bank zu einem echten Menschenfänger, im positiven Sinn.

Im Idealfall gelingt es ihm, seine eigene Begeisterungsfähigkeit als Problemlöser auf die Kunden zu übertragen.

Gerade in Zeiten volatiler Aktien- und Wirtschaftsmärkte erscheinen Kenntnisse über Perzeptions- und Verhaltensmuster des Kunden als besonders bedeutsam: sei es das Abschätzen seiner originären Risikotoleranz als auch schwerlich zu antizipierende Reaktionen auf mögliche – sich abrupt ereignende Kursveränderungen.

Angesichts des globalen Tätigkeitsumfeldes ist auch die Kenntnis internationaler Kulturen unerlässlich, um schließlich auch die Funktionsmechanismen ausländischer Märkte zu verstehen und entsprechend zu bewerten. Momentan bereitet der seit Wochen zerfallende chinesische Aktienmarkt Anlass zur Sorge, denn obwohl sich die Regierung, Broker und Börsenaufsicht energisch gegen den Ausverkauf stemmen, gehen die Aktienkurse steil nach unten. Marktteilnehmer befürchten gar eine neue Finanzkrise – made in China –. Mögliche Auswirkungen dieser Entwicklung für das Autoland Deutschland signalisieren bereits die heutigen Kursrückgänge der Automobilwerte.

Schließlich muss sich der Private Banker unternehmerische Fähigkeiten aneignen. Die mehrfach angesprochene erhöhte Komplexität des Private-Banking-Geschäfts und der zunehmende Wettbewerb um dieses Klientel, führen dazu, dass er von internen als auch von externen Spezialisten abhängig ist und diese zu koordinieren hat. Aus dem Einzelkämpfer, der sich früher eigentlich vorwiegend nur mit dem Kunden beschäftigt hatte, wird nunmehr sowohl ein Manager als auch ein Teamplayer, der sich nicht nur um den Kunden bemühen muss, sondern gleichzeitig auch ein Team von Spezialisten einzubinden hat.

Dies kann dauerhaft nur aufgrund einer effizienten Selbststeuerung gelingen.

1.3 Die absolute Kundenausrichtung als Leitmaxime

Es gibt derzeit kaum eine Wirtschaftsbranche, deren Ruf in den letzten Jahren so stark gelitten hat, wie der der Finanzbranche. Die Finanzkrise hat innerhalb kurzer Zeit das positive Image zerstört und ins Gegenteil verkehrt. Das Vertrauenskapital war nämlich schnell verbraucht, als die Kunden erkannten, dass sie in der Wertschöpfungskette der „fetten" Jahre lediglich als Mittel zum Zweck, der Generierung von Rekordgewinnen für die Produktanbieter, dienten und nunmehr im Crashfall die Zeche zahlen durften – wie beispielhaft der Eintritt des Emittentenrisikos bei Lehmann Brothers Zertifikate eindrucksvoll und nachhaltig zeigte.

Im globalen Wettbewerb um die Ertragsmaximierung innerhalb der Bankwirtschaft gingen also nicht nur die Fürsorgeverpflichtung gegenüber den Kunden verloren, sondern auch die wichtigste Grundvoraussetzung für den langfristigen Erfolg: nämlich das Vertrauen der Kunden.

Dieses kollektive Fehlverhalten kommt der globalen Finanzindustrie teuer zu stehen. Laut einer Studie der London School of Economics durchbrechen die Rechtskosten der Großbanken erstmals die 300 Milliarden Dollar-Marke und dies innerhalb von nur fünf Jahren und, wie wir alle mitverfolgen können, mit an der Spitze die Deutsche Bank mit 14,3 Milliarden Dollar Kosten für rechtliche Angelegenheiten allein im Zeitraum 2010–2014 (vgl. N.N. 2015).

Auch wenn im Hinblick auf steigende Rechtskosten, die Bekenntnisse der Branche zu „sauberen" Geschäftsmethoden eher auf reine Lippenbekenntnisse hinweisen, bleibt kein anderer Weg für die Bankwirtschaft zur Rückgewinnung der Glaubwürdigkeit als die Interessen der Kunden – ohne Wenn und Aber – absolut in den Mittelpunkt ihres Handelns zu stellen.

Die Kunden müssen nachvollziehen können, dass nunmehr nicht die Ertragsziele der jeweiligen Bank, sondern der Kundenerfolg den Maßstab für bankseitiges Handeln bildet.

Selbstverständlich muss den Banken auch die Generierung von Gewinnen zugestanden werden, denn nur wenn alle Beteiligte sich als „Winner" bezeichnen können, war es ein gutes Geschäft.

Diese „Win-win"-Situation kennzeichnet nicht nur eine faire Partnerschaft, sondern fördert und sichert die Geschäftsbeziehung.

Ganzheitliche Beratung unter Einbeziehung von Financial Planning bewirken letztlich maßgeschneiderte Lösungen für Individuen als auch für Familien im Sinne des Generationsmanagements.

Idealerweise gelingt dem Private Banker, die Kundenbeziehung über eine rein geschäftliche Basis zu entwickeln und auf eine soziale und fast freundschaftliche Ebene zu stellen. Identische Hobbys und Freizeitaktivitäten schaffen auf eine ganz natürliche Art und Weise Präferenzvorteile und stärken die Kundenverbindung. In diesem Fall sprechen wir vom subjektiv-persönlichen Beziehungswettbewerb als wesentlicher Erfolgsfaktor.

Der Trend zur Digitalisierung wird schließlich auch die Bankenbranche erfassen. Denn diese sogenannte Digitale Revolution wird auch vor dem klassischen Private-Banking-Anbieter nicht Halt machen und die bisherigen Geschäftsmodelle auf den Prüfstand stellen.

Internetgiganten wie Apple, Google und dergleichen werden zukünftig zu echten Konkurrenten der Banken aufsteigen. Aufgrund ihrer großen Kundenstämme und ihrer technischen Leistungsfähigkeit werden sie mit computergestützten Zahlungsverkehrsleistungen sowie standardisierten Angeboten im Kredit- und im Anlagebereich schnell zu ernsthaften Konkurrenten der Banken erwachsen (vgl. Schuster 2015).

Insbesondere die virtuellen Finanzberater, die in den Vereinigten Staaten als sogenannte „Robo-Advisors" bezeichnet werden, zielen auf den Markt der etablierten Vermögensverwalter und ersetzen dabei den Finanzberater durch Computerprogramme und, wie das Beispiel USA zeigt, mit rapidem Erfolg.

Das Start-up-Unternehmen Wealthfront hat nicht einmal zweieinhalb Jahre gebraucht bis es eine Milliarde Dollar an Kundengeldern ansammelte, und in den vergangenen neun Monaten kam eine weitere Milliarde dazu. Wealthfront ist heute der größte Robo-Advisor und die Nummer zwei Betterment konnte innerhalb kurzer Zeit 1,6 Milliarden Dollar einsammeln (vgl. Dörner 2015).

Noch gilt Deutschland als digitaler Spätentwickler, aber wir dürfen davon ausgehen, dass zunehmender Kostendruck als auch der ausgeprägte Vertrauensschwund gegenüber den etablierten Finanzdienstleistern das Thema Digitalisierung vorantreiben wird.

Erinnern wir uns noch an die Aussage von Bill Gates: „Bankgeschäfte sind unerlässlich, Banken sind es nicht", dann könnte fast der Gedanke an das Ende der klassischen Banken aufkommen, wie es Jonathan McMillan (2014) in seinem Buch formuliert: „The End of Banking: Money, Credit and the Digital Revolution".

„The End of Banking" wird es sicher nicht geben, aber die Private Banker müssen sich bewusst auf diese mögliche Konkurrenzsituation einstellen und überlegen, wie sie die Geschäftsmodelle für digitale Möglichkeiten öffnen, um auch für die nachfolgende Internetgeneration ein attraktiver und nutzbringender Partner zu sein.

Automatisierungsvorgänge müssen per se ja nicht nachteilig sein, da sie Freiräume zur Intensivierung der Kundenpflege und einer intensiveren Begleitung und Beratung bei hochkomplexen Produkten erlauben. Aufgrund des bisher stark limitierten Zeitfensters pro Kunde könnte dies sogar zu einer Qualitätssteigerung führen und somit für alle Beteiligte eine Verbesserung darstellen.

Auf jeden Fall droht den Private Bankern keine Langweile, denn es verbleiben jede Menge an Herausforderungen auf allen Ebenen, sei es die Kunden- oder die Konkurrenzebene und dies auf absolut hohem Niveau.

Aber genau dies zeichnet das Berufsbild des Private Bankers aus und verleiht diesem Beruf eine ganz besondere Note.

Und deshalb lohnt es sich, junge Menschen für diesen Beruf zu begeistern und entsprechend zu fördern und weiter zu qualifizieren.

Literatur

Deutsches Institut für Altersvorsorge (2011). Erben in Deutschland bis 2020. http://www.empirica-institut.de/kufa/pm_ost_15-06-2011_1.pdf

Dörner, A. (2015). Der virtuelle Finanzberater. *Handelsblatt*, 2.–6. April 2015, S. 22

Faust, M. (2010). Private Banking und Wealth Management nach der Finanzkrise – Herausforderungen und Zukunftsperspektiven. http://www.frankfurt-school-verlag.de/Vortrag_Martin_Faust_Private-Banking

Hamburgisches WeltWirtschaftsInstitut (2012). Strategie 2030. http://hwwi.org/fileadmin/hwwi/Publiationen/Partnerpublikationen/Berenberg/Strategie-2030_Mobitaet-pdf

Kanning, T. (2015). Global Wealth Report – Asiaten erstmals reicher als Westeuropäer. http://www.faz.net/aktuell/finanzen/meine-finanzen/sparen-und-gel. Zugegriffen: 15.06.2015

Köhler, P. (2015). Wie die Superreichen ihr Geld anlegen. http://www.handelsblatt.com/finanzen/anlagestrategie/trends/aktien. Zugegriffen: 14.05.2015

McMillan, J. (2014). *The End of Banking*. Zürich.

N.N. (2015). Finanzskandale der Großbanken – Die Zocker-AGs. http://www.spiegel.de/wirtschaft/unternehmen/banken-zahlten-mehr. Zugegriffen: 08.06.2015

Schreiber, M. (2013). Schweizer Banken verzweifeln an Deutschland. http://www.manager-magazin.de/unternehmen/banken/banken-credit-suisse-offenbar-auf-dem-rueckzug-aus-deutschland-a-924749.html. Erstellt: 30. September 2013

Schuster, L. (2015). Die Bankenkrise aus wirtschaftlicher Sicht, unveröffentlichtes Vortragsmanuskript v. Mai 2015

Vogel, L. (2015). „Ich weiß, wo ich herkomme". Das große Interview mit Philipp Lahm. *Euro – das Magazin für Wirtschaft und Geld*, (6), 44–47.

Corporate Governance und die Reputation von Banken

Aktuelle Herausforderungen

2

Marion Pester und Ursula Arlt

Inhaltsverzeichnis

2.1 Einführung 11
2.2 Die Reputation von Bankgeschäften im historischen Rückblick 12
2.3 Corporate Governance und Reputation – Relevanz für Banken 14
2.4 Interne Corporate Governance von Banken 15
2.5 Externe Corporate Governance von Banken 20
2.6 Fazit 24
Literatur 26

2.1 Einführung

Die Grundsätze guter Unternehmensführung und -kontrolle haben im vergangenen Jahrzehnt erheblichen Bedeutungszuwachs sowohl in der Literatur als auch in der öffentlichen Diskussion um wirtschaftsethische Fragestellungen und die gesellschaftliche Akzeptanz unseres Wirtschaftssystems erfahren. Auslöser waren Skandale, wie etwa Bilanzfälschungen im Fall von Enron oder Korruptionsfälle in der Industrie und im Bausektor zu Beginn des Jahrtausends. Zudem stehen zunehmend Fragen nach der Legitimität legaler Handlungen und Entscheide im Zentrum der Diskussionen.

Auch Banken konnten sich dieser Diskussion nicht entziehen. Es ist aber bemerkenswert, dass sie – trotz Finanzmarktkrise, zahlloser Skandale und Skandalisierungen und einem dramatischen Reputationsverlust der Branche – nicht als Vorreiter dieser Themen

M. Pester (✉)
Zürich, Schweiz
email: marion.pester@bluewin.ch

U. Arlt
Frankfurt am Main, Deutschland

© Springer Fachmedien Wiesbaden 2016
M. Seidel (Hrsg.), *Banking & Innovation 2016*, FOM-Edition,
DOI 10.1007/978-3-658-11052-9_2

erschienen sind. Abgesehen von einigen Initiativen in allerjüngster Zeit scheint es, man vollziehe nur das nach, was der Gesetzgeber oder Regulator mittlerweile in immer neuen Facetten vorgibt oder was in anderen Branchen als freiwillige Selbstverpflichtung bereits vorgedacht wurde.

Sind Banken „normale" Wirtschaftsunternehmen oder gelten für sie andere Maßstäbe? In vielen aktuellen Diskussionen meint man grundsätzliche moralische Zweifel und einen Nachklang des über 3000 Jahre alten, religiös begründeten Zinsverbots wiederzuerkennen. Sicher ist, Banken haben zunehmend ein gesellschaftliches Legitimationsproblem und es ist fraglich, ob sie allein durch die Umsetzung der Flut neuer Regulierungen, die den unternehmerischen Spielraum massiv einschränken und die internen Ressourcen drastisch fordern, bereits eine Good Corporate Governance praktizieren und die Akzeptanz ihrer Anspruchsgruppen steigern können.

Dieser Beitrag beschäftigt sich, nach einem kurzen historischen Abriss zur Reputation des Bankgeschäfts, auf der Grundlage des St. Galler *shared value approach* mit der Frage, welche Rolle Good Corporate Governance in und für Banken spielt und welchen Beitrag sie für die Wiedergewinnung von Akzeptanz in der Gesellschaft, Wirtschaft und Politik besitzen könnte. Innovation bedeutet im eigentlichen Wortsinn auch Erneuerung. Daher werden auch traditionelle normative Parameter nicht außer Acht gelassen, ganz im Sinne des altehrwürdigen ehrbaren Kaufmanns.

Auf die Besonderheiten der Corporate Governance in Bezug auf verschiedene Bankengruppen in Deutschland oder auf spartenspezifische und internationale Unterschiede wird nicht näher eingegangen. Nicht nur, weil dies den Umfang des Beitrags sprengen würde, sondern auch, weil der aktuelle Reputationsverlust – wenn auch in unterschiedlichem Ausmaß – die gesamte Bankenbranche trifft und die regulatorischen Konsequenzen nur selten differenzieren.

2.2   Die Reputation von Bankgeschäften im historischen Rückblick

In Krisensituationen gewinnt die Rückschau in die Historie regelmäßig an Bedeutung. Und in der Tat: Das, was den Zeitgenossen als außergewöhnliches, singuläres Ereignis erscheint, findet in der Regel in der Vergangenheit zahlreiche Entsprechungen. Dies gilt auch für die Ökonomie. Umso bedauerlicher ist, dass in den wirtschaftswissenschaftlichen Fakultäten der Wirtschaftsgeschichte in der Regel immer noch der Charakter eines Orchideenfachs zukommt.

Im Zusammenhang mit der aktuellen Wirtschafts- und Finanzmarktkrise sind oftmals Vergleiche mit den ökonomischen Krisen der letzten Jahrhunderte vorgenommen worden. Sei es die Weltwirtschaftskrise in den 20er Jahren des letzten Jahrhunderts, die deutsche Geldkrise bereits im 15. Jahrhundert (Schinderlingskrise) oder die Übertreibungen und Spekulationsblasen seit dem 17. Jahrhundert, wie zum Beispiel die holländische Tulpenmanie. Wir wollen an dieser Stelle aber eine grundsätzlichere Frage aufgreifen, nämlich die nach der gesellschaftlichen Akzeptanz von Bankiers in der Historie.

Erste Vorläufer des Bankgeschäfts lassen sich bereits in der Antike finden – bemerkenswerterweise waren in Griechenland freigelassene Sklaven die ersten Bankiers – (Kulke 2011), die Entstehung des modernen Bankgewerbes aber geht auf die italienischen Lombarden im Mittelalter zurück. Mit der „kommerziellen Revolution" zwischen dem 11.–13. Jahrhundert erstarkten in Europa der Handel und die Städte. Der Kaufmann konnte sich als wichtiger neuer sozialer Stand in der mittelalterlichen Gesellschaft etablieren. Und mit dem internationalen Handel wuchs der Bedarf an Geldwechsel-, Deposit- und Finanzierungsmöglichkeiten, die die großen Kaufmannsfamilien als Bankiers typischerweise in Personalunion ausübten.

Zugleich galt offiziell aber ein religiös begründetes Zinsverbot und die kaufmännische Tätigkeit als moralisch zumindest fragwürdig. Das Zinsverbot geht auf das Alte Testament zurück und findet sich ähnlich auch in anderen Weltreligionen (Geitmann 1989, S. 1 ff.). Gemäß kanonischem Recht des 12. Jahrhundert konnte der Kaufmann und Bankier Gott nicht oder nur mit Mühe gefallen und nach Thomas von Aquin etwa hatte der Handel an sich einen schamhaften Charakter. Immer wieder findet sich der Handel in den Aufzählungen der verbotenen oder entehrenden Gewerbe (Le Goff 2009, S. 75 ff.).

Häufig wurden Zinsen daher nur verschleiert erhoben, indem sie etwa als freiwillige Spende oder Geldstrafe definiert oder als Solawechsel ausgestaltet wurden (Le Goff 2009, S. 83). Zudem haben viele vermögende Kaufleute und Bankiers in dieser Zeit gegen Ende ihres Lebens selbst reuevoll Schenkungen und Rückgaben ihrer erworbenen Güter veranlasst, um so möglichst der Höllenpein zu entgehen und durch Wohltätigkeit die himmlische Waagschale zu ihren Gunsten zu bewegen (Le Goff 2009, S. 96 ff.). Anders als der Klerus, der Adel, der Soldat oder der Bauer mussten sich der Kaufmann und Bankier in der mittelalterlichen Gesellschaft für ihre Tätigkeit damit immer auch bereits rechtfertigen.

Besonders deutlich wird die Abwertung der Bankierstätigkeit im Mittelalter in den Diffamierungen der Juden, die einhergehend mit der ihnen gegen Ende des 12. Jahrhunderts gewährten und im 13. Jahrhundert bestätigten expliziten päpstlichen Erlaubnis, Geld gegen Zinsen (das heißt Wucher) zu verleihen, Projektionsfläche für die Unmoral der Bankierstätigkeit wurden: „Wer sich dem Wucher hingibt, der arbeitet nicht, sondern schindet die Anderen und tritt dabei in seinem Müßiggang noch stolz auf." (Poliakov 1978, S. 115) Während Christen das Zinsverbot also mit mehr oder weniger Billigung der Obrigkeit umgehen konnten, wurden Juden durch diese ihnen offiziell erlaubte Tätigkeit stigmatisiert (Klawitter 2009, S. 1).

Dabei hatte der Kaufmanns- und Bankiersstand von Beginn an in den weltlichen und religiösen Autoritäten des Mittelalters starke Verbündete. Nicht nur, dass sie regelmäßig öffentlich auf die Risiken und Mühen der Kaufleute hingewiesen haben, auch der konkrete Nutzen, den die Kaufleute und Bankiers durch den internationalen Warenhandel für die Gemeinschaft erzeugten, stand im Mittelpunkt der gleichsam entschuldigenden Rechtfertigung (Le Goff 2009, S. 84 ff.). Angesichts des wirtschaftlichen Aufschwungs war diese Argumentation nachvollziehbar und glaubwürdig. Der Nutzen, den die Kaufleute für die Herrschenden besaßen, war allerdings mit der Finanzierung von Feldzügen, insbesondere der Kreuzzüge, und des persönlichen Konsums, meist ganz profan.

Geldgeschäfte und staatliche Interessen waren damit von Beginn an eng verflochten, offenbar aber moralisch eben auch erklärungsbedürftig. Lakonisch und sehr treffend fasst dies der französische Mediävist le Goff (2009, S. 83) wie folgt zusammen: „Wurden die Verbote im buchstäblichen Sinne respektiert, dann akzeptierte die Kirche bereitwilliger, dass ihr Geist verraten wurde." Dies führte bereits vor Hunderten von Jahren zur lediglich formalen Befolgung vorgegebener Regeln und zur Erfindung kreativer Produktvarianten und Zinsbezeichnungen durch Kaufleute und Bankiers.

Auch in der Zeit der Reformation im 16. Jahrhundert wurde die Frage nach der grundsätzlichen Vereinbarkeit von Zinsgeschäften und Gottgefälligkeit immer wieder gestellt. Während Luther grundsätzlich am Zinsverbot festhielt und Zins (Wucher) und Geiz als Todsünde bezeichnete, stellte er gleichwohl zaghafte Überlegungen zu einem angemessenen Zins an (Prien 1992, S. 69 ff.). Im Laufe der Zeit erklärte er sich als Theologe als nicht mehr zuständig für dieses Thema und gab angesichts des wirtschaftlichen Nutzens des Zinsgeschäfts „im Interesse der öffentlichen Ordnung klein bei" (Schmiedel 2009, S. 191; Geitmann 1989, S. 20 f.). Die Calvinisten gingen einen Schritt weiter und relativierten das testamentarische Zinsverbot, indem sie nur unbillige Zinsen als verboten ansahen (Schmiedel 2009, S. 192). Die Arbeit wurde zum alltäglichen Gottesdienst und Ort der göttlichen Berufung, Fleiß und Pflichterfüllung standen im Mittelpunkt des Wertes einer Arbeit. Für Max Weber (2009, S. 198 f.) schließlich war das Zinsverbot dann allenfalls noch die Folge einer fehlerhaften Übersetzung biblischer Texte und nicht mehr als eine „Verkehrshemmung" der Wirtschaft, die erfolgreich überwunden werden konnte.

Auch die Wurzeln des Konzepts des ehrbaren Kaufmanns liegen im 11./12. Jahrhundert. Diese wandernden Kaufleute waren „wirtschaftlich darauf angewiesen [...], dass die Bevölkerung sie nicht als Betrüger verdächtigte, sondern mit ihnen Geschäfte machte" (Oermann 2015, S. 72). Selbstverpflichtungen im Rahmen von Normen, die sich die Gilden gaben und auch sanktionieren konnten, definierten diese Form der Ehre und finden sich bis heute in den Satzungen deutscher Kaufmannsvereinigungen. Grundsätzlich galt und gilt: Die Ehrbarkeit muss sich der Kaufmann durch sein Handeln und Verhalten verdienen, sie wird im Urteil seiner Kunden und der Gesellschaft und damit extern bestimmt (Oermann 2015, S. 74). Somit war auch seit Beginn an mit den freiwilligen Verhaltensgrundsätzen des ehrbaren Kaufmanns die Unterscheidung zwischen Legalität und Legitimität bekannt.

2.3 Corporate Governance und Reputation – Relevanz für Banken

Unter Corporate Governance wird das System der Leitung und Überwachung von Unternehmen verstanden und klassischer Weise zwischen dem angloamerikanischen Shareholder- und dem kontinentaleuropäischen Stakeholder-Ansatz unterschieden. Während im ersten Ansatz dem Kontrollaspekt durch die Eigentümer zentrale Bedeutung zukommt, fokussiert der zweite Ansatz regelmäßig auf den Gedanken des Kräftegleichgewichts beziehungsweise des Interessenausgleichs. Grundsätzlich geht es „um nichts weniger als (um) strukturierte und ausgewogene Maßnahmen gegen das Risiko von Machtmissbrauch an der Spitze von (Publikums)Gesellschaften ..." (Müller 2015, S. 2).

Banken unterscheiden sich von anderen Unternehmen durch ihr auf Vertrauen strukturell angewiesenes Geschäftsmodell. Wer kleinteilige und kurzfristige Einlagen hereinnimmt und sie in großvolumigere und längerfristige Kredite transformiert, ist auch im *geschäftlichen Normalzustand* strukturell illiquide und damit verwundbar. Eine Bank ist zu keinem Zeitpunkt in der Lage, die legitimen Ansprüche ihrer Einleger auf Auszahlung der Einlagen gleichzeitig und vollständig zu bedienen. Diese strukturelle Illiquidität ist bei Universalbanken heutigen Zuschnitts geschäftsmodellimmanent. Nur solange die Einleger glauben und vertrauen, dass sie ihre Einlagen auch noch morgen, in einem Monat, in einem Jahr ... zurückholen können, bleibt das Geschäftsmodell intakt und im Gleichgewicht.

Banken haben zudem eine zentrale Rolle in der Volkswirtschaft und damit verbunden eine Vielzahl relevanter Anspruchsgruppen. Sie unterscheiden sich von anderen Unternehmen durch die Komplexität und geringe Transparenz ihrer Geschäftsaktivitäten (Mehran et al. 2011, S. 3 f.), das abstrakte Gut Geld, das sie „produzieren", und starker Verflechtung infolge von gegenseitiger Refinanzierung.

In einer Welt asymmetrischer Information ist Reputation ein wesentliches Gut, um Rückschlüsse auf zukünftige Handlungsweisen der Akteure zuzulassen. Die Gefahr des Reputationsverlustes sollte damit positiv verhaltenssteuernd wirken (von der Crone 2000, S. 259 ff.). Dass dies jedoch kein Automatismus ist, hat die Finanzmarktkrise gezeigt. Silohafte, komplexe Strukturen, gegenseitige Abhängigkeiten und fehlerhafte Anreizsysteme haben zu einem hohen Maß an institutionalisierter Unverantwortlichkeit (Wedel 2015) geführt. Die Konsequenz war massiver Vertrauensschwund und der Ausfall eines größeren Systemmitglieds war geeignet, eine Krise des gesamten Systems auszulösen. Eine „mangelhafte Corporate Governance der Banken" zählt damit zu den Mitursachen der Finanzmarktkrise (Emmenegger und Kurzbein 2010, S. 474).

Das International Center of Corporate Governance in St. Gallen hat die Corporate Governance von Unternehmen, die über lange Zeit besonders erfolgreich wirtschafteten, analysiert. Regelmäßig gehörten zu dieser Gruppe nicht nur Familienunternehmen, sondern auch transnationale Unternehmen, die nicht primär Shareholder getrieben agieren. Das dabei entwickelte, empirisch gestützte Modell der integrierten Corporate Governance (shared value approach) (Hilb 2013), das die bestehenden Modelle weiterentwickelt, soll Grundlage der folgenden Analyse sein.

2.4 Interne Corporate Governance von Banken

2.4.1 Organe, Unternehmenswerte und Compliance

Erfolgreiche Unternehmen zeichnet nach dem Modell der integrierten Corporate Governance aus, dass sich ihre Aufsichtsgremien schnell an geänderte Rahmenbedingungen anpassen können. Dabei gibt es keine Blaupause des idealen Kontrollgremiums, denn seine Ausgestaltung und Zusammensetzung wird immer auch abhängig sein von der Branche und Größe des Unternehmens, seinem Domizilland sowie seiner Eigentümerstruktur. Allerdings können folgende kritische Erfolgsfaktoren mit allgemeingültiger Bedeutung festgehalten werden (Hilb 2013, S. 4 ff.):

- Die maximale Größe des Kontrollgremiums sollte auch bei großen Unternehmen sieben Mitglieder nicht übersteigen.
- Die Besetzung des Kontrollgremiums sollte die Kompetenzen des Managementteams zwecks effektiver Kontrollmöglichkeit spiegeln.
- Im Rahmen der Diversität ist sowohl eine Kombination unterschiedlicher Teamrollen, das heißt Charaktere, als auch eine Mischung sozialer Kriterien, wie zum Beispiel Alter, Geschlecht und Nationalität, zweckmäßig.
- Die Diversität des Gremiums sollte die Diversität des Geschäftsmodells dabei spiegeln, aber nicht überschreiten.
- Die Gremienkultur ist ein wesentlicher *Soft Factor* mit harten Folgen.
- Ebenso wichtig wie die professionelle Auswahl und Kontrolle des Topmanagements ist die regelmäßige Evaluation des Aufsichtsgremiums.
- Die wünschenswerten Charakterzüge des Managements sind ideal beschrieben als *cool head, warm heart, working hands.*
- Die Anreizsysteme für das Management sind dementsprechend auszugestalten.
- Das Aufsichtsgremium sollte seine thematischen Schwerpunkte nicht nur auf die Revision und das Risikomanagement legen, sondern auch auf die Überwachung der unternehmensinternen und -externen Kommunikation sowie die gesetzliche und ethische Compliance.
- Der Grundsatz: *A board should keep its nose in … and its hand out* beschreibt schließlich die Notwendigkeit der klaren Trennung von strategischer und operativer Verantwortung.

Die Begrenzung der Größe des Aufsichtsrats unterstützt die Arbeitsfähigkeit des Gremiums und wird das Verantwortungsgefühl der einzelnen Gremienmitglieder stärken. In der Realität werden die empfohlenen Grenzen bei dem ganz überwiegenden Teil der Banken – genau wie bei anderen Unternehmen auch – um das Zwei- bis Dreifache überschritten. In Deutschland verstärkt die Arbeitnehmermitbestimmung diesen Effekt zusätzlich. Die repräsentative Vertretung von Eigentümergruppen oder Kunden in öffentlich-rechtlichen und genossenschaftlichen Rechtsformen sind weitere Sachverhalte, die die Größe der Aufsichtsgremien in der Regel erhöhen. Zugleich wird nicht immer dem Anspruch einer ausreichenden Anzahl unabhängiger Aufsichtsratsmitglieder entsprochen.

Vielen der kritischen Erfolgsfaktoren ist gemeinsam, dass sie davon ausgehen, dass ein zweckmäßig heterogen zusammengestelltes Gremium effektiver und nachhaltiger zum Unternehmenserfolg beitragen kann. Warum?

Zum einen ist für das Spiegeln des Managements im Aufsichtsgremium eine Fülle an Kompetenzen erforderlich, die Einzelne kaum in sich vereinigen. Zum anderen stärkt die

Vielfalt der Mitglieder hinsichtlich ihrer Mentalität und sozialen Hintergründe eine effektive Gruppendynamik. So sind in heterogenen Gruppen Anpassungstendenzen, das heißt Denkverbote, eher reduziert und die Kreativität und Innovationskraft der Lösungsfindung steigt. Ebenso werden Diskussionen angeregt, die die Akzeptanz getroffener Entscheide breiter abstützen. Dies führt dazu, dass sich das Kontrollgremium tatsächlich als Arbeitsgremium begreift und sich im Unternehmensinteresse auch ehrlicher selbstkritisch reflektieren kann und will. Allerdings steigen damit neben der Arbeitsintensität auch das mögliche Konfliktpotenzial und die persönlichen Anforderungen an Gremienmitglieder. Dass die Bedeutung dieser grundlegenden Diversität für die Arbeitseffektivität so von Gremienmitgliedern selbst noch nicht allgemein anerkannt ist, zeigen die Ergebnisse einer aktuellen Studie (PwC 2014, S. 10).

Welches sind die Persönlichkeitsmerkmale der Gremienmitglieder, die eine solche offene und zugleich ergebnisorientierte Gremienkultur fördern? Gefragt sind Mandatsträger, die fähig und bereit sind, ihr Amt nicht primär unter Prestigeaspekten oder als Interessenvertreter einzelner Anspruchsgruppen zu betrachten, sondern im Gesamtinteresse des Unternehmens auszuüben.

Besondere Bedeutung hat dabei die Fähigkeit, Konflikte zu erkennen, auszuhalten und zu lösen. In der Psychologie wird die Fähigkeit, Unsicherheit und Vieldeutigkeit ertragen zu können, als Ambiguitätstoleranz bezeichnet und stellt ein typisches Persönlichkeitsmerkmal erfolgreicher Unternehmer dar (Dorsch 2014). Die Sehnsucht nach einfachen Antworten und nach Sicherheit in der jeweiligen Peer Group ist im Umkehrschluss für die Reagibilität und Innovationskraft eines Unternehmens kontraproduktiv. Allerdings wird das Instrument des Zweifels, der in der Aufklärung explizit als Tugend galt, oftmals als zersetzend in Misskredit gebracht und Harmonie eines Gremiums als Selbstzweck und vermeintliches Gütemerkmal missverstanden.

Die Reflektiertheit eines Gremiums „ist erkennbar an der Entscheidungsqualität sowie an der Glaubwürdigkeit, Integrität und Souveränität in der Führung und Kommunikation" (Peer 2015). Sie setzt eine dialogorientierte Führung des Gremiums und die Bereitschaft aller, sich selbst und den Entscheidungsprozess zu reflektieren, voraus (Peer 2014). Praktizierte Fairness in der Gremiensteuerung kann so nicht nur Transaktionsgewinne (Pester 1993, S. 115) für die Gremienmitglieder generieren, die aus der Wertschätzung des erlebten Entscheidungsprozesses resultieren, sondern auch Transaktionsgewinne für das Unternehmen, da die Qualität der Entscheidungen steigt.

Die Aufsichtsgremien selbst stellen sich für die Güte dieses Prozesses aktuell kein gutes Zeugnis aus (PwC 2014, S. 22). In der Realität bestehen neben persönlichen Verflechtungen und Abhängigkeiten erhebliche Macht- und Kompetenzgefälle, die ein teamorientiertes Arbeiten und offene Diskussionen erschweren und die tatsächlichen Entscheidungen an das Präsidium oder an Einzelne verlagern. Dies gilt für Banken ebenso wie für Unternehmen anderer Branchen. Es überrascht daher nicht, dass auch hier neue EU-Regularien in Vorbereitung sind, die externe Evaluierungen bezüglich der Güte der Gremienarbeit vorschreiben werden (Emmenegger und Kurzbein 2010, S. 471).

Auch im Verhältnis von Aufsichtsorgan und Management spielen weiche Faktoren eine erhebliche Rolle, will der Aufsichtsrat seiner Verantwortung für die Wahrung der Reputation eines Unternehmens gerecht werden. Mit der Auswahl geeigneter Führungspersönlichkeiten für das Managementteam werden erste entscheidende Weichen für die Kultur eines Unternehmens gestellt. Mit dem Hilbschen Postulat *cool head, warm heart and working hands* wird eine Kombination von kompetentem Engagement, Reflektiertheit und Gelassenheit sowie Empathiefähigkeit als wünschenswerte Grundeigenschaften formuliert. Ein einseitiger Fokus, sei es auf Macherqualitäten mit einer ausgewiesenen Erfolgsbilanz bei aggressivem Marktantritt und Umsetzungstempo, sei es auf rein integrative Kompetenzen ohne entsprechende Konfliktfähigkeit oder sei es auf rein moderierende Kompetenzen, denen die Initiativkraft fehlt, wird dem nicht gerecht. Für eine integrierte Corporate Governance braucht es also auch *integrierte Persönlichkeiten* an der Spitze.

Dem gilt es bei den Anreizmechanismen für das Management zu entsprechen, deren Ausgestaltung zu den Kernaufgaben des Aufsichtsgremiums zählt. Das heißt, dass es einer intelligenten Mischung aus ökonomischen Anreizen, die die intrinsische Motivation nicht beschädigen, und der Berücksichtigung sozialer Präferenzen und immaterieller Anreize bedarf. Die aktuellen Vorgaben des Regulators, variable Gehaltsbestandteile der Höhe nach zu begrenzen und ihre Auszahlung zeitlich gestreckt an den längerfristigen Erfolg des Unternehmens zu binden, können hier flankierend wirken.

Kulturprägend kann der Aufsichtsrat auch bei der Institutionalisierung der Unternehmenswerte wirken. Er kann beispielsweise nicht nur die Entwicklung eines Leitbildes einfordern, sondern auch qualifiziert den Prozess seiner Einführung analysieren und damit seine Wirksamkeit bewerten. In welchem Ausmaß sind alle Mitarbeiter einbezogen, wie bewusst wurde über Werte diskutiert und reflektiert, wie wurden Konflikte konkurrierender Vorstellungen gelöst, wie unabhängig sind ausgewählte Berater, kurz: wie überzeugend ist das Prozessdesign? Nur dann wird ein Leitbild hinreichend operationalisiert, konkret und unternehmensindividuell formuliert sein können, um Relevanz für den Unternehmensalltag zu gewinnen. Schließlich wird auch die Art seiner Kommunikation die Akzeptanz des Leitbildes im Unternehmen beeinflussen. Ein Aushängen von Plakaten auf Fluren und in der Kantine, begleitet von einem Artikel in der Mitarbeiterzeitschrift ist nicht ausreichend, um Commitment zu erzeugen.

Darüber hinaus ist die Art und Weise, wie das Aufsichtsgremium das Thema Compliance begleitet, eine wichtige kulturelle Stellschraube. Banken sind in hohem Maße aufsichtsrechtlich verpflichtet, eine ausgebaute Compliance-Funktion vorzuhalten. Wenn dies primär unter regulatorischen Vorzeichen erfolgt, wird der Einfluss auf die Unternehmenskultur überschaubar bleiben. Wenn aber top-down eine inhaltlich relevante und mit den Unternehmenswerten verzahnte, bankindividuell passgenaue Compliance-Funktion eingefordert wird, beinhaltet dies eine große Chance, Good Corporate Governance auf alle Bankebenen zu transportieren und das Unternehmen in seiner Gesamtheit zu prägen.

„One of the most often cited components of effective governance is the ability and willingness of bank boards to challenge management and engage in good dialogue to ensure that the company's actions and decisions take into account the wide range of factors that could affect stakeholders." (Mehran et al. 2011, S. 11) Im Idealfall ist das Aufsichtsgremi-um damit der wohlwollend kritische Sparringspartner des Managements, der sicherstellt, dass den Ansprüchen aller Stakeholder angemessen entsprochen wird. Gerade in Krisen-zeiten wird der Aufsichtsrat dann auch in der Pflicht sein, dem operativen Management für eine aktive interne und externe Kommunikation den Rücken zu stärken.

2.4.2   Konfliktkultur und Konfliktmanagement

Ein ganz bedeutender Faktor im Rahmen der Unternehmenskultur ist die Art und Weise, wie mit Konflikten umgegangen wird; und zwar Konflikten auf allen Ebenen – beginnend von Differenzen im Aufsichtsrat etwa über Personalien oder die grundsätzliche strategi-sche Ausrichtung der Bank, über Konflikte im Vorstand über die Führung der Bank bis hin zu Streitigkeiten auf allen Mitarbeiterebenen.

Konflikte an sich können sehr wesentliche Innovationstreiber sein und wertvolle Impul-se für die Unternehmensentwicklung geben. Voraussetzung hierfür ist allerdings, dass der Umgang mit der Differenz konstruktiv ist. Wenn der Konflikt in einen destruktiven Macht-kampf mit entsprechenden Lähmungserscheinungen für das Unternehmen eskaliert, wird er diese positive Wirkung kaum entfalten.

Die entsprechenden Methoden für Konfliktanalysen und innovative Konfliktlösungen sind vorhanden. Unter der Überschrift *Alternative Dispute Resolution* (ADR) existiert ein ganzer Instrumentenkasten zum Konfliktmanagement auch in Unternehmen (Kirchhoff 2012). An vorderster Stelle ist die Mediation zu nennen, ein inzwischen sehr ausgereiftes Verfahren, um den bestmöglichen Interessenausgleich in konfliktären Situationen zu er-zielen und gleichzeitig den Innovationsimpuls nicht zu verlieren (Faller und Faller 2014). Damit können das Entwicklungspotenzial der Konfliktsituation für das Unternehmen ge-hoben und wertvernichtende Blockaden und Negativspiralen verhindert werden.

PricewaterhouseCoopers und die Europa-Universität Viadrina begleiten seit 2005 in einer Studienserie die Entwicklung der Konfliktmanagementpraxis in der deutschen Wirt-schaft (PwC 2005, 2007, 2011, 2013). In der ersten Studie „*Commercial Dispute Reso-lution – Konfliktbearbeitungsverfahren im Vergleich*" wurde insbesondere eine erhebliche Diskrepanz zwischen der Haltung und dem Handeln mit Blick auf Konflikte festgestellt. Moderne und innovative Konfliktlösungsverfahren werden von den Entscheidungsträgern in den Unternehmen zwar hochgradig gewünscht, aber wenig angewandt. Die zweite Stu-die identifizierte als eine der wesentlichen Ursachen die Schwierigkeit, sich zu einem spä-ten Zeitpunkt ad hoc auf ein Konfliktlösungsverfahren zu verständigen. Die dritte Studie „*Konfliktmanagement – von den Elementen zum System*" konzentriert sich entsprechend auf Ansätze, diese Nutzungshürden zu senken. Hier wurde insbesondere geschlussfol-gert, dass die Verfahren *up and running* sein müssen, bevor ein Konflikt eine bestimmte Eskalationsstufe erreicht hat. Dies bedeutet: Innovative Verfahren müssen Bestandteil der Unternehmenskultur und der Corporate Governance sein, damit sie im Ernstfall ge-nutzt werden und wirken können. Und – wie immer – müssen sie vorgelebt werden.

Wenn der Vorstand bei ernsthaften Differenzen in wichtigen Fragen der Unternehmensführung sich innovative Lösungshilfe organisiert, steigt die Wahrscheinlichkeit, dass auch bei Streitigkeiten auf Mitarbeiterebene oder in Großprojekten der Bank innovative Konfliktlösungsverfahren zum Einsatz kommen.

Neben den Wirkungen dieser Verfahren für bestmögliche Lösungsfindungen im Unternehmen sind eskalierende Konflikte in Banken auch meist mit entsprechender Öffentlichkeitswirksamkeit verbunden. Die Art und Anzahl von Gerichtsprozessen, in die Banken verwickelt sind, hat damit direkten Einfluss auf ihre Reputation. Gerade aus dieser Perspektive gäbe es einen hohen Anreiz, sich intensiv mit den möglichen Verfahren der alternativen Streitbeilegung zu beschäftigen. Und dies unabhängig davon, ob es sich um Klagen von Kunden, um arbeitsrechtliche Streitigkeiten oder um aufsichtsrechtliche Verfahren handelt. Eine Vielzahl der Prozesse wäre vermeidbar, wenn innovativem Konfliktmanagement ein entsprechender Stellenwert in der Unternehmenskultur eingeräumt würde.

Der Konfliktkultur in Banken ist zu wünschen, dass konstruktive und rationale Verfahren vermehrt zur Anwendung kommen. Wichtig wäre, dass diese Verfahren – entsprechend der zuvor zitierten Studie – ex ante und proaktiv in der Corporate Governance verankert werden. Der positive Effekt auf die Reputation wird dann nicht ausbleiben.

2.5   Externe Corporate Governance von Banken

2.5.1   Anspruchsgruppe Kunde

Dass Unternehmen in einer Wettbewerbswirtschaft darauf angewiesen sind, den Kundenbedarf zu erfüllen, um erfolgreich wirtschaften zu können, scheint eine banale Erkenntnis. Gleichwohl wird den Banken häufig pauschal vorgeworfen, dass sie ihre Kunden nicht bedarfsgerecht bedienen. Getrieben wird diese Entwicklung von komplexen Produktgestaltungen, die in Teilen weder von den Kundenberatern verstanden noch ausreichend adressatengerecht erläutert werden können. Und in Häusern, in denen strikt produktbezogene Vertriebsvorgaben vorliegen, verschärft sich dieses Problem zu Lasten des Kunden. Auf dem Höhepunkt der Finanzmarktkrise hat sich eine deutsche Großbank in der Presse damit zitieren lassen, dass man *nun kundenorientiert beraten wolle*. Diese Äußerung ging sang- und klanglos unter, was wohl nur so interpretiert werden kann, dass die Öffentlichkeit darin keinen Skandal sah, sondern nur das Aussprechen einer immer vermuteten oder erlebten Realität. Differenziert wird dann nicht mehr. Alle Banken und alle Bankdienstleistungen sind grundsätzlich fragwürdig.

Dies ist der Nährboden für ausufernde Entwicklungen im Verbraucherschutz, die auf eine stärkere Kontrolle im Kundengeschäft der Banken zielen, um Kundennutzen sozusagen zu garantieren und die Risiken der Transaktion stärker in die Banksphäre zu verlagern. Über die Sinnhaftigkeit der Vorgaben lässt sich in vielen Fällen trefflich streiten. Gemeinsam ist ihnen, dass sie – entgegen ihrer Intention – ein hohes Maß an finanzwirtschaftlichem Know-how bei Bankkunden voraussetzen, das in der Regel so nicht gegeben ist, und zugleich unterstellen, dass Kunden bereit sind, Banken umfangreiche persönliche Finanzinformationen offenzulegen. Das Ergebnis ist ein Informations-Overkill, der bankseitig erhebliche Ressourcen bindet, für den Kunden nicht zwingend nutzenstiftend wirkt und weiter die Kunde-Bank-Beziehung unterminiert. Nicht auszuschließen ist zudem, dass diese Vorgaben in Kombination mit dem bankseitigen Aufwand für einzelne Kundensegmente und Dienstleistungen zu einem Marktversagen führen werden.

Bei aller Kritik an der Regulierungsflut darf aber nicht vergessen werden, dass der Gesetzgeber nur eine Legitimitätslücke zu schließen sucht, die Banken fahrlässig haben entstehen lassen. Und eine Stärkung der wirtschaftlichen und kapitalmarktbezogenen Kompetenzen, die die Eigenverantwortlichkeit der Kunden unterstützt und das Verständnis für ökonomische Gesetzmäßigkeiten erweitert, liegt im Interesse aller verantwortlich handelnden Banken. Der Wert von Fach- und Expertenwissen wird damit nicht verzichtbar.

Auf den ersten Blick könnte man meinen, dass die Funktionsweisen der neuen Crowding-Plattformen genau dies widerlegen. Ein quasi neutraler, anonymer Algorithmus führt Angebot und Nachfrage quasi automatisch und – so wird offenbar von den Nutzern vermutet – ohne eigene Interessen zusammen. Auch eine Lösung für die strukturelle Illiquidität von Banken könnten diese Plattformen, wenn sie sich auf eine reine Vermittlerrolle ohne eigenes Buch und ohne Bilanz beschränken, bieten (Reinhardt 2015). Der Mehrwert eines solchen Angebots bleibt aber abzuwarten. Betrachtet man die Entwicklung dieser neuen Marktteilnehmer, so ist durchaus davon auszugehen, dass viele nicht nur weiter an Bedeutung gewinnen werden und alte Bank-Geschäftsmodelle bedrängen, sondern auch, dass mit steigender Nutzung und Anzahl der Plattformen, die Regulatoren diese Geschäftsmodelle als neue Banken *entdecken* (Dietrich und Amrein 2014, S. 28).

Es wird hier nicht näher auf diese Entwicklung eingegangen, da die These vertreten wird, dass sich damit das Grundproblem für Organisatoren von Finanz- und Geldgeschäften, nämlich auf Vertrauen angewiesen zu sein, nicht ändert. Auch Plattformen sind dann Banken und ähnlichen Herausforderungen für ihre Reputation und Funktionsfähigkeit ausgesetzt, auch wenn die Rolle der social community als vertrauensstiftendes Element und Reputation in elektronischen Medien grundsätzlich anderen Gesetzmäßigkeiten folgen mag.

Banken müssen Kundennutzen generieren, wollen sie nicht überflüssig werden. Eine persönliche Beratung, die mit dem Kunden kompetent und adressatengerecht Lösungen für seine Bedarfe ausarbeitet, ist nicht überholt, sondern gerade in Abgrenzung zu den ausschließlich elektronisch gestützten Dienstleistungsangeboten differenzierend und kundenbindend (Hafner 2014). Und gerade weil der Umgang mit Geld sensibel ist und Abhängigkeiten schafft, müssen sich Bankdienstleister an hohen Maßstäben für einen fairen und vertrauenswürdigen Umgang mit ihren Kunden messen lassen, um Akzeptanz zu erfahren. Die Herausforderungen für Banken liegen hier *ganz einfach* im Streben nach Effizienz und Exzellenz in der gesamten Leistungserstellung und dem stärkeren Einbezug ihrer Kunden.

2.5.2 Anspruchsgruppe Gesellschaft

Banken sind auch in der Neuzeit nicht erst seit der Finanzmarktkrise ein Politikum, das von einer sensiblen Öffentlichkeit kritisch kommentiert wird. Die Diskussion um Macht und Machtbegrenzung der Banken ist in den westlichen Industrienationen ein Dauerbrenner. In Deutschland standen dabei regelmäßig die Themen Depotstimmrecht, Beteiligungen, Aufsichtsratsmandate und Kapitalanlagegesellschaften im Zentrum der Diskussion (Nassmacher 1997; Littmann 2001, S. 177 ff.).

Seit Ausbruch der Finanzmarktkrise und den in der Folge ausgelösten Rettungsaktionen von Banken primär auf Kosten der Steuerzahler hat diese Diskussion an Schärfe dramatisch gewonnen. Banken-Bashing ist mittlerweile ein Volkssport, der in früheren Jahrzehnten so nur von fundamentalen Kritikern unseres Wirtschaftssystems geäußert wurde. Ein aktueller Kommentar aus der Boulevardpresse zum Prozess gegen Vorstände der Deutschen Bank sei hier als anschauliches Beispiel zitiert: „… was diesen Prozess spektakulär macht, ist die Frage nach der Moral. … es geht indirekt … um die Glaubwürdigkeit einer ganzen Branche. Sie (die Bankvorstände) können Aktienkurse verändern, Unternehmen sanieren oder ruinieren, den Wert unseres Geldes regulieren. Normalerweise leben sie verschanzt in gepanzerten Limousinen, gläsernen Bankentürmen, auf von Sekretärinnen, Assistenten und Bodyguards abgeschirmten Büroetagen. Jetzt sitzen sie wie Schüler, die etwas ausgefressen haben, auf Bänken und müssen sich vor Menschen verantworten, die sie allenfalls in Bankfilialen angetroffen hätten. … Was für eine Demütigung. … Sie fühlten sich von den Ausführungen der Staatsanwaltschaft offenbar so beleidigt, dass sie deren Fragen nicht beantworten wollten. … Was für eine Respektlosigkeit gegenüber dem Staat und seiner Rechtsprechung" (Riekel 2015). Aber auch Die Zeit titelt zur Deutschen Bank: „Das System im freien Fall" und schreibt von einem „Kapitalismus ohne Bürgerlichkeit, für den der heutige Finanzsektor steht." Er „wurde so zum Objekt einer Systemkritik, in die sich gewiss auch mancher Wutbürger eingemischt hat. Dies ändert kaum etwas daran, dass es an den Banken selbst liegt, dem öffentlichen Eindruck entgegenzuwirken, sie würden von neuen Feudalherren regiert." (Neckel 2015)

Die Zitate beschreiben eindrücklich, welche Wahrnehmung die Bankenbranche und ihre Exponenten in der Öffentlichkeit aktuell erfahren. Vermutete Charakterfehler, wie Hochmut und Schmarotzertum, gehen dabei mit der Annahme einer Allmacht einher, die über wirtschaftliches Wohl und Wehe jedes Einzelnen in der Gesellschaft bestimmen kann. Im Kern geht es um den Eindruck des verantwortungslosen Machtmissbrauchs und des moralischen Versagens einer gesamten Zunft.

Auch hier muss leider konstatiert werden, dass die Bankenbranche zu einem nicht geringen Teil Mitschuld an dieser Entwicklung trägt. Zum einen haben ihre Selbstreinigungskräfte angesichts der Erkenntnisse aus der Finanzmarktkrise ganz offensichtlich versagt. Zum anderen aber hat sich scheinbar auch die Einsicht noch nicht durchgesetzt, dass Banken durch ihre besondere Rolle in der Volkswirtschaft auf öffentliche Akzeptanz nicht nur existentiell angewiesen sind, sondern dass diese in einer Krisensituation auch nicht durch Sprachlosigkeit oder Ignoranz gegenüber Vorwürfen wiederhergestellt werden kann. Ein hohes Maß an Hilflosigkeit angesichts der Entwicklungen des letzten Jahrzehnts wird sichtbar. In der Folge ist eine Unterscheidung der Vorwürfe in solche, für die von Banken nachvollziehbar Verantwortung übernommen werden muss, wie in solche, die nicht Skandale sind, sondern eher Skandalisierungscharakter haben, unterblieben. In der öffentlichen Erregung wird daher kaum noch ein Unterschied gemacht zwischen beispielsweise Leitzinsmanipulationen oder (zu) hohen Dispokreditzinsen und das Bankgeschäft läuft Gefahr, – wie bereits in früheren Jahrhunderten – grundsätzlich kriminalisiert zu werden.

Es scheint, eine „institutionalisierte Unverantwortlichkeit" (Wedel 2015) habe Platz gegriffen und erste Anzeichen einer „moralischen Revolution" gegen eine ganze Branche werden sichtbar (Kummert 2013, S. 115 ff.). Folgt man dem Ansatz von Littmann (2001, S. 171 ff.), der in einer Krisensituation grundsätzlich zwischen defensiven, verteidigenden und offensiven Kommunikationsstrategien unterscheidet, so herrscht aktuell eine Mischung aus Verdrängung und Anpassung vor, die kommunikativ nur spärlich begleitet wird. Handeln nur auf Druck des Regulators und ohne innere Überzeugung und begleitende Kommunikation wird das Ansehen aber nicht verbessern können. Denn Regeln erhöhen nur den Mindeststandard für angemessenes Verhalten, während redliches Verhalten über dem Standard liegen muss und immer freiwillig und selbstbestimmt ist (Aeschimann 2015). Dass dies nicht altruistisch sein muss, sondern auch aus der Einsicht in seine Vorteilhaftigkeit erfolgen kann, schädigt den Wert eines solchen Verhaltens nicht.

Eine Rückbesinnung auf das Konzept des ehrbaren Kaufmanns ist im Rahmen der Skandale des letzten Jahrzehnts regelmäßig bemüht worden, nicht immer allerdings nur zustimmend. Die einen betonen die Aktualität des Konzepts, da der ehrbare Kaufmann langfristigen Erfolg anstrebe und damit nachhaltig wirtschaften müsse auf der Basis von Regeln wie Ehrlichkeit, Verlässlichkeit, Verantwortung und Treue, das heißt Werten ohne Verfallsdatum (Eckelmann 2003). Andere schätzen das Konzept als wenig zukunftsorientiert ein, da der ehrbare Kaufmann mit seiner auf einer Individualethik basierenden Tugendhaftigkeit reaktiv wirke und den Anforderungen durch „Globalisierung, Diversität, Wertepluralismus und neue (mediale) Interaktionsformen" (Beschorner und Hajduk 2012, S. 5) nicht mehr gewachsen sei. Wie verworren die Diskussion mittlerweile ist, zeigt die Position des DIHK zu diesem Thema, der es als kritisch erachtet, wenn das Konzept des ehrbaren Kaufmanns „lediglich Deckmantel für ein privates Gewinnstreben" (DIHK 2015) sei.

Nun ist das Konzept des ehrbaren Kaufmanns allerdings im Mittelalter gerade in einer Zeit des florierenden internationalen Fernhandels entstanden, sozusagen während der ersten Globalisierungswelle, und hat sich jahrhundertelang erfolgreich bewährt. Unabhängig davon, ob man Anhänger eines Werterelativismus ist oder nicht, „eine erfolgreiche interkulturelle Begegnung setzt voraus, dass die Betreffenden an ihrer eigenen Werthaltung festhalten" (Hofstede und Hofstede 2006, S. 504) und dass sie die gesellschaftlichen Erwartungen in ihrem Heimatland erkennen und in ihr Handeln einbeziehen. Die Normen, die den ehrbaren Kaufmann leiten, sind eine kulturelle Leistung, die nicht verordnet werden kann, aber entwickelbar und erlernbar ist. Diese Normen mögen fordernd und anspruchsvoll sein, altmodisch sind sie nicht.

2.6   Fazit

Wertebasierte Handlungsmaxime und konsistente Kommunikation mit allen Anspruchsgruppen sind angesichts der Reputationskrise der Branche kritische Erfolgsfaktoren für die Zukunft des Bankgeschäfts.

Wollen Banken und ihre Eigentümer verhindern, dass am Ende der Entwicklung die Verstaatlichung eines Teils oder gar der gesamten Branche steht, werden glaubwürdige Initiativen nottun, die diese Negativspirale nachhaltig stoppen. Was kann eine solche Quasimediation zwischen Banken auf der einen und der Gesellschaft auf der anderen Seite initialisieren und unterstützen?

Politischer Rückhalt ist für die Branche angesichts der öffentlichen Meinung nur zögerlich zu erwarten. Typischerweise wären also Fachexperten gefordert, die Diskussion zu versachlichen. Aber auch Ökonomen haben in der öffentlichen Wahrnehmung seit Ausbruch der Finanz- und Wirtschaftskrise nicht zuletzt durch geringe Einigkeit bei der Problemanalyse einen deutlichen Akzeptanzverlust erfahren müssen (Kummert 2013, S. 100 ff.). Regelmäßig werden daher auch Geisteswissenschaftler anderer Fakultäten in die Diskussionen einbezogen (DVFA September 2015).

Bleiben die Vertreter der Branche selbst. Glaubwürdige Persönlichkeiten mit einer Sozialisierung in skandalfreien Feldern der Bankwirtschaft müssten bereit sein, sich für die Reputation der Branche zu engagieren und alte Fragen neu stellen. *New Banking* sollte nicht nur einzelnen normativ ausgerichteten Nischenbanken überlassen bleiben, sondern ein Anliegen aller Banken sein, um die Gesellschaft für berechtigte Anliegen der Kreditwirtschaft zu sensibilisieren und die Destruktivität der aktuellen öffentlichen Diskussion für die Akzeptanz der sozialen Marktwirtschaft sichtbar zu machen.

Einen Codex für Banken gälte es also zu entwickeln, der weg von Konfrontation und zahllosen Rechtsprozessen stärker das vermittelnde, kooperative Element und die Berücksichtigung der Interessen aller Anspruchsgruppen fördert. Die Grundlage wäre ein klares Bekenntnis zu einer Haltung und einem Selbstverständnis, das den stabilen Normen des ehrbaren Kaufmanns ähnelt und das nicht wahlweise ein- und ausgeschaltet oder gar ausgetauscht werden kann.

Grundlegende Bausteine für einen solchen Codex finden sich aktuell beim Basler Ausschuss für Bankenaufsicht, der seine bereits 2010 veröffentlichten Principles for enhancing corporate governance im Lichte der aktuellen Entwicklungen nochmals überarbeitet und ergänzt hat (BIS July 2015). Die darin postulierten Prinzipien der „duty of care" und der „duty of loyalty" verdienen hohe Beachtung. Auch die Group of Thirty hat kurz darauf ähnliche Forderungen veröffentlicht (Group of Thirty 2015).

Eine Governanceethik, die Werte als integralen Bestandteil der Steuerung, Führung und Kontrolle von Unternehmen versteht (Wieland 2002), könnte für Banken dann beispielsweise mit folgenden Schritten weiter operationalisiert werden:

- Im Sinne der Selbstreflexion und der Förderung der Selbstreinigungskräfte in der Branche könnte die Entwicklung eines bankspezifischen, gruppenübergreifenden Berufsethos angestoßen werden. Vorbilder dazu finden sich in den Gilden der Kaufleute ebenso wie auch in den Standesorganisationen der Freiberufler, etwa bei Anwälten, Wirtschaftsprüfern oder Medizinern. Verfehlungen könnten dann – bei aller Problematik in der Umsetzung – auch branchenintern sanktioniert werden.
  Eine aktuelle Initiative des Berufsverbandes DVFA versucht, mit ihrem Positionspapier des Ethikpanels einen solchen Berufsethos für Investment Professionals auf Basis der Kardinaltugenden von Platon zu skizzieren und in ihren Ausbildungsgängen zu verankern (DVFA 2015).
- Im Sinne der Selbstverantwortung könnten weitergehend diese Normen operationalisiert werden, indem etwa branchenintern Empfehlungen zu Anreizmechanismen entwickelt werden, die Banken für Mitarbeiter und Manager mit den gewünschten Persönlichkeitsmerkmalen als Arbeitgeber attraktiv machen.
- Die Investition in die Bildung eines Think Tanks für *New Banking*, der Forscher aller Richtungen zur ergebnisoffenen Diskussion finanz- und kapitalmarkttheoretischer Fragestellungen ermutigt, wäre eine gute Grundlage für Banken, um sich in die öffentliche Diskussion über die eigene Branche innovativ einzubringen.
- Im Rahmen der internen Corporate Governance könnten Überlegungen angestellt werden, ob und wie gesellschaftliche Gruppen durch Entsendung unabhängiger Aufsichtsräte stärker in die strategische Verantwortung einbezogen werden können.
- Und im Rahmen der externen Corporate Governance wäre die Etablierung eines runden Tisches denkbar, der Themen der Kreditwirtschaft breiter diskutiert und abstützt und so zu mehr Transparenz und Abstimmung führt. Konflikte könnten in Form einer Mediation durch neutrale Dritte begleitet werden oder es könnten in Analogie zu den Tarifparteien Schlichtungsstellen etabliert werden.

Unabhängig von der konkreten Ausgestaltung einer Governanceethik: Eine solche oder ähnliche Initiative aus den Reihen der Banken wird erheblichem Misstrauen, vielleicht auch Häme ausgesetzt sein. Das Vorhaben wäre daher transparent zu begründen, zu erwartende Einwände aufzunehmen und im Dialog zu erörtern. Und es wird akzeptiert werden müssen, dass dies nur der Beginn eines steinigen Weges zum Wiederaufbau von Reputation sein kann.

Einer solchen Erneuerung des Berufsstandes gebührte dann – wie dem ehrbaren Kaufmann seit jeher – in der Tat Respekt und wäre wohl eine der größten Innovationsleistungen, die die Branche nachhaltig erbringen kann.

Literatur

Aeschimann, W. (2015). Ethik und Moral am Berg. In: Neue Zürcher Zeitung. http://www.nzz.ch/lebensart/outdoor/ethik-und-moral-am-berg-1.18523583. Erstellt: 17. April 2015

Beschorner, T., & Hajduk, T. (2012). Vom ehrbaren Kaufmann zur Unternehmensverantwortung. forum wirtschaftsethik, Ausgabe 2. http://www.dnwe.de/forum-wirtschaftsethik-online-2-2012.html

BIS (2015). Basel Committee on Banking Supervision. Guidelines. Corporate governance principles for banks. http://www.bis.org/bcbs/publ/d328.pdf. Erstellt: Juli 2015

Von der Crone, H. C. (2000). Verantwortlichkeit, Anreize und Reputation in der Corporate Governance der Publikumsgesellschaft. *Zeitschrift für schweizerisches Recht, 119*(2), 239–275. http://www.rwi.uzh.ch/lehreforschung/alphabetisch/vdc/cont/Verantwortlichkeit_Anreize_Reputation.pdf

Deutscher Industrie- und Handelskammertag- (2015). Ehrbarer Kaufmann. http://www.dihk.de/themenfelder/recht-steuern/rechtspolitik/grundsatzthemen/ehrbarer-kaufmann

Dietrich, A., & Amrein, S. (2014). Crowdfunding Monitoring Schweiz 2014. Institut für Finanzdienstleistungen Zug. https://blog.hslu.ch/retailbanking/files/2014/05/Crowdfunding-Monitoring-2014-Deutsch-mL.pdf

Dorsch (2014). In M.A. Wirtz (Hrsg.), *Lexikon der Psychologie online* (unter Mitarbeit von Janina Strohmer, 17., überarb. Aufl.). https://portal.hogrefe.com/dorsch/de/startseite/

DVFA (2015). Ethik, Zur Förderung ethischer Tugenden in Finanzunternehmen, Positionspapier des Ethikpanels im DVFA e.V. unter der Leitung von Prof. Dr. Julian Nida-Rümelin. http://www.dvfa.de/fileadmin/downloads/Verband/Mitgliedschaft/Ethik_und_Integritaet/Zur-Foerderung-ethischer-Tugenden-in-Finanzunternehmen-Langfassung.pdf. Erstellt: September 2015

Eckelmann, R. M. (2003). Wer die Moral verkauft, wird nie ein ehrbarer Kaufmann. In: Die Welt. http://www.welt.de/114497. Erstellt: 12. Januar 2003

Emmenegger, S., & Kurzbein, R. (2010). Finanzmarktkrise und neue Corporate Governance von Banken. *Zeitschrift für Gesellschafts- und Kapitalmarktrecht, 2010*(4), 462–475.

Faller, D., & Faller, K. (2014). *Innerbetriebliche Wirtschaftsmediation*. Frankfurt am Main: Wolfgang Metzner.

Geitmann, R. (1989). Bibel, Kirchen und Zinswirtschaft. *Zeitschrift für Sozialökonomie, 80*, 17–24.

Le Goff, J. (2009). *Kaufleute und Bankiers im Mittelalter*. Berlin: Wagenbach.

Group of Thirty (2015). Toward effective Governance of Financial Institutions. http://www.group30.org/images/PDF/Corporate%20Governance%20050913.pdf

Hafner, N. (2014). Was Banken wohl zu Banken macht. https://blog.hslu.ch/retailbanking/2014/06/22/was-banken-wohl-zu-banken-macht/

Hilb, M. (2013). *Integrierte Corporate Governance, Ein neues Konzept zur wirksamen Führung und Aufsicht von Unternehmen*. Berlin/Heidelberg: Springer.

Hofstede, G., & Hofstede, G. J. (2006). *Lokales Denken, globales Handeln. Interkulturelle Zusammenarbeit und globales Management* (3. Aufl.). München: dtv.

Kirchhoff, L. (2012). Konfliktmanagement(-systeme) 2.0. *Konfliktdynamik, 1*, 6–16.

Klawitter, N. (2009). Sündige Geschäfte. In: Spiegel Geschichte, H. 4. http://www.spiegel.de/spiegel/spiegelgeschichte/d-66214336.html

Kulke, U. (2011). Die Griechen erfanden den Kredit. In: Die Welt. http://www.welt.de/kultur/history/article13453125/Die-Griechen-erfanden-den-Kredit-mit-36-Prozent.html. Erstellt: 29. Juni 2011

Kummert, I. (2013). *Strategie der Moral am Kapitalmarkt*. Wiesbaden: Springer Gabler.

Littmann, A. (2001). *Image und Public Relations von Banken. Ein konzeptioneller Ansatz unter besonderer Berücksichtigung der Presse*. Köln: Botermann & Botermann.

Mehran, H., Morrison, A., & Shapiro, J. (2011). Corporate Governance and Banks: What Have We Learned From The Financial Crisis?, Federal Reserve Bank of New York, Staff Report no. 502. http://papers.ssrn.com/sol3/papers.cfm?abstract_id=1880009. Erstellt: Juni

Müller, R. (2015). Entwicklung und Bedeutung der Corporate Governance. http://www.advocat. ch/fileadmin/user_upload/Universitaet/Universitaet_St.Gallen/Corporate_Governance_ Vorlesungen/Uni_SG_CG_Vorlesung_01A_Doc_2_Entwicklung_und_Bedeutung_der_ Corporate_Governance.pdf. Erstellt: 15. Februar 2015

Nassmacher, K.-H. (1997). Unkontrollierte Macht? Banken als Thema öffentlicher Politik, Stellung und Tätigkeit der Kreditinstitute in Deutschland und ihre Kontrolle. In Landeszentrale für politische Bildung Baden-Württemberg (Hrsg.), *Der Bürger im Staat* (Bd. 1, S. 3–10). Stuttgart.

Neckel, S. (2015). Das System im freien Fall. In: Die Zeit. http://www.zeit.de/2015/24/deutsche-bank-kapitalismus-ethik. Erstellt: 29. Juni 2015

Oermann, N. O. (2015). *Wirtschaftsethik, Vom freien Markt bis zur Share Economy*. München: Beck.

Peer, C. (2014). Führung in Zeiten des schnellen Wandels – die Neuerfindung des Dialogs. http://www.peercommunication.ch/xp_file/Fuehrung_in_Zeiten_des_schnellen_Wandels_-_Die_ Neuerfindung_des_Dialogs.pdf. Erstellt: 4. November 2014

Peer, C. (2015). Reflektiertheit. http://www.peercommunication.ch/reflektiertheit/

Pester, M. (1993). *Das Prinzip Kooperation. Dimensionen strategischer Kooperation und ihre Relevanz für den genossenschaftlichen Finanzverbund*. Regensburg: Transfer.

Poliakov, L. (1978). *Das Zeitalter der Verteufelung und des Ghettos*. Geschichte des Antisemitismus, Bd. II. Worms: Heintz Verlag.

Prien, H.-J. (1992). *Luthers Wirtschaftsethik*. Göttingen: Vandenhoeck und Ruprecht.

PwC AG, & Europa-Universität Viadrina Frankfurt (Oder) (2005). Commercial Dispute Resolution – Konfliktbearbeitungsverfahren im Vergleich. http://www.rtmkm.de/home/willkommen/downloads/

PwC AG, & Europa-Universität Viadrina Frankfurt (Oder) (2007). Praxis des Konfliktmanagements deutscher Unternehmen – Ergebnisse einer qualitativen Folgestudie zu „Commercial Dispute Resolution – Konfliktbearbeitungsverfahren im Vergleich". http://www.rtmkm.de/home/willkommen/downloads/

PwC AG, & Europa-Universität Viadrina Frankfurt (Oder) (2011). Konfliktmanagement – von den Elementen zum System. http://www.rtmkm.de/home/willkommen/downloads/

PwC AG, & Europa-Universität Viadrina Frankfurt (Oder) (2013). Konfliktmanagement als Instrument werteorientierter Unternehmensführung. https://www.europa-uni.de/de/forschung/institut/institut_ikm/publikationen/PwC_EUV_KMS-Studie-IV_131010_final.pdf

PwC AG (2014). *Trends shaping governance and the board of the future, PwC's 2014 Annual Corporate Directors Survey*

Reinhardt, C. (2015). Banking is dead, long live banking. http://www.hopesandfears.com/hopes/future/economics/168699-banking-is-dead-long-live-banking. Erstellt: 19. März 2015

Riekel, P. (2015). Ausnahmsweise mal machtlos .... *Bunte*, *20*, 7.

Schmiedel, P. (2009). *Wirtschaftsethik als Brücke zwischen westlicher Vernunftethik und islamischem Denken*. Bamberg: University of Bamberg Press.

Weber, M. (2009). *Wirtschaft und Gesellschaft. Herrschaft. Studienausgabe*. Tübingen: Mohr Siebeck.

Wedel, J. (2015). Unaccountable. Interview. http://ineteconomics.org/ideas-papers/interviews-talks/how-elite-power-brokers-corrupt-our-finances-freedom-and-security. Erstellt: 15. Juni 2015

Wieland, J. (2002). *WerteManagement und Corporate Governance*. KIeM Working Paper, Bd. 3. Konstanz Institut für WerteManagement. Working_Paper_03_2002_Wertemanagement_und_Corporate_Governance.pdf. Erstellt: 10. April 2015

Geschäftsmodelle von Banken in Zeiten fundamentalen Wandels

3

Ein kleiner Strategiediskurs im Kontext „Digitalisierung"

Georg F. Walter

Inhaltsverzeichnis

3.1   Fundamentaler Wandel der Rahmenbedingungen: Die wirklichen Herausforderungen
beginnen gerade erst 29
3.2   Aktuelle Wirkungen auf die Geschäftsmodelle und Gewinn- und Verlustrechnung
von Banken 32
3.3   Wege der Strategiedefinition im Kontext „Digitalisierung" 34
3.4   Zentrale Stellhebel der erfolgreichen Weiterentwicklung 39
Literatur 40

3.1   Fundamentaler Wandel der Rahmenbedingungen: Die wirklichen Herausforderungen beginnen gerade erst

Der Wandel der Rahmenbedingungen ist von je her ein Thema, mit dem sich Finanzdienst-leister konfrontiert sehen und versuchen, sich möglichst optimal auf die sich verändernden Einflüsse einzustellen und zukunftsorientiert damit umzugehen. Eines ist jedoch in der ak-tuellen Situation grundlegend anders: Der Veränderungsdruck auf Banken ist so intensiv und vielfältig wie vielleicht noch nie gesehen und findet mit einer völlig neuen, rasanten Geschwindigkeit statt. Dabei stehen wir gerade erst am Anfang des Weges, dennoch zei-gen sich schon jetzt die massiven Auswirkungen auf die bestehenden Geschäftsmodelle von Banken.

Zentrale Veränderungsimpulse resultieren aus den Bereichen Technologie, Kunde, Markt und Wettbewerb, die neue Möglichkeiten, aber auch Anforderungen und Spiel-

G. F. Walter (✉)
Hypovereinsbank - UniCredit
München, Deutschland
email: georg.walter@unicredit.de

© Springer Fachmedien Wiesbaden 2016
M. Seidel (Hrsg.), *Banking & Innovation 2016*, FOM-Edition,
DOI 10.1007/978-3-658-11052-9_3

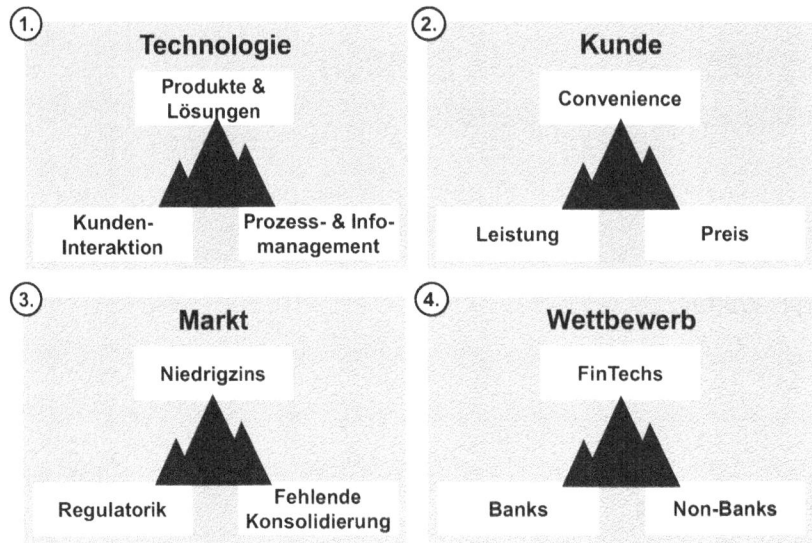

Abb. 3.1 Wandel der Rahmenbedingungen in der FDL-Branche

regeln setzen. Für Banken gilt es, erfolgreich die Gipfel dieser Herausforderungen zu erklimmen und bestmöglich für ihren künftigen Erfolg zu nutzen (vgl. Abb. 3.1).

3.1.1 Technologie

Neue Technologien ermöglichen neben Optimierungen auch gänzlich neue Produkte und Lösungen, Alternativen in der Kundeninteraktion sowie neue Wege im Prozess- und Infomanagement. Beispiele hierfür sind neue Features im Onlinebanking wie ein Personal Finance Manager oder kontaktloses Bezahlen, aber auch gänzlich neue Angebote wie zum Beispiel Vermittlungsplattformen für Finanzdienstleistungen, die die bisherigen Spielregeln der Geschäftsanbahnung fundamental verändern. In der Interaktion zwischen Kunde und Bank wird zwar schon seit mindestens 15 Jahren über das Thema des Multikanalvertriebs gesprochen. Doch erst jetzt ist es tatsächlich so weit, dass innovative Vertriebskanäle einen so großen Bedeutungsgewinn erlangen, dass klassische Vertriebswege wie die Filiale eine Repositionierung erfahren. Und letztendlich ermöglicht die technologische Unterstützung im Prozess- und Infomanagement einerseits eine gänzlich neue Qualität und Geschwindigkeit in den Abläufen, die Kunden aus anderen Branchen wie dem Onlinehandel gewohnt sind und zunehmend auch von Banken verlangen. Andererseits können die vorhandenen Datenschätze durch leistungsfähige Analysewerkzeuge zu Informationen veredelt werden (sogenanntes „Big Data"), die durch diesen Erkenntnisgewinn wiederum zu gänzlich neuen Geschäftsansätzen führen.

3.1.2 Kunde

All diese technologischen Möglichkeiten sind aber nur deshalb so erfolgswirksam, weil sie die entscheidenden Kundenanforderungen nach möglichst hoher Convenience bei optimaler Leistung und gleichzeitig bestem Preis massiv unterstützen können. Genau dieses Spannungsdreieck in der Kundenanforderung bestimmt auch maßgeblich, welches Geschäftsmodell künftig am Markt erfolgreich sein wird und welche Anbieter zu den Gewinnern zählen werden. Beispiele hierfür gibt es schon jetzt zahlreiche: Exemplarisch genannt sei PayPal. Ursprünglich als Zahlungsverkehrsanbieter aus einer Nische kommend, hat der Anbieter es geschafft, Convenience, Leistung und Preis aus Kundensicht perfekt zu verknüpfen: Convenience, indem der Zahlungsvorgang nahtlos in den Kundenkaufprozess eingebettet wurde, Leistung, indem die Zahlung realtime erfolgt und der Käufer damit seine Bestellung schneller erhält sowie Preis, indem das System zumindest für den Käufer komplett kostenlos ist. Auf diese Weise hat sich PayPal zu einem der maßgeblichen Zahlungsanbieter im E-Commerce entwickelt. Konkurrenz kommt hier inzwischen aber auch von den traditionellen Banken, die mit PayDirekt eine Alternative zu PayPal am Markt etablieren.

3.1.3 Markt

Die Rahmenparameter des Marktes wie Niedrigzinsumfeld, Regulatorik und die immer noch nicht abgeschlossene Konsolidierung der Anbieter können bis auf den letzten Punkt nur teilweise von den Banken selbst beeinflusst werden. Deshalb gilt es hier viel mehr, mit den existierenden Gegebenheiten möglichst optimal umzugehen. Dabei zeigt sich, dass gerade die klassischen Geschäftsmodelle der Banken besonders betroffen sind, was Ertrags- und Aufwandswirkungen angeht. Umso wichtiger erscheint es hier, geeignete Konsequenzen und Reaktionsmuster sowohl ertrags-, als auch aufwandseitig abzuleiten, um aktiv dieser Entwicklung entgegen zu steuern.

3.1.4 Wettbewerb

Zusätzlich verschärft sich die Wettbewerbssituation durch das Auftreten neuer Banken, sowie Anbieter aus dem Feld der Nichtbanken. Zu nennen sind hier primär ausgewählte Auslandsbanken sowie Banken beziehungsweise Finanzdienstleister von Konzernen, die unter anderem zum Zweck der Absatzfinanzierung ihrer originären Kernprodukte etabliert wurden. Beispiele hierfür sind die großen, etablierten Automobil- oder Technologiekonzerne mit ihren Financial-Services-Sparten. Hinzu kommt eine große Zahl von Unternehmen aus dem IT-Umfeld (sogenannte „FinTechs"), die versuchen, Teile oder gänzliche Geschäftsmodelle klassischer Finanzdienstleister anzugreifen, zu substituieren oder zumindest signifikant durch ihre Teilnahme zu verändern. Gerade die Entwicklung

der FinTechs sollte besondere Aufmerksamkeit geschenkt werden, da dies ein schleichen-
der, aber stetig an Bedeutung gewinnender Prozess ist. Bekanntermaßen wird es hier auch
wesentlich schwieriger sein einmal abgegebene Geschäftsfelder wieder mühsam zurück
zu gewinnen, als von Beginn an den aktuellen Entwicklungen rechtzeitig und proaktiv
Rechnung zu tragen.

3.2 Aktuelle Wirkungen auf die Geschäftsmodelle und Gewinn- und Verlustrechnung von Banken

Der beschriebene fundamentale Wandel der Rahmenbedingungen kommt einem Angriff
auf die Gewinn- und Verlustrechnung von Banken an allen Fronten gleich: Deutlichem
Ertragsdruck in vielen Kerngeschäftsfeldern stehen steigende Aufwände in zahlreichen
Bereichen gegenüber. Die sich zunehmend öffnende Schwere der Aufwands-Ertrags-Relation sei exemplarisch anhand der Wirkungen des Niedrigzinsszenarios auf der Ertrags-
seite, sowie der Regulatorik auf der Aufwandseite dargestellt (vgl. Abb. 3.2).

3.2.1 Wirkungen des Niedrigzinsszenarios auf der Ertragsseite

Das Niedrigzinsszenario, dessen Ende derzeit nicht abzusehen ist, beeinflusst primär die
Erträge im Einlagengeschäft der Banken. An dieser Stelle ist nicht nur nichts mehr zu
verdienen. Mögliche Negativzinsen, die unter Umständen nur teilweise an die Kunden
weitergegeben werden, können gar zu zusätzlichen Belastungen der Gewinn- und Ver-

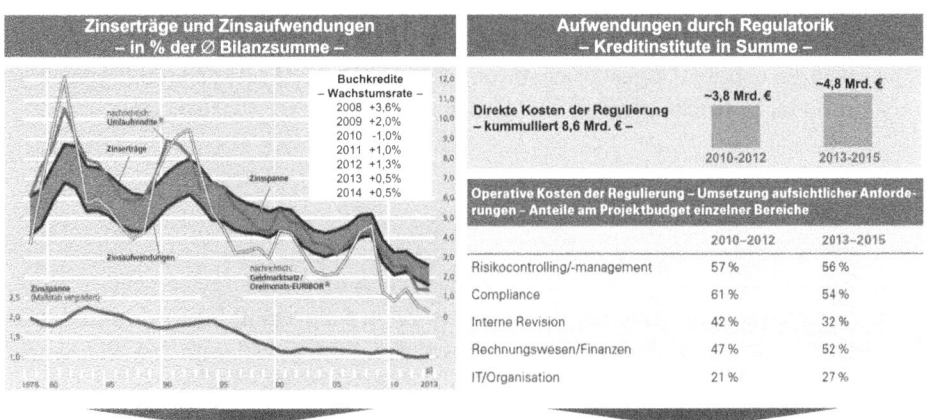

Abb. 3.2 Beispiele aktueller Wirkungen auf die Gewinn- und Verlustrechnung von Banken. (Quellen: Bundesbank Monatsbericht 09/2014 (auszugsweise); KPMG 12/2013)

lustrechnung von Banken führen. Ganz besonders betroffen sind an dieser Stelle die Geschäftsmodelle der Sparkassen. Aufgrund ihrer traditionell sehr großen Einlagenstärke verwenden Sparkassen ihre Einlagen nicht nur zur Ausreichung im Kreditgeschäft, sondern darüber hinaus auch für die attraktive und gleichzeitig sichere Anlage, um an dieser Stelle eine Marge zu erzielen. Ähnlich wie bei Versicherungen stehen Sparkassen inzwischen jedoch vor der Herausforderung, dass die guten Coupons in ihren Portfolien auslaufen, ohne dass es entsprechend attraktive Alternativanlagen bei gleichem Risiko gäbe. Soll das Risiko nicht erhöht werden, bleibt gerade auch den Sparkassen in der aktuellen Situation nichts anderes übrig, als sich verstärkt der Aufwandseite zuzuwenden. Zu erkennen ist dies unter anderem an geplanten Filialreduktionen oder gar betriebsbedingten Kündigungen, die an dieser Stelle sicherlich ein Novum darstellen.

Auch die Kreditseite ist aufgrund eines Überangebots bei gleichzeitig stagnierender Nachfrage mit deutlich reduzierten Wachstumsraten wie beispielsweise im Firmenkundengeschäft unter Margendruck. Damit kommt die aktuelle Geldpolitik nicht nur im Einlagen-, sondern auch im Kreditgeschäft mit ihrer dämpfenden Wirkung auf die Ertragsaussichten der Banken an.

3.2.2 Wirkungen der Regulatorik auf der Aufwandseite

Auf der anderen Seite steigen die erforderlichen Aufwände auf Bankseite, die keinen direkten, ertragsorientierten Bezug aufweisen. Besonders eindrucksvoll lässt sich dies am Beispiel der Regulatorik zeigen. Allein für dieses Thema belaufen sich die kumulierten direkten Kosten der Kreditinstitute in Deutschland in den Jahren von 2010 bis 2015 auf rund 8,6 Milliarden Euro. Diese Aufwände werden für Risikocontrolling/-management, Compliance, interne Revision, Rechnungswesen/Finanzen sowie IT/Organisation eingesetzt. Dementsprechend ausgebaut wurden in den letzten Jahren die entsprechenden internen Bereiche in den Häusern, die zusätzlich durch die Erträge der Geschäftsmodelle zu tragen sind.

3.2.3 Konsequenzen und Reaktionsmuster

Die sich zunehmend öffnende Schere der Aufwands-Ertrags-Relation führt zu zwingenden Handlungsnotwendigkeiten. Die Gestaltungsmöglichkeiten sind hier klar in zwei Richtungen vorgezeichnet und liegen sowohl in der Steigerung der Erträge durch eine Justierung und Weiterentwicklung des Geschäftsmodells, als auch in der Optimierung – und damit Reduzierung – der Aufwände. Im positiven Fall werden insbesondere Möglichkeiten der Ertragsoptimierung gefunden, da die Aufwandoptimierung zumindest in der Kurzfristsicht häufig bei den direkten Kosten stecken bleibt. Der größte Posten der direkten Kosten wiederum sind natürlicherweise die Personalkosten mit der entsprechenden Implikation der Kapazitätenreduktion. Um jedoch die Aufwandseite adäquat an veränderte Ertragsstrukturen anzupassen und diesem Thema vollumfänglich gerecht zu werden, ist es zwingend erforderlich, auch den großen Block der indirekten Kosten in Gänze zu analysieren und zu öffnen. Ansonsten würden die indirekten Kosten quasi wie eine Blackbox als Monolith unverändert bestehen bleiben und sich die Kostenträgerschaft auf sich stetig reduzierende Ertragsbereiche verteilen.

Mit Blick auf die sich verändernden Rahmenbedingungen zeigt sich, dass bestimmte Parameter, wie beispielsweise das Niedrigzinsumfeld, unveränderlich gegeben sind und mit diesen Einflussfaktoren möglichst optimal umzugehen ist. Es gibt aber auch Rahmenparameter, die gezielt beeinflusst und gestaltet werden können, einer der Wichtigsten hierbei ist das Thema und der Umgang mit der Digitalisierung.

3.3 Wege der Strategiedefinition im Kontext „Digitalisierung"

Die mit enormer Geschwindigkeit und signifikanten Auswirkungen stattfindende Digitalisierung in sämtlichen Lebensbereichen bewirkt einen derart großen Veränderungsdruck, dass gerne auch Vergleiche zur industriellen Revolution gezogen werden. Wie auch immer diese Analogie zu bewerten ist, sicher ist, dass auch für Banken die Spielregeln in vielen Bereichen neu aufgestellt werden und sich die Digitalisierung als sogenannte „Game Changer" auswirkt beziehungsweise künftig noch stärker bemerkbar machen wird.

3.3.1 Zur Bedeutung der Digitalisierung für Banken

Digitalisierung spielt für die Sicherung der Zukunftsfähigkeit von Banken eine entscheidende Rolle in mehrfacher Hinsicht: Neben der Weiterentwicklung bestehender Geschäftsmodelle durch Digitalisierung – der Business Transformation, geht es darüber hinaus um die Entstehung gänzlich neuer Geschäftsmodelle durch Digitalisierung – der Business Innovation. Beide Aspekte müssen von Banken mit hoher Priorität bespielt werden, um nicht Gefahr zu laufen, den Anschluss zu verpassen und zunehmend Teile des bestehenden Geschäfts an neue Spieler zu verlieren.

Zur Erläuterung sowohl der Business Transformation als auch der Business Innovation kann eine Analogie zum Buchhandel sowie der Musikindustrie gezogen werden (vgl. Abb. 3.3). Die dort zu beobachtenden Entwicklungslinien lassen sich nachfolgend auf das Geschäft von Banken und hier aktuell und künftig stattfindende Veränderungen übertragen.

In der Business Transformation findet eine inkrementelle Veränderung bestehender Geschäftsmodelle unter Nutzung der Digitalisierung statt. Beispielsweise werden Bücher oder Musik neben dem stationären Vertrieb zusätzlich auch über den Onlinekanal verkauft. Dabei kann das Produkt gleich bleiben oder neue Medien genutzt werden. Beispielsweise wird Musik in Form einer CD als Datenträger versandt oder als Download mittels MP3-Datei angeboten. Das eigentliche Geschäftsmodell bleibt abgesehen von den

Abb. 3.3 Strategiedefinition „Digitalisierung" am Beispiel Buchhandel und Musikindustrie

genannten Komponenten ansonsten jedoch identisch, es wird ein bestimmtes Produkt über neue Kanäle in identischer oder modifizierter Form hinsichtlich des Trägermediums verkauft.

In der Business Innovation dagegen werden durch gänzlich neue Möglichkeiten der Digitalisierung disruptive Veränderungen und die Entstehung neuer Geschäftsmodelle ermöglicht. Bezogen auf den Buchhandel und die Musikindustrie ermöglichen neue Technologien in diesem Beispiel, nicht mehr einzelne Bücher oder Musikstücke an den Kunden zu verkaufen. Vielmehr wird dem Kunden über neue E-Book-Plattformen beziehungsweise Musik-Streaming-Dienste das zeitlich beschränkte Nutzungsrecht an einer ganzen Bibliothek an Büchern beziehungsweise Musikstücken eingeräumt. Dadurch erwirbt der Kunde im Gegensatz zum bisherigen Geschäftsmodell nicht mehr das beschränkte Eigentum an einem bestimmten Buch oder einem bestimmten Musikstück.

Ein solches Geschäftsmodell wird gerade erst dadurch ermöglicht, dass neue Technologien wie ausreichend große Bandbreiten im Internet und ein geeignetes digitales Rechtemanagement für elektronische Inhalte verfügbar werden. Gleichzeitig hat das Entstehen solch neuer Geschäftsmodelle unter Umständen einen signifikanten Einfluss auf die bestehenden, traditionellen Geschäftsansätze. In der Musikindustrie wächst der Streaming-Markt beispielsweise signifikant und hat in ausgewählten Märkten wie den USA den Musik-Download-Markt längst überholt.

Zusätzlich hat eine solche disruptive Veränderung des Geschäftsmodells Auswirkungen auf alle bisher Beteiligten beziehungsweise es können auch gänzlich neue Spieler in Erscheinung treten. In diesem Beispiel partizipieren die Musikkünstler unter anderem nicht mehr in bisherigem Ausmaß an CD-Verkäufen oder MP3-Downloads, sondern erhalten ihre Incentivierung in den neuen Modellen wie Streaming-Diensten pro abgerufenem

Musikstück. Solche Entwicklungen können je nach Rolle und Positionierung auch eine deutliche Verschiebung in den Entlohnungsmodellen für die verschiedenen Beteiligten mit sich bringen.

Sowohl Business Transformation als auch Business Innovation finden in vielfältiger Weise auch im Finanzdienstleistungssektor statt. Zur erfolgreichen Bewerkstelligung beider Entwicklungslinien können grundlegend unterschiedliche Vorgehensmodelle differenziert werden, die es jetzt zu definieren und rasch zu implementieren gilt. Dabei ist die Business Transformation erfolgreich in der bestehenden Organisation umzusetzen. Die Business Innovation dagegen kann auch über separate Organisationen neben der Bestehenden, über Kooperationen oder Beteiligungen realisiert werden. Das jeweilige Vorgehen wird nachfolgend anhand zweier aktueller Beispiele im Detail erläutert.

3.3.2 Business Transformation: Weiterentwicklung bestehender Geschäftsmodelle durch Digitalisierung

Beispiel für Business Transformation ist der Umbau des Privatkundengeschäfts, das viele Banken derzeit angehen. Dabei geht es im Schwerpunkt darum, Geschäftsmodell und Vertriebsansatz an die deutlich geänderte Situation im Markt anzupassen. Um das Privatkundengeschäft fit für die Zukunft zu machen und auch anschließend kontinuierlich weiterzuentwickeln, können vier Kernthemen adressiert werden (vgl. Abb. 3.4).

Erste Säule ist der deutliche Ausbau der Digitalisierung und der Entwicklung entsprechender Features mit Multikanalfähigkeit. Hier werden signifikante Investitionen getätigt, um die Leistungsfähigkeit massiv zu steigern und gleichzeitig den Kunden ein einheit-

Abb. 3.4 Projektbeispiel „Business Transformation": Umbau Privatkundengeschäft

liches Bankerlebnis zu bieten, unabhängig davon, welchen Kanal er nutzt. Dementsprechend wichtig ist und bleibt auch künftig die Filiale als der wesentliche Ankerpunkt im Kundenkontakt. Deshalb wird hier ebenfalls in einen einheitlichen hochwertigen Standard mit entsprechender technologischer Ausstattung für die Integration im Multikanal investiert. Darüber hinaus wird die Mitarbeiterentwicklung in den Mittelpunkt gestellt, weil die besten Produkte und Services mit modernster Ausstattung und Technik nur dann wirksam werden können, wenn gerade die Mitarbeiter diese neuen und innovativen Entwicklungen vollumfänglich unterstützen. Begleitet wird das Gesamtvorhaben durch Business-Development-Themen im Marketing wie TV-Spots und Anzeigen, die die neue Positionierung unterstreichen.

3.3.3 Business Innovation: Entstehung gänzlich neuer Geschäftsmodelle durch Digitalisierung

In der Business Innovation entstehen gänzlich neue Geschäftsmodelle, die überhaupt erst durch neue Möglichkeiten der Digitalisierung realisiert werden können. Welche Geschäftsmodelle im Rahmen der Business Innovation grundsätzlich differenziert werden können, sei am Beispiel des Firmenkundengeschäfts dargestellt (vgl. Abb. 3.5).

Bei Betrachtung der gesamten Wertschöpfungskette können durch die Digitalisierung entstehende neue Wettbewerber identifiziert werden, die entweder eine Phase in der Wertschöpfungskette substituieren – in der Regel in der Phase der Produktion, die gesamte Wertschöpfungskette ersetzen oder bestehende Wertschöpfungsketten traditioneller Anbieter neu aggregieren und integrieren:

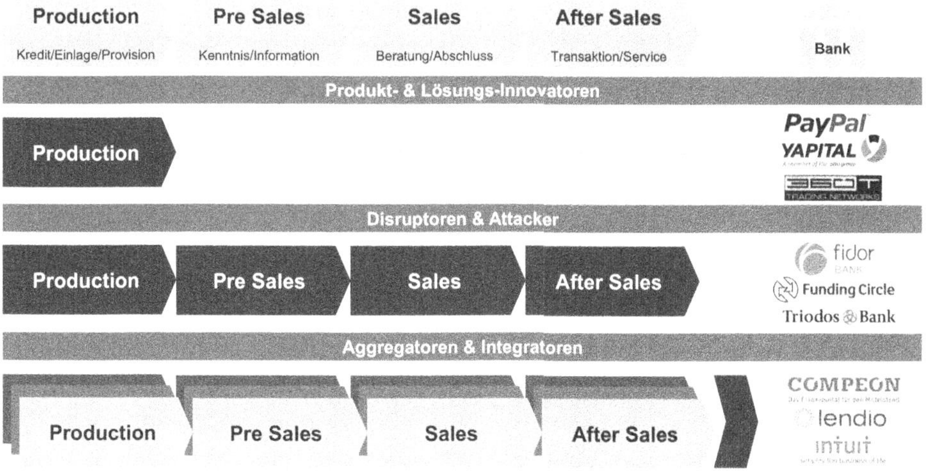

Abb. 3.5 „Digital Attackers" am Beispiel Firmenkundengeschäft

Wird ein bestimmter Bereich der Produktion ersetzt, bringen Produkt- und Lösungs-innovatoren alternative Angebote auf den Markt, die additiv beziehungsweise alternativ zu den entsprechenden Produkten und Lösungen traditioneller Banken verfügbar werden. Beispiele sind Zahlungsverkehrsanbieter wie PayPal, Yapital oder die Trading-Plattform 360 T. Diese neuen Wettbewerber schneiden sich damit einen Stück des Ertragskuchens ab, der bisher den traditionellen Anbietern vorbehalten war, ohne jedoch den Ansatz zu verfolgen, die komplette Wertschöpfungskette in einem Bereich auf sich zu vereinen.

Genau diesen Ansatz verfolgen jedoch Disruptoren und Attacker, indem sie versuchen, die vollständige Wertschöpfungskette in einem Bereich zu übernehmen und auf sich zu bündeln. Die Fidor Bank, Funding Circle oder die Triodos Bank sind beispielhaft genannte Anbieter, die diese Strategie verfolgen. So können sowohl Privat- als auch Geschäftskun-den ihre wesentlichen Bankgeschäfte vollumfänglich aus einer Hand abwickeln, indem die Fidor Bank die vollständige Wertschöpfungskette mit digitalen Möglichkeiten kom-plett neu aufbaut und anbietet.

Aggregatoren und Integratoren wiederum nutzen die bestehenden Wertschöpfungsket-ten mehrerer traditioneller Anbieter und führen diese über Plattform- oder Tool-Ansätze in einer neuartigen Form zusammen. Dadurch entstehen neue Marktplätze mit neuen Spielregeln für ausgewählte Bedarfsfelder. Gleichzeitig wird die Markttransparenz und damit Vergleichbarkeit traditioneller Anbieter deutlich erhöht. Compeon, Lendio oder Intuit sind Vertreter für derartige Geschäftsmodelle. Am Beispiel Compeon, einer Finan-zierungsplattform für den Mittelstand, lässt sich besonders eindrücklich zeigen, wie die traditionellen Spielregeln der Geschäftsanbahnung durch eine derartige Plattform verän-dert werden: Bemüht sich der Kunde in der traditionellen Wertschöpfungskette bei seiner Hausbank um eine Finanzierung und ist damit Bedarfssteller bei seiner Bank, ist es auf

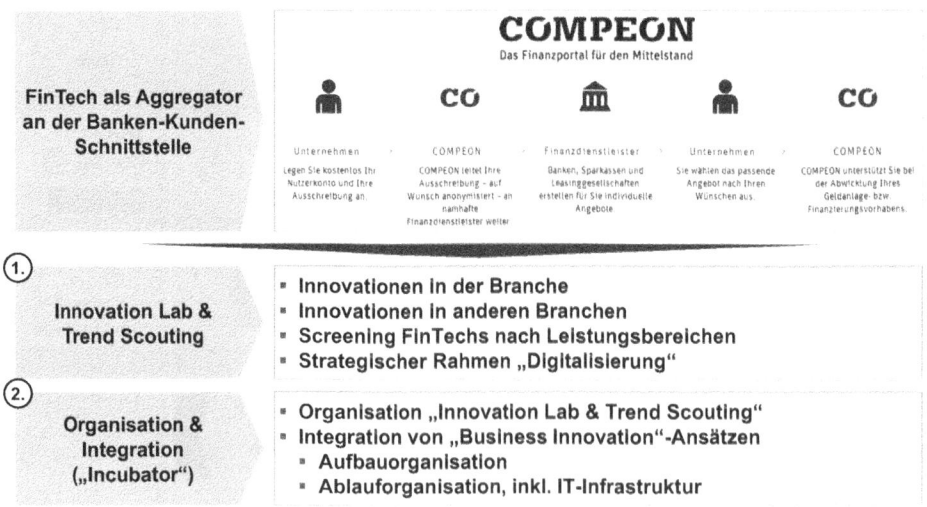

Abb. 3.6 Projektbeispiel „Business Innovation": Finanzierungsplattform Compeon

der Compeon-Plattform genau umgekehrt. Hier stellt der Kunde sein Finanzierungsvorhaben mit allen relevanten Informationen auf der Plattform ein und Kreditinstitute bewerben sich beim Kunden um die Finanzierung, der wiederum das für ihn attraktivste Angebot auswählen kann. Dadurch verändert sich die Verhandlungsposition der einzelnen Spieler gegenüber der traditionellen Wertschöpfungskette deutlich.

Es zeigt sich, dass gerade Themen der Business Innovation, wie am Beispiel Compeon dargestellt, besonders durch Kooperation oder Integration neben der bestehenden Bankorganisation realisiert werden können. Gleichzeitig erforderlich ist es, ein kontinuierliches Innovationsmanagement und Trend Scouting sicherzustellen, um die relevanten Entwicklungen vollständig zu erfassen und zuverlässig die richtigen Player am Markt für mögliche weitere Schritte zu identifizieren (vgl. Abb. 3.6).

3.4 Zentrale Stellhebel der erfolgreichen Weiterentwicklung

Auf dem Weg in die Zukunft sind unterstützend zentrale Stellhebel der erfolgreichen Weiterentwicklung zu beachten, um die umfänglichen Veränderungsprozesse aussichtsreich ins Ziel zu führen (vgl. Abb. 3.7).

Die klare Strategiedefinition setzt dabei den entscheidenden stabilen Handlungsrahmen für das Gesamthaus und ist Voraussetzung zur Ableitung verbindlicher Implementierungsmaßnahmen für alle relevanten Fachbereiche. Was vielleicht wie eine Selbstverständlichkeit klingt, ist gerade für größere Organisationen eine Herausforderung, da die

Abb. 3.7 Fünf Stellhebel der erfolgreichen Weiterentwicklung

Definitions-, Abstimmungs- und Priorisierungsprozesse sehr aufwändig und zeitraubend sein können.

Gleichzeitig ist zum Erhalt der Handlungsfähigkeit sowohl die Absicherung der Ertragskraft, als auch das Aufbrechen der bestehender Kostenstruktur essentiell und beide Aspekte in Einklang zu bringen. Dazu ist die Anpassung laufender Business-Aktivitäten und Schwerpunkte an aktuelle Rahmenparameter ebenso notwendig, wie die gezielte Ausschöpfung erkannter Potenzialfelder und deren kontinuierliche Optimierung. Auf der Kostenseite ist ein systematisches Screening aller Kostenpositionen inklusive indirekter Kosten und entsprechender Ressourcenallokationen die Voraussetzung, gezielt Anpassungen der bestehenden Strukturen an eine geänderte Ausgangssituation sowie veränderte Revenue-Pools durchführen zu können.

Mit diesen Maßnahmen wird so die Basis für eine zügige Digitalisierung zur Business Transformation einerseits sowie eine intelligente Digitalisierung zur Business Innovation andererseits geschaffen. Die zügige Weiterentwicklung des bestehenden Geschäftsmodells im Rahmen der Business Transformation kann gleichzeitig die Absicherung der Ertragskraft sowie das Aufbrechen bestehender Kostenstrukturen befördern. Die intelligente Weiterentwicklung unter Einbeziehung gänzlich neuer Geschäftsmodelle in der Business Innovation unterstützt die Bank dabei, in fundamental geänderten Märkten auch künftig erfolgreich zu agieren. Zur Integration neuer Geschäftsmodelle sollten Hemmnisse bestehender Organisationsstrukturen weitgehend vermieden werden, indem Vorgehensmodelle wie zum Beispiel Kooperationen oder Incubator-Konzepte geprüft werden.

Zusammenfassend ist festzuhalten, dass die Zeitmaschine zur „Bank to the Future" längst gestartet ist. Nur wer heute agiert, wird einer der „Key Player" von morgen werden können. Die Zukunft hat längst begonnen, starten Sie heute ihre aktive Gestaltung.

Literatur

Auswirkungen regulatorischer Anforderungen, Studie, Dezember 2013, KPMG, S. 6
Deutsche Bundesbank Monatsbericht September 2014, Deutsche Bundesbank, S. 58

Geschäftsfeld Mediation

4

Jakob Harich

Inhaltsverzeichnis

4.1   Ausgangssituation   41
4.2   Dienstleistungsinnovationen als neue Ertragsquellen   42
4.3   Mediation und mediative Kompetenz   44
4.4   Wirtschaftsmediation als Dienstleistung für Kunden
      und gegebenenfalls Dritte bei deren externen Konflikten   47
4.5   Mediative Kompetenzen innerhalb der Organisation aufbauen und stärken   50
4.6   Implementierung   54
4.7   Fazit   55
Literatur   56

Mediation als neues Geschäftsfeld ist sowohl Dienstleistungsangebot als auch innerbe-
trieblliches Werkzeug. Sowohl als Dienstleister wie auch als Organisationseinheit eröffnet
es Banken zusätzliche Chancen und Möglichkeiten. Neben den Ergebnisbeiträgen wird
die Konfliktkultur positiv beeinflusst. Das verbessert die Unternehmensleistung und spart
Kosten. Der proaktive Einsatz von mediativem Know-how ist zudem ein Beitrag zur Corporate Social Responsibility der Bank.

4.1   Ausgangssituation

Die Ertragssituation von Universalbanken wird sich bei der anhaltenden Niedrigzinsphase weiter verschärfen. Die klassische Ertragsquelle des Zinsüberschusses ist rückläufig

J. Harich (✉)
Mediator und Rechtsanwalt
Geislingen a.d. Steige, Deutschland
email: jakob.harich@t-online.de

© Springer Fachmedien Wiesbaden 2016   41
M. Seidel (Hrsg.), *Banking & Innovation 2016*, FOM-Edition,
DOI 10.1007/978-3-658-11052-9_4

und der Wettlauf der Ideen zur Steigerung anderer Einnahmequellen, insbesondere aus Dienstleistungs- und Provisionserträgen, hat längst begonnen.

Die Steigerung der *Gebühreneinnahmen* für Kontoführung stößt zunehmend auf kritische Kunden. Der jüngste Schritt der Postbank, eine Zusatzgebühr für bestimmte Überweisungen zu erheben, ist auf erhebliche Kritik gestoßen. Eine Reihe von Banken bietet zudem gebührenfreie Kontomodelle an. Es bleibt abzuwarten, wie sich dieses Feld weiterentwickeln wird. Auch in anderen Bereichen steht die Gebührenpolitik der Banken im kritischen Licht, auch der Rechtsprechung, wie die jüngsten Urteile des Bundesgerichtshofes[1] über Bearbeitungsgebühren gezeigt hat. Die Spielräume im Gebührenbereich dürften daher in Zukunft eher noch enger werden.

Provisionserträge für Banken speisen sich aus dem Wertpapiergeschäft und dem Vermittlungsgeschäft von Krediten, Versicherungen, Bausparverträgen, Energielieferungsverträgen, Bankreisen oder Ähnlichem. Die Idee dabei ist, bestimmte Geschäfte an spezialisierte Kooperationspartner zu vermitteln und dabei die Kundennachfrage zu bedienen.

In einigen wenigen Feldern, z. B. bei der Vermittlung von Immobilien, Vermögensverwaltung, Nachlassverwaltung oder anderer Beratungsleistungen, haben Banken teilweise eigene Geschäftsfelder aufgebaut, bei denen die Wertschöpfung vollständig innerhalb der Bank verbleibt. Wobei die letztgenannten Bereiche auch ein erhebliches Maß an Knowhow und auch entsprechende Risiken beinhalten. Auch die Honorarberatung im Anlagebereich ist hier zu nennen, wie das Beispiel der Quirinbank zeigt (quirin bank AG 2015).

4.2   Dienstleistungsinnovationen als neue Ertragsquellen

Bei Dienstleistungsinnovationen geht es nicht um die „Modernisierung und Optimierung" der bereits vorhandenen Geschäftsfelder, etwa durch Integration und Anpassung an neue digitale Medien. Mehrwertprogramme, die dem Kunden praktisch nur einen Rabattvorteil verschaffen, sind hier ebenfalls nicht gemeint. Sie dienen als Kundenbindungsinstrument.

Theoretisch gibt es eine unbegrenzte Anzahl von Produkten und Dienstleistungen, die eine Bank ihren Kunden anbieten kann. Die Leistungen müssen betriebswirtschaftlich sinnvoll sein und zugleich mit der Strategie und Zielen der Bank im Einklang stehen. Es geht aber auch um die Erwartungshaltung der tatsächlichen und potenziellen Kunden der Bank an die neue Dienstleistung. Die zentrale Frage dabei ist, welche Erwartungen hat der Markt zukünftig an die Angebotspalette einer Universalbank und lässt sich die neue Dienstleistung *psychologisch* auch begründen. Es sind vielmehr Innovationskraft und neue Denkansätze gefordert, um den Kunden einen zusätzlichen Mehrwert der Bankverbindung anbieten zu können.

Die Kerndienstleistung der Finanzintermediation dürfte dabei in der Vorstellung, die Kunden von Banken haben, eine Rolle spielen. Aber auch dieser Kernbereich ist nicht

---

[1] BGH, Az. XI ZR 348/13 und Az. X/ZR 17/14 vom 28.10.2014.

mehr alleine Banken vorbehalten, denn es findet bereits in einigen Geschäftsfeldern Finanzdisintermediation statt. Zum Beispiel bei Wertpapieremissionen von Mittelstandsanleihen, die direkt bei den Investoren platziert werden. Im Kreditbereich ist Crowdfunding ein schnell wachsendes Feld. Bezahlsysteme außerhalb des Bankensystems entwickeln sich rasant. Banken und vor allem Geschäftsbanken müssen daher umdenken.

Von der Finanzintermediation ist der Schritt zur *Interessenintermediation* sprachlich nicht weit entfernt, stellt aber auf den ersten Blick eine unerwartete Erweiterung des Dienstleistungsspektrums einer Bank dar. Interesseninterintermediation ist letztlich eine Umschreibung für die Vermittlungsleistung, die bei einer Mediation oder dem Einsatz von mediativem Know-how stattfindet.

Kundeninteressen und Kundenbedürfnisse stehen bereits heute im Mittelpunkt der Dienstleistungskultur der Banken. Der Anspruch einer ganzheitlichen Beratung zeigt, dass der Ansatz, die Lebenssituation des Kunden in die Beratung mit einzubeziehen, bereits bei den Banken angekommen ist. Vertrauen und Vertraulichkeit sind dabei ebenso wichtig, wie Problemlösungskompetenz und wirtschaftliche Expertise. Der bisherige Fokus in der Beratung ist aber immer noch auf den Bedarf finanztechnischer Produkte, insbesondere aus den Bereichen Altersvorsorge, Absicherung, Finanzierung oder Kapitalanlagen, gerichtet. Eine Erweiterung auf andere (Lebens-)Bedürfnisse ist möglich. Der Erfolg hängt bei dieser Erweiterung des Dienstleistungsspektrums von der Glaubwürdigkeit und Schlüssigkeit des Konzeptes ab, mit dem die Bank das neue Geschäftsfeld einführt. Die psychologische Brücke von der Finanzintermediation zur Interesseninterintermediation bei Konflikten mit wirtschaftlichen Aspekten lässt sich bilden.

Konfliktlösung im Kundenbereich ist eng mit Risikoreduzierung bei der Bank verbunden. Die langjährige Erfahrung im Kreditbereich zeigt, dass die ungelösten Konflikte und Probleme der Kunden häufig zu Risiken für die Bank werden. Es geht dabei nicht nur um Risiken aus dem Firmenkreditbereich, z. B. Nachfolgethemen, Übernahmen, Restrukturierungen. Auch die im Privatkundenbereich entstehenden Konflikte, z. B. durch Veränderung der Lebensumstände durch Erbschaft oder Scheidung wirken sich auf das Verhältnis zur Bank aus. Die persönlichen Konflikte kosten Zeit, Geld und Lebensenergie, was häufig auch mit negativen wirtschaftlichen Auswirkungen für die Betroffenen verbunden ist.

Die Vertrauensbasis, welche bei einer gelungenen ganzheitlichen Beratung zwischen Bankberater und Kunde entsteht, ist der Schlüssel zur Dienstleistung Mediation. Der Kunde öffnet sich in Bezug auf seine persönlichen Lebensumstände. Bei einem empathischen Beratungsansatz weit über die „banküblichen" Themen hinaus.

Um hier gleich klarzustellen. Es geht nicht darum, dass der Berater quasi therapeutische Gespräche mit dem Kunden führt oder diesen gar psychologisch coacht. Es geht in der Beratung zunächst darum, dass der Berater in der Lage ist, die Situation zu erkennen, um eine problemlösungsorientierte Hilfestellung durch einen Mediator empfehlen zu können. Etwa so, wie bei der Empfehlung des Hinzuziehens eines Steuerberaters oder Rechtsanwalts.

Der Bankmitarbeiter kann seine Beratungskompetenz und die Beratungsqualität der Bank dadurch besonders unterstreichen, indem er auch bei häufig auftretenden Konfliktsituationen Lösungsmöglichkeiten aufzeigt und gegebenenfalls das dazu notwendige Instrumentarium als Dienstleistung innerhalb der Bankorganisation bereithält.

Mediation ist Dienstleistung und Werkzeug zugleich. Mediative Kompetenz kann aber auch als interne Dienstleistung die Unternehmenskultur positiv beeinflussen und dadurch erhebliche Einsparpotenziale für die Bank bringen.

Nachfolgend wird eine Begriffsbestimmung für Mediation und mediative Kompetenz vorgenommen sowie der Anwendungsbereich für das Geschäftsfeld thematisch und hinsichtlich des persönlichen Anwendungsbereichs weiter konkretisiert.

4.3 Mediation und mediative Kompetenz

4.3.1 Begriffsbestimmung

Mediation

Mediation ist eine effektive und zukunftsorientierte Technik zur Bearbeitung von Konflikten, die auch in Deutschland immer mehr Verbreitung findet. Durch das deutsche Mediationsgesetz (MediationsG)[2] sind die bereits für die Mediation entwickelten Grundprinzipien auch gesetzlich verankert. Nach § 1 Abs. 1 MediationsG handelt es sich um ein *vertrauliches* und *strukturiertes Verfahren*, bei dem Parteien mithilfe eines oder mehrerer Mediatoren *freiwillig* und *eigenverantwortlich* eine *einvernehmliche Beilegung* ihres Konflikts anstreben. In Absatz 2 wird der Mediator als eine unabhängige und neutrale Person ohne Entscheidungsbefugnis beschrieben, die die Parteien durch die Mediation führt. Die in § 1 MediationsG genannten Grundprinzipien der Mediation, nämlich der Vertraulichkeit, Freiwilligkeit, Selbstverantwortlichkeit, Neutralität und Allparteilichkeit werden um die Grundsätze des fairen Verfahrens (§ 2 Abs. 2 MediationsG) und der Informiertheit (§ 2 Abs. 6 MediationsG) ergänzt. Diese Grundsätze finden sich auch im Europäischen Verhaltenscodex für Mediatoren[3], dessen Anwendung eine Reihe von Mediationsverbänden in Deutschland als Grundlage der Arbeit ihrer Mitglieder anerkannt hat.

Bei einem strukturierten Mediationsverfahren entstehen neue Denkansätze und Zukunftsperspektiven, die zur Lösung des Konflikts beitragen. Der Mediator fördert mit anerkannten Methoden der Kommunikation, dass die Parteien eine selbst verantwortete Lösung finden. Diese wird in einer Mediationsvereinbarung festgehalten.

Auf die nähere Beschreibung der Struktur und des Phasenmodells der Mediation wird hier bewusst verzichtet, da der Fokus dieses Beitrags auch in einer Implementierung von Mediation als Geschäftsfeld liegt und nicht in der detaillierten Darstellung der Methode.

---

[2] Mediationsgesetz vom 21. Juli 2012 (BGBl I S. 1577).
[3] http://ec.europa.eu/civiljustice/adr/adr_ec_code_conduct_en.htm (Zugegriffen: 29.6.2015).

Mediative Kompetenzen

Mediative Kompetenzen dienen präventiv und ressourcenschonend zur Gestaltung von Beziehungen, im Gegensatz zur Mediation, welche einen bereits entstandenen Konflikt zu lösen hilft. Mediative Kompetenzen sind vereinfacht ausgedrückt einzelne Elemente aus dem „Werkzeugkoffer" der Mediation. Sie sind eine Sammlung von Methoden und Haltungen, die es ermöglichen, auch in schwierigen Situationen den Kontakt zu anderen zu halten und zu gestalten. Durch ihren Einsatz verbessern sie die Kommunikation, aber auch die Haltung in Konflikten und Auseinandersetzungen. Beispielhaft seien hier nur einige Kommunikationstechniken genannt: Die Kunst des Fragens, aktives Zuhören, Elemente aus der gewaltfreien Kommunikation nach Marshall Rosenberg, Verhandlungstechniken nach dem Harvard-Modell, Moderationstechniken, aber auch der Perspektivenwechsel als Haltungen gegenüber den (Konflikt)Partnern.

Der Einsatz mediativer Kompetenz trägt zu einem wertschätzenden Umgang miteinander bei. Dies gilt sowohl für Beziehungen innerhalb des Unternehmens als auch für externe Kontakte. Eine dahingehende Verbesserung der Umgangs- und Unternehmenskultur wirkt sich auch durch die Reduzierung von Konfliktkosten unmittelbar auf den Erfolg der Bank aus.

4.3.2   Thematischer Anwendungsbereich – Fokus Wirtschaftsmediation

Mediation und mediative Kompetenzen sind in nahezu allen Lebensbereichen im Vordringen begriffen. Es ist aber weder glaubwürdig noch schlüssig, wenn die Bank sich in allen Feldern als Dienstleister präsentiert. Eine Kompetenz etwa im Bereich der Familienmediation oder der Mediation im sozialen Bereich wird der Bank nicht zugeschrieben. Beim Angebot einer Dienstleistung für externe Konflikte ist es daher schlüssiger, den Fokus auf den Bereich der Wirtschaftsmediation zu beschränken, da im wirtschaftlichen Kontext die Kompetenz einer Bank eher vermutet wird. Wirtschaftsmediation wird hier nicht im engen Verständnis ausschließlich zwischen Unternehmen (B2B-Konflikte) gebraucht. Vielmehr geht es um den Einsatz im gesamten wirtschaftlichen Kontext und dieser umfasst auch sämtliche Konstellationen innerbetrieblicher und unternehmensinterner Konflikte.

Wirtschaftsmediation deckt folgende Themenfelder ab, wobei diese Aufzählung exemplarisch und nicht abschließend ist:

- Konflikte zwischen Gesellschaftern,
- Konflikte in Familienunternehmen,
- Konflikte bei der Unternehmensnachfolge,
- Konflikte bei Erbauseinandersetzungen,
- Konflikte zwischen Mitarbeitern, Teams, Abteilungen, Geschäfts- oder Konzernbereichen oder mit der Unternehmensleitung,
- Konflikte im Personalwesen,
- Konflikte mit Kunden und Lieferanten,

- Konflikte bei Haftung und Gewährleistung,
- Auseinandersetzungen über Urheberrechte und Patente,
- Konflikte bei Betriebsübernahmen,
- Konflikte bei Fusionen,
- Konflikte in Umstrukturierungs- und Reorganisationsprozessen.

Bei den bereits genannten mediativen Kompetenzen ist eine thematische Eingrenzung nicht erforderlich. Bei mediativem Know-how handelt es sich um Methoden, Techniken und Haltungen im Umgang mit Konflikten. Diese haben im Gegensatz zum kurativen Charakter einer Mediation eine präventive Wirkung.

4.3.3 Personeller Anwendungsbereich – Beteiligte – Struktur der Beziehung

Wirtschaftsmediation kann bei externen und internen Konflikten eingesetzt werden. Unter externen Konflikten versteht man jene Konflikte, die das betroffene Unternehmen in seinen Außenbeziehungen, das heißt zu Kunden und Lieferanten oder anderen Dritten hat. Interne Konflikte liegen innerhalb der Organisation und betreffen Mitarbeiter, Teams und andere Gruppen innerhalb des gleichen Unternehmens.

Wenn wir Wirtschaftsmediation nunmehr als Geschäftsfeld für Banken betrachten, wird die zuvor dargestellte Unterscheidungsebene durch die Einnahme des Blickwinkels der Bank um eine zusätzliche Beziehungsdimension erweitert. In den Beziehungsfeldern, in denen die Rolle der Bank, die eines unbeteiligten Dritten ist, besteht grundsätzlich Potenzial, dem Kunden die Dienstleistung anzubieten.

Nachfolgende Beziehungen sollen im Folgenden näher betrachtet werden:

Konflikte zwischen Bank und Kunde
Für die Beteiligten handelt es sich jeweils um einen Konflikt mit einem anderen, also einen externen Konflikt. Die Bank kann aber nicht in eigener Sache als Mediator auftreten. Hier käme allenfalls die Einschaltung eines externen Mediators in Betracht. Jedoch kann eine Bearbeitung durch die bankeigene Reklamations- und Beschwerdestelle erfolgen. Siehe dazu Abschn. 4.5.1.

Konflikte zwischen Bank und anderen Geschäftspartnern
Auch in diesem Bereich ist der Einsatz von Mitarbeitern mit ausgeprägter mediativer Kompetenz hilfreich und trägt dazu bei, die mit dem jeweiligen Vorgang entstehenden Konfliktkosten zu minimieren.

Konflikte zwischen Kunde und Dritten

Hier können sich die Bank und ihr Berater im Sinne einer ganzheitlichen Beratung profilieren und zusätzlich eine Problemlösungskompetenz aus dem Geschäftsfeld Mediation heraus anbieten. Siehe dazu Abschn. 4.4.

Konflikte in der internen Organisation des Kunden

Die Möglichkeit, auf diesem Feld eine Mediationsdienstleistung durch die Bank anzubieten, ist zwar grundsätzlich denkbar und auch systemimmanent, weil hier die Rolle eines unbeteiligten Dritten zu besetzen ist. Aus strategischen Überlegungen halte ich es aber eher für problematisch, hier als Bank direkt tätig zu werden.

Dieser Bereich bietet aber ein Feld für entsprechende Informations- und Schulungsveranstaltungen, bei denen die Bank wiederum ihre Problemlösungskompetenz herausstellen kann. Dies gilt insbesondere dann, wenn die entsprechenden Kenntnisse und Kapazitäten aus der Bank heraus dargestellt werden können.

Konflikte in der internen Organisation der Bank

Im Bereich der innerbetrieblichen Mediation geht es um die geschäftspolitische und strategische Positionierung dieses Themenfeldes innerhalb der Bank als Organisation. Konfliktmanagementsysteme haben erhebliche Auswirkungen auf die Streitkultur und Konfliktkultur innerhalb der Organisation. Auf eine Reihe von besonderen Aspekten wird in Abschn. 4.5 noch eingegangen.

4.4 Wirtschaftsmediation als Dienstleistung für Kunden und gegebenenfalls Dritte bei deren externen Konflikten

In der Außenwirkung bleibt also als Geschäftsfeld der Bank für ihre Mediationsdienstleistung der Bereich übrig, bei dem der Kunde externe Konflikte, sei es mit anderen Kunden oder Dritten zu bewältigen hat. Durch das Vertrauensverhältnis der Bank in Bezug auf Fragen im wirtschaftlichen Kontext sollte die Bank sich ausschließlich auf Problemstellungen beschränken, für die Wirtschaftsmediation eingesetzt wird. Vertriebsimpulse können hier über den ganzheitlichen Beratungsansatz von Kundenberatern des Hauses kommen.

Auch gegenüber Nichtkunden ist eine Mediationsdienstleistung denkbar. Dazu ist es notwendig, die Kompetenz auch außerhalb des Kundenkreises durch geeignete Werbemaßnahmen bekannt zu machen.

4.4.1 Beispiele

Nachfolgende Beispiele aus meiner Praxis sollen exemplarisch illustrieren, welches Spektrum an Einsatzmöglichkeiten das Geschäftsfeld Mediation für Banken bietet.

Doch nun zu den Beispielen. „Alles ist so gewesen. Nichts war genau so." (Schlussein-
blendung aus Volker Schlöndorffs Film „Die Stille nach dem Schuss")

4.4.2   Beispiel Erbauseinandersetzung

Eine Erbengemeinschaft besteht aus drei Geschwistern. Herr A ist Kunde der Bank und
berichtet über Schwierigkeiten bei der Erbauseinandersetzung. Die von ihm und seiner
Familie bewohnte Immobilie gehört zur Erbmasse. Insgesamt gibt es noch zwei weitere
Objekte. Man streitet über die Wertansätze der Immobilien, die einer Verteilungs- und
Ausgleichsregelung zugrunde zu legen sind. Der Bruder hat bereits die Teilungsversteigerung für die Immobilien des Nachlasses beantragt. Es droht so auch die Versteigerung des
von A bewohnten Objekts mit ungewissem Ausgang für die mehrköpfige Familie.

Die Erbengemeinschaft hatte verschiedentlich versucht, ihre Streitigkeiten selbst beizu-
legen. Dies ist aber nicht gelungen. Dritte Gläubiger haben bereits Vollstreckungsmaßnah-
men in den Erbteil des A vorgenommen und diesen blockiert. Daher ist eine Finanzierung
des eventuell notwendig werdenden Gebots für die Versteigerung in unbekannter Höhe
seitens der Bank nicht darstellbar. Wie oft in solchen Situationen haben die Parteien unterschiedliche Interessen. Der Kunde A möchte das von ihm bereits bewohnte Haus auf
der Basis einer fairen Bewertung bei der Erbauseinandersetzung weiter nutzen können.
Auch für die beiden anderen Immobilien, die an die Geschwister gehen sollen, möchte
er eine faire Bewertung. Herr A will seine Verbindlichkeiten regulieren und dazu den zu
zahlenden Ausgleichsbetrag seiner Geschwister verwenden. Die Bank ist daran interessiert, eine bessere Absicherung ihrer bestehenden Kredite zu erreichen und gleichzeitig
die wirtschaftlichen Verhältnisse ihres Kunden A zu stabilisieren.

Wegen einer rechtlichen Änderung bei der Eigenheimförderung muss eine Lösung für
alle Parteien noch unbedingt im alten Kalenderjahr herbeigeführt werden. Über die Teilungsversteigerung ist dies terminlich nicht zu schaffen. Der Bankmitarbeiter schlägt dem
Kunden daher Ende Oktober den Versuch einer Mediation vor. In mehreren Telefonaten
können die Geschwister von den Chancen einer Mediation überzeugt werden.

Es gelang hier im Mediationsverfahren – unter Aufdeckung der Interessen der drei
beteiligten Parteien – eine schnelle und vertrauliche Lösung. Der „gerechte" Wert der
Immobilien wurde auf der Basis des Wertgutachtens einvernehmlich bestimmt. Ein Ab-
rechnungsmodus für die gesamte Erbauseinandersetzung zwischen den Parteien konnte
somit gefunden werden. Dem Kunden A brachte diese Lösung die Sicherheit, dass er das
Haus mit seiner Familie weiterhin bewohnen und noch dazu erwerben konnte. Es konnten
keine weiteren Kosten und Risiken mehr aus der Teilungsversteigerung entstehen. Das Risiko der Änderung der steuerlichen Behandlung des Vorgangs wurde durch die Erledigung
im alten Kalenderjahr ausgeschlossen. Die Geschwister konnten ihre Erbstreitigkeiten be-
enden.

4.4.3 Beispiel Gesellschafterkonflikt

Herr W. hat vor drei Jahren einen Internethandel gegründet, der Spezialprodukte für Hobbykünstler vertreibt. Da die Geschäfte sich rasant vervielfacht haben, hat er bereits nach einem Jahr zwei weitere Partner aufgenommen und eine Gesellschaft bürgerlichen Rechts gegründet. Durch den Arbeitseinsatz aller drei Gesellschafter entwickelten sich die Geschäfte weiter prächtig. Leider erhielt Herr W. vor einer Woche eine negative Gesundheitsprognose und hat daraufhin beschlossen, sich aus gesundheitlichen Gründen aus dem aktiven Geschäft zurückzuziehen. Da der Erfolg des Unternehmens auf dem persönlichen Arbeitseinsatz jeden einzelnen Gesellschafters beruht, entwickelte sich eine Auseinandersetzung über die zukünftige Teilhabe an den Erträgen des Unternehmens. Die persönlichen und wirtschaftlichen Interessen der einzelnen Gesellschafter führten in diesem Fall zu ständigen Auseinandersetzungen. Die Bewertung der Gründeridee des W. und die Bewertung der persönlichen Arbeitsleistung der anderen Gesellschafter sowie die wirtschaftliche Teilhabe des W. an zukünftigen Erfolgen erschien den Beteiligten unlösbar. Dabei litt der wirtschaftliche Erfolg des Internethandels erheblich. Der Kundenberater erkannte, dass sich die Zusammenarbeit der Gesellschafter negativ verändert hatte. Er nahm dies zum Anlass, auf die Möglichkeit einer Mediation hinzuweisen und die Gesellschafter dafür zu gewinnen.

Nachdem bereits Rechtsanwälte eingeschaltet waren, bedurfte es einiger Überzeugungsarbeit sich dennoch auf ein Mediationsverfahren einzulassen. In mehreren Sitzungen konnte dank des strukturierten Vorgehens in der Mediation eine Lösung erzielt werden. Durch die Umwandlung der Rechtsform und eine klar definierte Teilhabe des W. an zukünftigen Erträgen wechselte dieser von einer aktiven Tätigkeit in eine beratende Stellung und räumte den Partnern ein Optionsrecht für den Fall des Verkaufs seiner Geschäftsanteile ein. Die in der Mediation zum Ausdruck gebrachte Wertschätzung seiner Verdienste als Ideengeber und Gründer hat W. dazu bewogen, den anderen Gesellschaftern eine Quote bei der Verteilung des Gewinns zuzugestehen, die auch diesen für ihren persönlichen Einsatz gerechtfertigt erschien. Durch die vereinbarte finanzielle Grundabsicherung war es ihm möglich, sich gesichtswahrend aus dem Unternehmen zurückzuziehen, ohne dass er sofort ohne Einkünfte dastand.

4.4.4 Beispiel Nachfolgeregelung

Der mittelständische Unternehmer H. ist verzweifelt, weil er schon wieder mit seinem Sohn – dem zukünftigen Unternehmensnachfolger – eine heftige Diskussion über grundsätzliche Fragen des Vertriebs und der Kundenbindung hatte. Bei dieser Gelegenheit warfen sich die Kontrahenten ein weiteres Mal gegenseitig Unfähigkeit und mangelndes wirtschaftliches Verständnis vor. Die ständigen Streitereien schaden dem Betrieb, weil bereits nach außen dringt, dass sich „der Alte" und sein Spross über die Geschäftspolitik nicht einig sind. Verschiedene Kunden sind deshalb schon abgesprungen. Dies bleibt dem

Bankberater nicht verborgen, weil anhand der betriebswirtschaftlichen Zahlen bereits ein Ertragseinbruch zu erkennen ist. Die Kapitaldienstfähigkeit ist gefährdet. Der Bankberater fragt sich, ob er in dieser Situation eine Hilfestellung geben kann, um den schwelenden Konflikt um die Unternehmensnachfolge zu beseitigen. Er weiß aus Erfahrung, dass die ungelösten Konflikte seiner Kunden sehr schnell in Geschäfts- und Kreditrisiken für die Bank umschlagen können.

Um diesem vorzubeugen, schlägt er im nächsten gemeinsamen Gespräch mit Vater und Sohn eine Mediation vor. Er kann dabei auf seinen Kollegen verweisen, der als ausgebildeter und zertifizierter Mediator im neuen Geschäftsfeld Mediation eine passende Dienstleistung anbieten kann.

In mehreren Sitzungen wurden die unterschiedlichen Interessen der Beteiligten herausgearbeitet und zunächst eine klare Aufgabenverteilung zwischen Vater und Sohn als gemeinsamen Zwischenschritt vereinbart. Als weiteres Ergebnis wurde ein zeitlicher Fahrplan für die Betriebsübergabe erarbeitet. Dadurch war es den Generationen möglich, den Betrieb zukunftsorientiert aufzustellen und sich auf die Herausforderungen des Marktes zu konzentrieren. Die Bank hatte sich dabei als Finanzpartner für den anstehenden Betriebsübergang auf den Sohn gut positioniert. Das aufgebaute Vertrauensverhältnis schuf eine Kundenbindung, die letztlich für beide Seiten Vorteile brachte.

4.4.5   Nutzen für die Bank

Das Geschäftsfeld Mediation bringt der Bank neben den dadurch entstehenden Dienstleistungserträgen weiteren Nutzen.

- Bei erfolgreichem Einsatz wird die Kundenbindung und das Vertrauensverhältnis verstärkt.
- Innovatives Element im Beziehungsbanking.
- Mediation als innovative Konfliktlösungstechnik kann als Alleinstellungsmerkmal werblich verwendet werden.
- Angebot unterstreicht die unternehmerische Gesellschaftsverantwortung (Corporate Social Responsibility).
- Berater-Problemlösungskompetenz im Rahmen einer ganzheitlichen Beratung.
- Reduzierung von Risikokosten, Auflösung von Einzelwertberichtigungen.
- Situationsklärung für den Kunden und für die Bank bei Problemkrediten.

4.5   Mediative Kompetenzen innerhalb der Organisation aufbauen und stärken

Bei dieser Einsatzmöglichkeit geht es nicht um den Einsatz von Mediation als strukturiertes Verfahren zur Konfliktbeilegung, sondern um die Chancen der Kultivierung und

Schulung von mediativer Kompetenz in der Organisationsstruktur der Bank. Nachfolgend werden einige mögliche Denkansätze aus diesem Bereich beispielhaft aufgezählt und beschrieben. Die Entscheidung für einen solchen Schritt hat weitreichende Auswirkungen auf die Unternehmenskultur einer Bank und kann daher nur in einem umfassenden Verständnis der individuellen Besonderheiten des Geschäftsmodells passgenau entwickelt und implementiert werden. Da Werte und Haltungen von Unternehmen in der gesellschaftlichen Diskussion stärker in den Fokus der Öffentlichkeit rücken, auch in den Erscheinungsformen der sozialen Medien, geht es um den Gesellschaftsnutzen und damit für die Bank um eine strategische Positionierung unter dem Aspekt der Corporate Social Responsibility.

4.5.1 Konflikte zwischen Bank und Kunden – kooperative Lösungen

Kreditmediator

Als Reaktion auf die weltweite Wirtschaftskrise und die daraus vermutete „Kreditklemme" hat die Bundesregierung Ende 2009 vorsorglich beschlossen, den *Kreditmediator Deutschland* zu schaffen. Im März 2010 ernannte der damalige Bundeswirtschaftsminister Rainer Brüderle Herrn Hans-Joachim Metternich zum Kreditmediator Deutschland. Das Verfahren sollte vor allem mittelständischen Unternehmen eine Hilfestellung bei Schwierigkeiten oder Absagen von Krediten geben. In einem festgeschriebenen Verfahrensablauf wurden dabei zuerst die Probleme des hilfesuchenden Unternehmens analysiert, um dann nach einer mit Fragebogen eingeholten Stellungnahme der Bank, unter Einbeziehung des vorhandenen Netzes von Kammern (jeweils für den Kreditnehmer zuständige Industrie- und Handelskammer oder Handwerkskammer) und Förderinstitute (KfW und/oder regionale Förderinstitute) eine Lösung gesucht. Dazu wurden der Kreditnehmer, die Bank, die Kammer und Förderinstitute an eine von der zuständigen Kammer zu organisierende Sitzung an den sogenannten Mediationstisch eingeladen. Die Tätigkeit des Kreditmediators war bis Ende 2011 befristet. Nach einem Bericht der Wirtschaftswoche haben 1290 Unternehmen die Hilfe des Kreditmediators in Anspruch genommen. Von 307 bereits abgelehnten Kreditanträgen wurden danach 96 positiv entschieden (Neukirchen 2012).

Ombudsmann

Das *Ombudsmannverfahren* ist ein besonderes Schlichtungsverfahren zur Beilegung von Meinungsverschiedenheiten zwischen Banken und Kunden. Sämtliche Bankengruppen (Privatbanken, Sparkassen, Genossenschaftsbanken und öffentliche Banken) haben jeweils ein eigenes Streitschlichtungssystem eingeführt. Das Verfahren ist für den Kunden ohne Kosten. Wenn der Kunde mit der Entscheidung des Schlichters nicht einverstanden ist, kann er den ordentlichen Rechtsweg beschreiten. Für gewerblich oder selbständig tätige Kunden bestehen bei den privaten Banken und den öffentlichen Banken jedoch Einschränkungen. Die beteiligten Banken haben dadurch ein wirksames Mittel geschaffen, um die Kundenzufriedenheit unter Einschaltung einer neutralen Stelle zu erhöhen. Die Ombudsleute sind über die jeweiligen Bankenverbände erreichbar, aber unabhängige und neutrale Schlichter. Das Angebot eignet sich jedoch aufgrund einer Reihe von Einschränkungen in den jeweils unterschiedlichen Verfahrensordnungen nur bedingt.

Beschwerde- und Reklamationsmanagement

Eine Mediation durch die Bank ist begrifflich ausgeschlossen, da die Bank selbst Partei des Konflikts ist.

Ein bankinternes *Beschwerde- und Reklamationsmanagement* ist wichtig, um die Kundenzufriedenheit zu verbessern und die Chancen auf eine einvernehmliche Regelung zu erhöhen. Nahezu alle Banken verfügen über entsprechende Strukturen und Arbeitsanweisungen für diesen speziellen Konflikt zwischen Kunde und Bank.

Neben den organisatorischen Vorkehrungen ist es aber unabdingbar, dass die mit dem Thema befassten Mitarbeiter auch hinsichtlich des Ausbaus ihrer mediativen Kompetenz ausgebildet werden. Kundenorientierung bei der Bearbeitung steht absolut im Vordergrund. Auch hat der Kunde klare Erwartungen an die Qualität und Zeitnähe der Kommunikation.

Im Zuge der Implementierung eines Konfliktmanagementsystems für die Bank können diese Mitarbeiter eine Schlüsselfunktion als Multiplikatoren einnehmen. Auch unter diesem Aspekt lohnt es sich also zusätzlich, dass dieser Mitarbeiterkreis entsprechend geschult wird.

4.5.2   Konfliktlinien am Beispiel des Kreditgeschäfts

Einige Banken hatten als Reaktion auf die Schaffung der Institution Kreditmediator Deutschland (vgl. Abschn. 4.5.1), so zum Beispiel die Commerzbank (vgl. Statusbericht 2010, S. 8; 2011, S. 14), einen bankeigenen Kreditmediator ernannt. Die Aufgabenstellung besteht unverändert, wenn auch die öffentlichkeitswirksame Herausstellung der Funktion nicht mehr stattfindet.

In der Beratungs- und Bearbeitungsphase eines Kredits ergibt sich eine Reihe von potenziellen Konfliktfeldern. Aufgrund der aufsichtsrechtlichen Vorgaben und aus risikopolitischen Überlegungen stellt die Funktionstrennung zwischen Markt und Marktfolge ein Hauptmerkmal für die Kreditvergabe dar. Durch die unterschiedlichen Zielsetzungen und Sichtweisen entsteht ein beabsichtigtes Spannungsfeld, das von der jeweiligen Kreditkultur der Bank geprägt ist. Tabelle 4.1 zeigt verschiedene Bearbeitungsphasen und das dabei zwischen den Beteiligten auftretende Konfliktpotenzial.

Im Kreditbereich handelt es sich um ein gewolltes Spannungsfeld. Hier ist ein Vorgehen unter Einsatz von mediativer Kompetenz gefragt. Auch im Bereich der Intensivbetreuung und der Problemkreditbearbeitung sind diese Fähigkeiten für eine erfolgreiche Arbeit notwendig. Durch die im Jahre 2012 im Insolvenzrecht geschaffene Möglichkeiten der Eigenverwaltung und des Schutzschirmverfahrens, bei der die Gläubiger stärker gestal-

Tab. 4.1 Konfliktfelder und Konfliktlinien bei der Kreditvergabe

Phase	Potenzielle Konfliktfelder	Beteiligte/Konfliktlinien
Beratung (Marktbereich)	Preis	Kunde/Berater
	Sicherstellung	Berater/Kunde
	Bonität	Berater/Kunde
	Bedarfsgerechte Beratung	Kunde/Berater
	Vollständige Unterlagen	Berater/Kunde
	Zielvorgaben für Berater	Vorgesetzter/Berater
	Eindeutige Kommunikation	Kunde/Berater
Bearbeitung (Funktionstrennung: Berater Markt/Marktfolge)	Vollständiger Antrag mit allen Unterlagen	Berater/Marktfolge
	Einhaltung Kreditvergabe-richtlinien	Marktfolge/Berater
	Bearbeitungsdauer	Kunde/Marktfolge/Berater
Genehmigung	Ausübung Gesamtkompetenz	Berater/Marktfolge/vorgesetzte Kompetenzträger

tend in das Verfahren einbezogen werden, ist eine kooperative Streitkultur für die Bank als Gläubigerin noch wesentlicher geworden.

Es geht auf diesen Handlungsfeldern neben der wirtschaftlichen Wertschöpfung auch um einen ethischen und gesellschaftlichen Mehrwert durch konsensuale Handlungsstrategien.

4.5.3 Verbesserung der Streitkultur und Konfliktkultur

Der Nutzen und die Notwendigkeit einer kooperativen Streitkultur ist jedoch nicht auf den Kreditbereich beschränkt.

Mediatives Know-how bei den Mitarbeitern zu schulen und zu verankern, verbessert die Kommunikation und die Zusammenarbeit auf allen Ebenen im Betrieb. Der Umgang mit unterschiedlichen Meinungen und Konflikten im Alltag wird bewusster gemacht und trägt präventiv zur Vermeidung von kraftraubenden Konflikten bei. Mitarbeitergespräche mit mediativer Kompetenz durchgeführt, verlaufen zielorientierter und bringen nachhaltigere Ergebnisse. Das Arbeitsklima erfährt eine Verbesserung und letztlich sparen alle Zeit und Energie. Zudem werden Konfliktkosten (z. B. durch Suche und Einarbeitung neuer Mitarbeiter) eingespart, weil die Veränderung der Streit- und Konfliktkultur innerhalb des Unternehmens zu einer anderen Unternehmenskultur führt. Es wird eine optimale Konfliktstruktur im Unternehmen gefördert, die zu einer Verbesserung der Unternehmensleistung führt (vgl. Kurray 2008).

Im Kundenkontakt werden Kundeninteressen schneller erkannt und der wertschätzende Umgang trägt zur Stärkung der Kundenbeziehung bei. Beratungsgespräche verlaufen empathischer und kundenzentrierter.

4.5.4 Nutzen für die Bank als Organisation

- Verbesserung der innerbetrieblichen Kommunikation,
- Veränderung im Führungsverhalten,
- Verbesserung der Mitarbeitergespräche,
- Frühzeitiges Erkennen von internen Konfliktfeldern und Konfliktvermeidung,
- Senkung von Konfliktkosten für die Organisation,
- Veränderung in der Unternehmens- und Streitkultur,
- Erhöhung der Leistungsbereitschaft durch weniger Reibungsverluste,
- Erhöhung der Unternehmensleistung durch Verbesserung der Konfliktkultur,
- Angebot unterstreicht die unternehmerische Gesellschaftsverantwortung (Corporate Social Responsibility).

4.6 Implementierung

Die Einführung des Geschäftsfelds Mediation ist eine strategische Entscheidung. Um erfolgreich zu sein, muss sie mit der Unternehmenskultur im Einklang stehen. Eine entsprechende Kongruenz der Wertvorstellungen der Mediation mit dem Wertesystem der Unternehmens- und Geschäftsstrategie ist erforderlich, wenn die Umsetzung glaubwürdig und erfolgreich durchgeführt werden soll.

4.6.1 Rechtlicher Rahmen

Das Betreiben des Geschäftsfeldes Mediation unterliegt nach den Vorschriften des Kreditwesengesetzes weder einer Erlaubnispflicht noch einer Anzeigepflicht.

Die Durchführung einer Mediation als externe Dienstleistung der Bank unterliegt verschiedenen rechtlichen Regelungen. Zwischen der Bank und den Parteien ist ein Mediationsvertrag abzuschließen. Dabei handelt es sich in der Regel um einen Geschäftsbesorgungsvertrag (vgl. Jost 2011 nach §§ 675 Abs. 1, 611 ff. BGB). Eine vertragliche Haftung ergibt sich aus den einzuhaltenden Sorgfaltspflichten des Mediators. Diese ergeben sich zum einen aus den Standards, die im MediationsG beschrieben sind und gegebenenfalls aus weiteren Regeln wie dem Europäischen Verhaltenscodex für Mediatoren, wenn dessen Anwendung vereinbart ist. In diesem Zusammenhang ist auf ausreichenden Versicherungsschutz zu achten.

Beim Abfassen der Mediationsvereinbarung als Ergebnis der Mediation haben nichtanwaltliche Mediatoren die Einhaltung des Rechtsdienstleistungsgesetzes zu beachten. Sie dürfen keine Rechtsdienstleistungen erbringen und werden daher anstelle einer vertraglichen Vereinbarung lediglich ein Memorandum erstellen.

4.6.2 Organisatorischer Rahmen

Die Dienstleistung Wirtschaftsmediation innerhalb der Bank in Form eines Profitcenters einzuführen ist zukunftsweisend. Wo dieser Bereich in der Organisation der Bank angesiedelt wird, muss jeweils individuell entschieden werden.

Bei der Schaffung einer solchen Stelle ist zu berücksichtigen, dass in kleineren Einheiten Mediation keine Vollzeitaufgabe sein wird. Der als Mediator tätige Mitarbeiter wird also noch weitere Aufgaben innerhalb der Bank wahrnehmen müssen. Dies könnte dafür sprechen, die Stelle zum Beispiel dem Bereich Recht oder Compliance anzugliedern (vgl. Misteli und Wendler 2010).

Um die Dienstleistung auch professionell einzusetzen, ist es erforderlich, dass ein gut ausgebildeter Mediator mit ausreichender Erfahrung diese Aufgabe übernimmt.

4.6.3 Mediatives Know-how

Schulungsmaßnahmen in mediativer Kompetenz sind nicht nur für einzelne Mitarbeiter mit Spezialaufgaben sinnvoll, sondern müssen sämtliche Bereiche und Abteilungen eines Hauses erfassen.

Die Einführung eines professionellen Konfliktmanagementsystems, das sich an der jeweiligen Unternehmenskultur der Bank orientiert, ist eine präventive Maßnahme gegen Konflikte und organisatorische Reibungsverluste und die daraus resultierenden Konfliktkosten.

Durch eine professionelle Implementierung des Geschäftsfeldes Mediation entstehen ein Zusatznutzen für die Bank und ein Mehrwert für die Kunden. In Zeiten immer komplexer werdender Geschäftsbeziehungen ist eine mediative Grundhaltung zukunftsweisend.

Weitere Ausführungen zur detaillierten Umsetzung würden den Rahmen dieses Beitrags sprengen.

4.7 Fazit

Die Eröffnung des Geschäftsfelds Mediation ist für jedes Unternehmen eine weitreichende strategische Entscheidung und hat unmittelbare Auswirkungen auf die Unternehmenskultur.

Sie kann nur unter Berücksichtigung der jeweiligen Unternehmenskultur mit einem individuell auf die jeweilige Bank abgestimmten Projekt erfolgen.

Da Mediation sowohl nach außen als Dienstleistung und gleichzeitig nach innen als Werkzeug wirkt, besteht der wirtschaftliche Effekt zum einen in der Generierung von Dienstleistungserträgen und zum anderen in Kosteneinsparungen.

Als weiteren Nutzen, der betriebswirtschaftlich allerdings schwer zu quantifizieren ist, hat diese Strategie eine positive Wirkung auf das Umfeld der Bank. Der konstruktive und kooperative Umgang mit schwierigen Situationen und Konflikten beinhaltet Chancen für Kunden und Bank. Er entspricht den Bedürfnissen einer immer stärker werdenden Bürgergesellschaft. In Zeiten nach der Finanz- und Bankenkrise ist die Notwendigkeit von Corporate Social Responsibility nicht zu unterschätzen. Banken, die Mediation und mediative Kompetenz in ihr Geschäftsmodell zukünftig integrieren, werden sich positiv von andern Banken abheben. Sie können mit diesem Alleinstellungsmerkmal zusätzliche Erträge generieren und Kosten einsparen.

Literatur

Commerzbank AG: Statusbericht zur unternehmerischen Verantwortung 2010 S. 8 und Bericht zur unternehmerischen Verantwortung 2011 S. 14

Jost (2011). *Zeitschrift für Konfliktmanagement*, *2011*(6), 168–172.

Kurray, M. R. (2008). *Die Veränderung der Konfliktkultur durch Wirtschaftsmediation* (S. 64–68). Hamburg: Diplomica Verlag.

Misteli, M., & Wendler, J. (2010). Mediation als B2C-Dienstleistung im Bankwesen. *Zeitschrift für Konfliktmanagement*, *2010*(3), 80–83.

Neukirchen, E. (2012). Kreditmediator macht sich überflüssig, Wirtschaftswoche. http://www.wiwo.de/unternehmen/mittelstand/mittelstand-kreditmediator-macht-sich-ueberfluessig/6236044.html (Erstellt: 21.2.2012). Zugegriffen: 27.6.2015

Quirin bank AG (2015). Honoraranlageberatungsgesetz. https://www.quirinbank.de/honoraranlageberater. Zugegriffen: 10. August 2015

Quantitatives Asset-Management mittels Exchange Traded Funds

5

Ein systematisch risikobegrenzter Investmentansatz auf Basis von Indizes

Andreas Schyra und Eric Frère

Inhaltsverzeichnis

5.1   Einleitung   57
5.2   Optimum Portfolio ETF Indices   58
5.3   Effizienz Invest Portfolios   59
5.4   Auswahluniversum   59
5.5   Quantitativer Reallokationsprozess   61
5.6   Rahmenbedingungen der Rückrechnung   64
5.7   Analyseresultate der Rückrechnung   64
5.8   Kritische Würdigung   66
5.9   Praktische Umsetzung   67
5.10 Zusammenfassung   67
Literatur   68

5.1   Einleitung

Die durch die EZB begleitete und konsolidiert vorgetragene Nullzinspolitik der international bedeutenden Zentralbanken erschwert zunehmend sowohl privaten als auch institutionellen Investoren die Suche nach Rendite und führt bei Sparern zu nennenswerten Ertragseinbußen (vgl. Stern Online 2015). Obwohl dauerhafte Tendenzen von Zinsstei-

A. Schyra (✉)
Private VermögensVerwaltung AG
Essen, Deutschland
email: andreas.schyra@pvv-ag.de

E. Frère
isf - Institute for Strategic Finance
Essen, Deutschland
email: frere@frere-consult.de

© Springer Fachmedien Wiesbaden 2016   57
M. Seidel (Hrsg.), *Banking & Innovation 2016*, FOM-Edition,
DOI 10.1007/978-3-658-11052-9_5

gerung und sukzessiven Erhöhungen der Notenbanksätze beispielsweise durch die US-amerikanische Federal Reserve (Fed) erst in den kommenden Monaten zu erwarten sind, müssen Anleger sich bereits frühzeitig auf diese zukünftigen Herausforderungen einstellen (vgl. N-TV 2015).

Ein Thema, welches Investoren seit Jahren und insbesondere in diesem aktuellen Zusammenhang begleitet, ist die Frage, ob quantitative, rein rechnerische Anlagesysteme, welche computergesteuerten Modellen folgen, menschlichen Portfoliomanagern überlegen sind. Schon Harry M. Markowitz entwickelte als Begründer der modernen Portfoliotheorie im Jahr 1952 den ersten quasi systematischen Investitionsprozess (vgl. Markowitz 1952, S. 77 ff.). Seinen Erkenntnissen folgend, werden Anleger grundsätzlich als risikoavers klassifiziert und kombinieren sämtliche Assets innerhalb eines maximal diversifizierten Portfolios anhand jeweiliger Prämissen an Rendite und Risiko gemäß der sogenannten Mü-Sigma-Regel (vgl. Breuer et al. 2010, S. 137 ff.).

5.2   Optimum Portfolio ETF Indices

Die Annahmen von Markowitz erscheinen in der Praxis teilweise unrealistisch beziehungsweise nicht genau definiert und die Kritik an seiner Theorie, insbesondere in Folge der globalen Finanzmarktkrise des Jahres 2007, wurde in den Medien häufig ketzerisch aufgegriffen (vgl. Gütle 2011, S. B3). Diese Aburteilung und die damit verbundenen wirtschaftswissenschaftlichen Hintergründe hinterfragte das isf Institute for Strategic Finance (ehemals dips Deutsches Institut für Portfolio-Strategien) an der FOM Hochschule und entwickelte die Optimum Portfolio ETF Indices.

Die vier mittels der maximalen Sharpe Ratio (vgl. Sharpe 1966, S. 573 ff.) allokierten Indizes umfassen sowohl defensive als auch offensive Assets, wobei die offensiven Bestandteile in Abhängigkeit des jeweiligen Risikoprofils eine gestaffelte Maximalgewichtung von < 33,33 Prozent bis hin zu 100 Prozent aufweisen. Die 28 Assets des Anlageuniversums verteilen sich auf je vier defensive Asset-Klassen: 1. Cash/Fremdwährungsinvestments, 2. Staatsanleihen mit Investment Grade, 3. Absolute Return Investments und 4. Immobilien sowie vier offensive Kategorien: 1. High Yield beziehungsweise Emerging Market Bonds, 2. Private Equity, 3. Aktien und 4. Rohstoffe. Rojahn et al. (2010) gelang es mittels der quantitativ allokierten Indizes, die Annahmen der Portfoliotheorie in die anlegerbezogene Praxis zu überführen und somit nachzuweisen, dass die generellen Prämissen von Markowitz weiterhin Bestand haben. Insbesondere die quartalsweisen, regelgebundenen Reallokation und die damit einhergehenden Neuanpassungen der Indizes an die jeweiligen Kapitalmarktbedingungen erlangen dabei eine herauszustellende Bedeutung (vgl. Rojahn et al. 2010, S. 1 ff.).

Die fortlaufende Berechnung und Veröffentlichung der Indizes wurde mittlerweile eingestellt, da die Analysephase im April des Jahres 2013 endete.

5.3 Effizienz Invest Portfolios

Die Grundannahmen von Markowitz sowie der Forscher des isf flossen auch in die Entwicklung des sogenannten *Effizienz Invest Portfolios* sowie seiner Subportfolios ein, welche vom Mitautor dieses Artikels, Dr. Andreas Schyra, entwickelt wurden. Diese Portfolios sind – wie aus deren Titulierung bereits zu erahnen – an die Erkenntnisse von Markowitz und insbesondere die Eigenschaften effizienter Portfolios (vgl. Reuse 2011, S. 20) angelehnt.

5.4 Auswahluniversum

Das Auswahluniversum umfasst 125 Exchange Traded Funds (ETFs), wobei den zugrunde liegenden Indizes eine zumindest halbstrenge Informationseffizienz (vgl. Fama 1970, S. 383 ff., 1991, S. 1575 ff.) unterstellt wird, damit sie sich als Basiswerte für passive Assets wie ETFs eignen (vgl. Blitzer 2009, S. 48). Die vereinfachte Darstellung der aktuellen Zusammenstellung des Universums ist den Tab. 5.1 und 5.2 in jeweiliger Abhängigkeit der Zuordnung zu defensiven und offensiven Assets zu entnehmen.[1]

In diesen Aufstellungen sind auch die Kategorien, Regionen, Ausrichtungen und Währungen ersichtlich. Zudem ist angegeben, wie viele ETFs den jeweiligen Zuordnungen angehören. Als defensive Assets werden neben Liquidität in Form eines EONIA-ETF[2] sowie der Fed-Funds[3], sämtliche Anleiheklassen aufgeführt.

Zu den offensiven ETFs zählen neben Aktien- auch drei ausgewählte Rohstoffindizes. Auf Exchange Traded Commodities (ETCs) wurde aufgrund deren fehlender Eigenschaften als Sondervermögen ausdrücklich verzichtet.

Insbesondere hinsichtlich der Diversifikation in der Europäischen Wirtschafts- und Währungsunion ist die Allokation nach Branchen vorteilhaft entgegen der Portfoliozusammenstellung nach Landesindizes (vgl. Schyra 2013, S. 85 ff.). Aus diesem Grund wurde – soweit die jeweiligen Länder nicht bereits als Mitglieder der Kategorien „Aktien Länder" oder „Aktien übrige G20" implementiert sind – ausschließlich auf die Branchenindizes anhand der Supersectoren der STOXX Ltd. als Basisindizes zurückgegriffen (vgl. STOXX Ltd. 2015).

Mittels dieser 125 Merkmalsträger ist der quantitative Allokationsmechanismus in der Lage, einem globalen Marktportfolio (Spremann 2008, S. 221) der bedeutungsvollsten

---

[1] Aufgrund des eingeschränkten Umfangs wurde auf eine Einzelaufstellung sämtlicher ETFs verzichtet. Diese stellen die Autoren jedoch gerne zur Verfügung.

[2] Der EONIA (Euro OverNight Index Average) ist der Zinssatz, zu dem sich Banken in der Euro-Währungsregion über Nacht Geld leihen.

[3] Der ETF auf die Fed-Funds bildet den indexierten Referenzzins der US-amerikanischen Fed ab, zu dem sich dortige Banken bei der Notenbank refinanzieren können.

Tab. 5.1 Defensive Assets des Auswahluniversums der Effizienz Invest (Sub-)Portfolios

Kategorie	Region	Ausrichtung	Währung	Anzahl an ETFs
Liquidität	Europa	Long	Euro	1
	USA	Long	US-Dollar	1
Staatsanleihen	Deutschland	Long/Short	Euro	6
	Europa	Long/Short	Euro	6
	USA	Long	Euro/US-Dollar	4
	Global	Long	Euro/US-Dollar	2
	Schwellenländer	Long	Lokalwährungen	1
Inflationsanleihen	Europa	Long	Euro	1
	USA	Long	US-Dollar	1
	Global	Long	US-Dollar	1
	Schwellenländer	Long	Lokalwährungen	1
Pfandbriefe	Deutschland	Long	Euro	1
	Europa	Long	Euro	1
Unternehmens-anleihen	Europa	Long/Short	Euro	11
	USA	Long/Short	US-Dollar	4
	Global	Long	US-Dollar	3
	Schwellenländer	Long	Lokalwährungen	1

Tab. 5.2 Offensive Assets des Auswahluniversums der Effizienz Invest (Sub-)Portfolios

Kategorie	Region	Ausrichtung	Währung	Anzahl an ETFs
Aktien Länder	Deutschland	Long/Short	Euro	5
	Schweiz	Long	Schweizer Franken	1
	USA	Long/Short	Euro/US-Dollar	5
	Schwellenländer	Long/Short	Lokalwährungen	2
Aktien Branchen	Europa	Long	Euro	19
	Global	Long	US-Dollar	11
Aktien übrige G20	Global	Long	Euro/US-Dollar/Lokalwährungen	16
Aktien Sonderthemen	Europa	Long	Euro	4
	USA	Long	US-Dollar	2
	Global	Long	US-Dollar	10
	Schwellenländer	Long	Euro/Lokal-währungen	1
Rohstoffe	Global	Long	US-Dollar	3

Aktien-, Renten- und ausgewählter Rohstoffmärkte sowie der Asset-Klasse Liquidität repräsentativ angenähert zu werden. Um in unterschiedlichsten Kapitalmarktzyklen eine positive Wertentwicklung generieren zu können, wurden neben den üblichen Long-ETFs auch Short-Produkte sowohl im Rahmen der defensiven als auch der offensiven Assets aufgenommen. Die Auswahl der einzelnen Assets orientiert sich an sämtlichen ETFs, welche an den gängigen deutschen Präsenzbörsenplätzen sowie auf XETRA handelbar sind. Soweit ein Index in die Berechnung einbezogen werden soll, dessen Basiswert mehrere ETFs abbilden, erfolgt die Selektion anhand folgender Kriterien:

- Der Index sollte möglichst physisch replizierend abgebildet werden, um der Debatte volle versus synthetische Replikation zu entgehen (vgl. Boerse.ARD.de 2013).
- Die Total Expense Ratio des ETF sollte möglichst gering sein.
- Soweit die ersten beiden Kriterien von mehr als einem ETF erfüllt werden, erfolgt eine Auswahl anhand des geringsten, vorgegebenen Bid-Ask-Spreads.

Auf eine gesonderte Berücksichtigung der mittlerweile zahlreichen ETF-Anbieter wird verzichtet. Die aktuelle ETF-Auswahl umfasst Produkte folgender ETF-Provider: 1. iShares (Anzahl der einbezogenen ETFs: 63), 2. db X-trackers (20), 3. Lyxor (12), 4. Amundi (6), 5. Deka (6), 6. UBS (6), 7. ComStage (5), 8. SPDR (4), 9. EasyETF (1), 10. HSBC (1) und 11. Powershares (1). Die überwiegende Anzahl an iShares-ETFs liegt darin begründet, dass iShares ausschließlich physisch replizierende Produkte auflegt und somit die erste der vorgenannten Voraussetzungen zur Aufnahme eines ETF in das Universum grundsätzlich erfüllt.

Die Zusammensetzung des Auswahluniversums wird jährlich überprüft und soweit erforderlich angepasst. Dies gilt auch für die ETFs der Kategorie „Aktien Sonderthemen", wobei hierunter keine Modethemen aggregiert sind, sondern ausschließlich Märkte und Investmentrubriken, denen eine dauerhafte wirtschaftliche Bewandtnis zugewiesen wird. Hierzu zählen unter anderem Real-Estate-Investment-Trusts (REITS), Nachhaltigkeits- inklusive Energieversorgungs-, Agribusiness-, Infrastruktur-, Value- und Growth- (vgl. Etterer et al. 2003, S. 188 f.) sowie Minimum Volatilitätsindizes.

5.5 Quantitativer Reallokationsprozess

Die Reallokation (vgl. Poddig et al. 2009, S. 23) der vier Subportfolios sowie des Effizienz Invest Portfolios erfolgt seit Januar 2016 zweimonatlich (zuvor wurde diese monatlich vorgenommen), je zur Monatsmitte, um den Reallokationszeitpunkt nicht Kalenderanomalien auszusetzen, welche beispielsweise am Jahresultimo oder zu den Quartalsenden auftreten können (Salm und Siemkes 2009, S. 414 ff.).

Für sämtliche der 125 ETFs des Auswahluniversums wird mit Bezug auf die Portfolio Selection Theory (vgl. Markowitz 1952, S. 77 ff.), die Sharpe Ratio für den vergangenen Monat, das letzte Quartal und das, dem Reallokationszeitpunkt vorherige Halbjahr kalkuliert. Um in den Subportfolios allokiert zu werden, muss ein ETF die Kriterien einer positiven Sharpe Ratio im letzten Monat und eine positive Summe der drei berechneten Sharpe Ratios aufweisen. Die Performance des letzten Monats vor jeweiliger Reallokation erfährt somit die höchste relative Gewichtung, da diese singulär betrachtet wird und zudem sowohl Bestandteil der Kalkulationen der Sharpe Ratios des vergangenen Quartals als auch des vorherigen Halbjahres ist.

Dieses Gewichtungskonzept stellt sicher, dass sich das Asset beziehungsweise der zugrundeliegende Index kurzfristig in einem positiven oder zumindest neutralen Trend befindet. Die langfristige Berechnung des letzten Halbjahres beruht auf der angestrebten Glättung der Allokation, damit die Wahrscheinlichkeit häufiger Fehlsignale bei kurzfristigen, beispielsweise monatlichen Trendwechseln, verringert wird.

Gemäß Maximalgewichtungen der offensiven Assets werden die entsprechenden ETFs daraufhin den vier Subportfolios zugeführt. Dies geschieht anhand der relativen Gewichtung der Sharpe Ratio eines jeden ETF an der Summe der Sharpe Ratios aller ETFs des Subportfolios bezogen auf den letzten Monat. Die bei Aktienindizes übliche Gewichtung nach Marktkapitalisierung (vgl. Achleitner et al. 2005, S. 123) wird somit durch die Gewichtung als Abhängigkeit der Performance in Ausprägung der Sharpe Ratio ersetzt.

Ebenfalls mit Bezug auf die Gewichtung nach Marktkapitalisierung respektive der Gewichtungskappung (vgl. Schmitz-Esser 2001, S. 156) innerhalb von Aktienindizes sowie zur Sicherstellung einer größtmöglichen Diversifikation, weist jeder ETF in den Subportfolios eine auf maximal zehn Prozent gekappte Gewichtung auf[4]. Ausschließlich Liquidität in Form eines EONIA-ETFs darf in Krisenszenarien oder im Fall von irrationalem Marktverhalten bis zu 100 Prozent gewichtet werden. Zu hohen Liquiditätspositionen kann es beispielsweise kommen, wenn die Performance-Kennziffern der ETFs oder der Subportfolios negativ oder gleich null sind, beziehungsweise wenn zu wenige ETFs in die Subportfolios aufgenommen werden, weil die Kappung greift.

Durch die Abhängigkeit der Allokation eines ETFs, von seiner historischen Performance, ist die parallele Allokation eines Short- und eines Long-ETFs auf den identischen Basiswert unmöglich, da es sich ausschließt, dass beide Produkte zeitgleich eine positive Sharpe Ratio aufweisen. Zudem wurde im Allokationsverfahren auf Absicherungsmechanismen, wie beispielsweise eine Unterlegung von Stopp-Loss-Marken, verzichtet. Ein ETF, der binnen einer Allokationsperiode eine negative Rendite aufweist, wird zwecks erneuter Risikoreduktion bei der folgenden Reallokation zwangsläufig ausgetauscht, da er das Kriterium einer kurzfristig positiven Sharpe Ratio nicht erfüllt.

Als letztendliches Effizienz Invest Portfolio wird ausschließlich das Subportfolio umgesetzt, welches wiederum für den vergangenen Monat die höchste Sharpe Ratio aufweist. Sollte diese für mehr als ein Portfolio identisch sein, so wird automatisch auf das Portfolio mit der geringsten Quote offensiver Assets zurückgegriffen. Das Effizient Invest Portfolio kann daher im zweimonatlichen Rhythmus unterschiedliche Maximalgewichtungen offensiver Assets aufweisen, da bei jeder Reallokation getestet wird, welches Subportfolio für die folgende Investitionsperiode umgesetzt wird. Der gesamte Reallokationsprozess wird in Abb. 5.1 visualisiert.

---

[4] Die Maximalgewichtung von zehn Prozent entspricht der Kappungsgrenze aller Aktien im Dax. Vgl. Deutsche Börse AG (2015), S. 15.

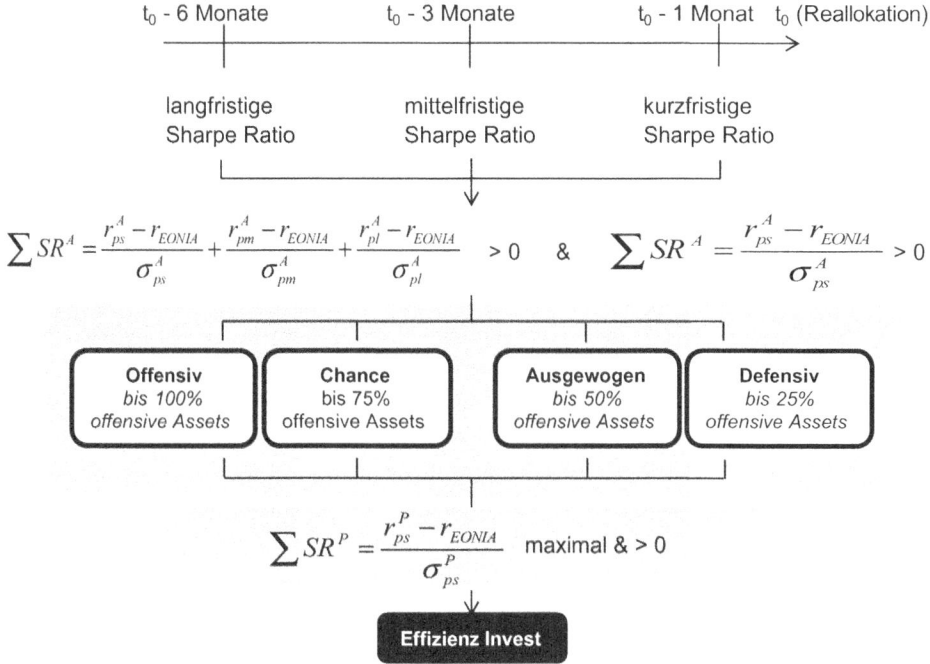

Abb. 5.1 Allokationsschema der Subportfolios und des Effizienz Invest Portfolios

Neben der Sharpe Ratio existieren zahlreiche weitere Performance-Kennziffern, auf welche alternativ hätte zurückgegriffen werden können. Deren grundlegende Unterscheidung beruht auf der Berücksichtigung unterschiedlicher Risikokennziffern. So verwendet beispielsweise die Sortino Ratio die negative Ausprägung der Volatilität in Form der Downside Deviation oder die Treynor Ratio greift auf das relative Risiko eines Assets gemäß des Beta-Faktors zurück (vgl. Füss et al. 2005, S. 45 ff.). In Anlehnung an die Argumentation von Heidorn et al. (2006) sowie die grundsätzlich verfolgte Reflektion der Erkenntnisse von Markowitz wurde auf die Sharpe Ratio zurückgegriffen. Diese subtrahiert – wie in Abb. 5.1 ersichtlich – im Zähler die risikolose Verzinsung[5] (r_{EONIA}) von der Rendite eines Assets (r_P) und setzt sie im Nenner in das Verhältnis zur Volatilität (σ_P) als Risikokennziffer des identischen Assets. Soweit das Resultat positiv ist, wurde jede eingegangene Einheit an Risiko in der entsprechenden Periode durch eine positive Rendite kompensiert. Negative Ergebnisse sind nicht aussagekräftig (vgl. Schyra 2013, S. 56).

---

[5] Bei der Reallokation der Effizienz Invest (Sub-)Portfolios und der Berechnung sämtlicher Sharpe Ratios wird als quasi risikolose Verzinsung auf den jeweils aktuellen EONIA zurückgegriffen, welcher zugleich als Liquiditätsanlage genutzt wird.

5.6   Rahmenbedingungen der Rückrechnung

Mittels des quantitativen Anlageprozesses und des jeweils gültigen Auswahluniversums wurde eine Rückrechnung ab dem 01. Januar 2008 durchgeführt. Eine längerfristige Analyse war nicht möglich, weil die Grundgesamtheit der ETFs des jeweils gültigen Auswahluniversums erst seit Mitte des Jahres 2007 umfangreich genug ist, ein diversifiziertes Portfolio zu erstellen und der Reallokationsprozess zur Ermittlung der langfristigen Sharpe Ratio einen Vorlauf vor dem ersten Berechnungstag der Effizienz Invest (Sub-)Portfolios von einem halben Jahr benötigt.

Die Analyse umfasst eine pauschale jährliche Kostenquote von 1,5 Prozent zuzüglich der Total Expense Ratios der jeweils allokierten ETFs. Diese Prämisse wurde angenommen, um die Resultate des Backtesting der üblichen Kostenquote eines Investmentfonds anzunähern (vgl. Masarwah 2015). Die täglichen Kursdaten der ETFs sowie der Vergleichsindizes DAX und MSCI World[6] entstammen aus Bloomberg und wurden in MS Excel aufbereitet. Als Datenstichtag wurde der 30. Juni 2015 herangezogen.

5.7   Analyseresultate der Rückrechnung

Um einen ersten Überblick über die Ergebnisse der Rückrechnung zu erhalten, wird auf eine indexierte Darstellung in Abb. 5.2 verwiesen. Dort ist ersichtlich, dass der Wertzuwachs des Effizienz Invest Portfolios binnen der siebeneinhalbjährigen Untersuchungsperiode etwa 110 Prozent beträgt. Die Outperformance zu den Vergleichsindizes wurde insbesondere während negativer Aktienmarktperioden erwirkt. Nennenswert sind in diesem Zusammenhang das gesamte erste Untersuchungsjahr zuzüglich des ersten Quartals 2009, in denen die globalen Aktienmärkte durch die Insolvenz der Lehman Brothers Holdings Inc. sowie die Folgen der Finanzkrise gekennzeichnet waren. In diesem Zeitraum konnte das Portfolio – entgegen deutlicher Verluste der Aktienmärkte, welche auch in Abb. 5.3 veranschaulicht werden – sogar geringe Wertzuwächse generieren und realisierte den Wechsel von defensiven zu offensiven Assets im zweiten Quartal 2009, zeitnah in Folge der zuvor einsetzenden Hausse-Tendenz der Aktienmärkte. Zudem konnte im zweiten Halbjahr 2011 ebenfalls eine absolute Überrendite zu Aktien erzielt werden, da während dieser Periode auch Short-Aktien-ETFs allokiert wurden.

Als weitere Risikokennziffer neben der Volatilität wird insbesondere im Rahmen von Hedge Fund-Reportings häufig auf den Maximum Drawdown verwiesen (vgl. Hayes 2006, S. 26 ff.). Dieser gib den höchsten Wertverlust seit Erreichen eines vorherigen Höchststandes eines Assets an (vgl. Pospisil und Vercer 2010, S. 617). Abbildung 5.3 veranschaulicht anhand sogenannter „Under Water Charts", welche maximalen Verluste die beiden Aktienindizes und das Portfolio historisch aufweisen. Die Diversifikationsvorteile

---

[6] Berücksichtigt zur adäquaten Vergleichbarkeit mit den berechneten Portfolios als Performanceindex inklusive Reinvestition von Dividenden in Euro dominiert.

Abb. 5.2 Indexierte Entwicklungen des Effizienz Invest Portfolios und der Vergleichsindizes

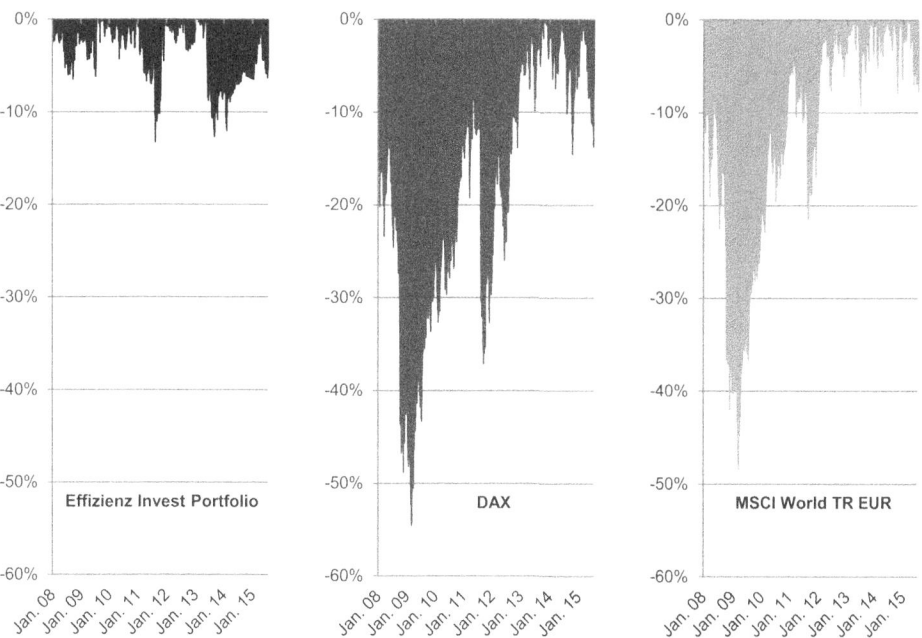

Abb. 5.3 „Under Water Charts" des Effizienz Invest Portfolios und der Vergleichsindizes

Tab. 5.3 Auswertung des Effizienz Invest Portfolios sowie der Vergleichsindizes

Portfolio/Index	Wertentwicklung	Rendite p. a.	Volatilität p. a.	Sharpe Ratio
Effizienz Invest Portfolio	111,21 %	13,90 %	8,26 %	1,61
DAX	43,29 %	5,41 %	24,34 %	0,20
MSCI World	74,60 %	9,33 %	17,27 %	0,50

des Effizienz Invest Portfolios zur singulären Asset-Klasse der Aktien, kommt darin zum Ausdruck.

Die genauen Resultate der Rückrechnung sind Tab. 5.3 zu entnehmen. Die vorgenannten ersten Schlüsse, welche sich bereits anhand der Chartvergleiche in Abb. 5.2 andeuteten, werden darin bestätigt. Insbesondere die Performance des Effizienz Invest Portfolios, anhand einer Sharpe Ratio von 1,61, verdeutlicht die Outperformance gegenüber den Aktienindizes (vgl. Garz et al. 2001, S. 138). Darin ist bereits berücksichtigt, dass ausschließlich das Portfolio – nicht jedoch die Aktienindizes – mit einer fiktiven Kostenquote versehen ist.

5.8 Kritische Würdigung

Die Auswertung der Rückrechnung zeigt eine deutliche Outperformance des Effizienz Invest Portfolios im Verhältnis zu den aufgeführten Aktienindizes. Ein ergänzender Vergleich mit anderweitigen Assets, wie beispielsweise Corporate Bonds oder Emerging Market Aktienindizes, hätte keine grundlegend abweichenden Resultate bewirkt, da insbesondere eine sukzessive Abwertung des Euro im Vergleich zum US-Dollar eine überproportional positive Entwicklung des MSCI World bewirkte. Die Outperformance des Portfolios im Vergleich zu eben diesem Index wird daher als Ausdruck der generellen Stärke des Allokationsprozesses gewertet.

Es wird auch ersichtlich, dass das systematisch implementierte Risikomanagement des quantitativen Allokationsprozesses zu einer deutlich positiven Abweichung relativ zum Aktienmarkt in negativen Aktienmarktphasen oder gar Crash-Szenarien führt. Ein ähnliches Verhalten wird bei Zinsniveausteigerungen erwartet, da auch Short-ETFs auf Rentenindizes im Auswahluniversum verfügbar sind.

In Kapitalmarktphasen, in denen Aktienmärkte zweistellige Renditen erzielen, ist das Portfolio hingegen nicht in der Lage, diesen Entwicklungen zu folgen. Beispielsweise die Jahre 2012, 2013 und das erste Quartal 2015 waren von einer global starken Aktienperformance geprägt, in der sämtliche Assets, die ungleich einer Aktie waren, einen Diversifikationsnachteil für jedes Portfolio erwirkten. Die quantitative Allokation des Effizienz Invest Portfolios ist jedoch maßgeblich auf ihre möglichst maximale Diversifikation ausgerichtet. Historisch betrachtet ist eine 100-prozentige Aktienquote nahezu ausgeschlossen.

Das Portfolio wird durch eine systematische Risikominimierung gesteuert, welche auch in seiner Volatilität von 8,26 Prozent sowie einem Maximum Drawdown von 13,34 Prozent (DAX: 54,55 Prozent, MSCI World: 48,35 Prozent) zum Ausdruck kommen. Zudem konnte dieser Drawdown binnen 79 Tagen wieder egalisiert werden, was einer Time-to-Recover von etwa elf Wochen entspricht (Heidorn et al. 2009, S 89 ff.).

Eben diese Diversifikationseigenschaften sowie die Möglichkeit im Reallokationsprozess auf Long- und Short-ETFs sowohl für Renten- als auch Aktienmärkte zuzugreifen, bewirken eine systemimmanente Wahrscheinlichkeit, auch in zukünftigen Krisensituationen eine positive Performance erwirken zu können.

Überdies hat das quantitative System in der Vergangenheit bereits nachgewiesen, nicht nur über die theoretische Möglichkeit des Einsatzes von Short-ETFs zu verfügen, sondern diese in Abhängigkeit von Kapitalmarktbewegungen auch tatsächlich zu allokieren. Dieser Aspekt grenzt das vorliegende Modell von Ansätzen ab, die entweder nicht über entsprechende Opportunitäten verfügen oder diese nur theoretisch, nicht jedoch praktisch anwenden.

5.9 Praktische Umsetzung

Der zuvor beschriebene Allokationsmechanismus des Effizienz Invest Portfolios wurde im zweiten Quartal des Jahres 2014 von der Private VermögensVerwaltung AG als offener Investmentfonds (WKN: A1XCPV) umgesetzt.

Der UCITS-konforme Fonds, welcher sämtliche aktuelle Regularien für private und institutionelle Investoren erfüllt, ist ein Nachweis, dass wissenschaftliche Erkenntnisse des im Jahr 1990 gemeinsam mit Merton H. Miller und William F. Sharpe mit dem Nobelpreis der Wirtschaftswissenschaften (vgl. The Nobel Foundation 1990) ausgezeichneten Harry M. Markowitz sowie die von ihm entwickelte Portfolio Selection Theory nicht der Vergangenheit angehören, sondern bei Umsetzung mittels dynamischer und praxisnaher Implikationen auch heutzutage noch für Investoren nutzbar sind.

Die Ergebnisse und Portfoliozusammensetzungen in Folge der jeweiligen Reallokationen werden in Form eines E-Mail-Newsletters[7] spätestens einen Tag nach Portfolioumschichtung für Investoren und Interessenten veröffentlicht. Das Konzept ist daher, entgegen zahlreicher anderweitiger Systeme, deren Allokationsgrundsätze einer sogenannten Blackbox ähneln, vollkommen visible und durchsichtig. Per Allokationstermin im Januar 2016 wurde der Reallokationsturnus des Fonds von monatlich auf zweimonatlich ausgeweitet.

5.10 Zusammenfassung

Die generelle und häufig populistisch verfolgte Fragestellung, ob passives, indexorientiertes (vgl. Bruns und Meyer-Bullerdiek 2008, S. 108 ff.) oder aktives Portfoliomanage-

---

[7] Anmeldungen zum Newsletter sind per E-Mail an andreas.schyra@pvv-ag.de möglich.

ment überlegen sei, erscheint im Kontext dieser Ausarbeitung als fehlgeleitet (vgl. Holzki 2014). Passive Assets wie ETFs eignen sich um ein aktiv gesteuertes Portfolio aufzubauen und unsystematische Einzelwertrisiken (vgl. Schyra 2013, S. 46) zu vermeiden.

Zudem konnte hervorgehoben werden, dass quantitative und prognosefreie Portfoliomanagementsysteme in der Lage sind, die Auswirkungen von Krisenszenarien an den Kapitalmärkten auf die getätigten Investments zu verringern oder in diesen gar positive Wertbeiträge zu generieren. Ein Trugschluss wäre jedoch, zu unterstellen, dass computergestützte Allokationsprozesse befähigt sind, Kursverluste zu vermeiden und zugleich an positiven Entwicklungen risikobehafteter Assets vollständig zu partizipieren. Ein System ist grundsätzlich einerseits – wie das Effizienz Invest Portfolio – darauf ausgerichtet, dem Risikomanagement und der Risikoverringerung bei Ausnutzung gewisser Ertragsopportunitäten den Vorrang zu geben. Andererseits existieren auch systematische Modelle, die beispielsweise auf Momentum-Strategien (vgl. Hur et al. 2010, S. 1155) basieren, welche den Ertragschancen größere Bedeutung beimessen als der Risikoreduktion. Beide Ansätze stehen nicht miteinander in Konflikt, sondern ergänzen sich im Portfoliokontext.

Die Diversifikation eines Portfolios sollte insbesondere vor den Herausforderungen zukünftiger Zinssteigerungen über die Auswahl von Asset-Klassen, Währungen, Regionen und Einzelwerten hinaus, auch unterschiedliche Investmentstile umfassen. Hierzu zählen neben aktiven, von Portfoliomanagern verwalteten Produkten, auch systematisch quantitative Ansätze. Rechnerische, computergesteuerte Portfolioallokationen können Investoren rein rational befähigen, Long- oder Short-Produkte, anhand von Kursveränderungen – beispielsweise in Folge von Zinssteigerungen – zu erwerben und somit Wertbeiträge unabhängig von Marktbewegungen, Stimmungen oder Meinungen zu erwerben.

Literatur

Achleitner, A., Kaserer, C., & Moldenhauer, B. (2005). German Entrepreneurial Index (GEX). *Finanz Betrieb*, (2), 118–126.

Blitzer, D. (2009). Another Victim of the Financial Crisis. *Journal of Indexes, 12*(6), 48.

Boerse.ARD.de (2013). Deutsche Bank startet ETF-Aufholjagd. http://boerse.ard.de/anlageformen/ fonds/deutsche-bank-startet-etf-aufholjagd100.html. Zugegriffen: 11. August 2015

Breuer, W., Gürtler, M., & Schuhmacher, F. (2010). *Portfoliomanagement I*. Wiesbaden: Gabler.

Bruns, C., & Meyer-Bullerdiek, F. (2008). *Professionelles Portfoliomanagement – Aufbau, Umsetzung und Erfolgskontrolle strukturierter Anlagestrategien*. Stuttgart: Schäffer-Poeschel.

Deutsche Börse AG (2015). Leitfaden zu den Aktienindizes der Deutschen Börse AG. http://www. dax-indices.com/DE/MediaLibrary/Document/Leitfaden_Aktienindizes.pdf. Zugegriffen: 11. August 2015

Etterer, A., Beer, R., & Fleischer, K. (2003). *Indexing*. München: FinanzBuch.

Fama, E. F. (1970). Efficient Capital Markets: A Review of Theory and Empirical Work. *Journal of Finance, 25*(2), 383–423.

Fama, E. F. (1991). Efficient Capital Markets: II. *Journal of Finance, 61*(5), 1575–1617.

Füss, R., Rehkugler, H., & Disch, W. (2005). Hedge Funds als Anlagealternative: Chancen und Risiken. *Finanz Betrieb*, *7*(1), 40–56.

Garz, H., Günther, S., & Moriabadi, C. (2001). *Portfolio-Management Theorie und Anwendung*. Frankfurt: Bankakademie.

Gütle, T. (2011). Portfoliotheorie von Markowitz hoch drei. *Börsen-Zeitung*, *189*, B3.

Hayes, B. (2006). Maximum Drawdowns of Hedge Funds with Serial Correlation. *Journal of Alternative Investments*, *8*(4), 26–38.

Heidorn, T., Hoppe, C., & Kaiser, D. G. (2006). Implikationen der Heterogenität auf das Benchmarking mit Hedgefondsindizes. *Finanz Betrieb*, *8*(9), 557–571.

Heidorn, T., Kaiser, D., & Roder, C. (2009). The Risk of Fund of Hedge Funds: An Empirical Analysis of the Maximum Drawdown. *Journal of Wealth Management*, *12*(2), 89–100.

Holzki, L. (2014). Was ist der Unterschied zwischen aktiv und passiv gemanagten Fonds? http://www.sueddeutsche.de/geld/geldanlage-was-ist-der-unterschied-zwischen-aktiv-und-passiv-gemanagten-fonds-1.2035362. Zugegriffen: 11. August 2015

Hur, J., Pritamani, M., & Sharma, V. (2010). Momentum and the Disposition Effekt: The Role of Individual Investors. *Financial Management*, *39*(3), 1155–1176.

Markowitz, H. M. (1952). Portfolio Selection. *Journal of Finance*, *7*(1), 77–91.

Masarwah, A. (2015). Aktien-Dachfonds: Zu wenig USA, zu hohe Kosten. http://www.morningstar.de/de/news/135066/aktien-dachfonds-zu-wenig-usa-zu-hohe-kosten.aspx. Zugegriffen: 11. August 2015

N-TV (2015). Trotz internationaler Krisen – Fed will Leitzins bald erhöhen. http://www.n-tv.de/wirtschaft/Fed-will-Leitzinsen-bald-erhoehen-article15527396.html. Zugegriffen: 10. August 2015

Poddig, T., Brinkmann, U., & Seiler, K. (2009). *Portfolio Management Konzepte und Strategien*. Bad Soden: Uhlenbruch.

Pospisil, L., & Vecer, J. (2010). Portfolio Sensitivities to Changes in the Maximum and the Maximum Drawdown. *Quantitative Finance*, *10*(6), 617–627.

Reuse, S. (2011). *Korrelationen in Extremsituationen. Eine empirische Analyse des deutschen Finanzmarktes mit Fokus auf irrationales Marktverhalten*. Wiesbaden: Gabler.

Rojahn, J., Röhl, C. W., & Frère, E. (2010). *Optimum Portfolio ETF Indices Benchmarking für multidimensional diversifizierte Wertpapierportfolios*. Essen: MA Akademie.

Salm, C., & Siemkes, J. (2009). Persistenz von Kalenderanomalien am deutschen Aktienmarkt. *Finanz Betrieb*, *7*(8), 414–418.

Schmitz-Esser, V. (2001). *Aktienindizes im Portfoliomanagement. Funktionen, Konstruktionsmerkmale, Indexeffekte*. Bad Soden: Uhlenbruch.

Schyra, A. (2013). *Indices as Benchmarks in the Portfolio Management. With Special Consideration of the European Monetary Union*. Wiesbaden: Springer Gabler.

Sharpe, W. F. (1966). Mutual Fund Performance. *Journal of Portfolio Management*, *39*(1), 119–138.

Spremann, K. (2008). *Portfoliomanagement* (4. Aufl.). München: Oldenbourg.

Stern (2015). Null-Zinspolitik der EZB: Private Haushalte verlieren, der Staat gewinnt. http://www.stern.de/wirtschaft/geld/null-zinspolitik-der-ezb--privathaushalte-verlieren--der-staat-gewinnt-5923610.html. Zugegriffen: 10. August 2015

STOXX   Ltd   (2015).   Supersector   Indices.   https://www.stoxx.com/discovery-search?
    category=flagship&superType=supersector&indexFamily=standard.   Zugegriffen: 10.   Au-
    gust 2015

The Nobel Foundation (1990). The Sveriges Riksbank Priz in Economic Sciences in Memory of
    Alfed Nobel 1990. http://www.nobelprize.org/nobel_prizes/economic-sciences/laureates/1990/.
    Zugegriffen: 10. August 2015

FiRMa – Finanzen Rundum Managen

Harald Wirtz und Ewald Seifried

Inhaltsverzeichnis

6.1   Ausgangslage   72
6.2   Anspruch und Vorgehensweise   73
6.3   FiRMa ins Leben bringen – Unser Weg, die Herausforderungen
       zur Kundenbegeisterung zu meistern   74
6.4   Akzeptanz schaffen und Sog entfalten   76
6.5   Fazit   85
Literatur   86

Bei diesem Beitrag handelt es sich um einen Erfahrungsbericht der Volksbank Bitburg eG, die 2013 ein Projekt aufsetzte, um Unternehmen und Unternehmerkunden als Ganzes zu betrachten. Das Projektziel war, die bisherigen Beratungsansätze im Firmenkundengeschäft und im Private Banking eng miteinander zu verweben. Die Unternehmer sollen ihre unternehmerischen und privaten Belange reflektiert bekommen, um so die Geschäftsbasis zu verbreitern und aus der Vernetzung der unternehmerischen Bedarfsfelder mit den privaten Bedarfsfeldern zu besseren Lösungen für die Kunden sowie zu breiterem Geschäft und mehr Ertrag für die Bank zu kommen.

H. Wirtz (✉)
Volksbank Bitburg eG
Bitburg, Deutschland
email: harald.wirtz@volksbank-bitburg.de

E. Seifried
BIG Banking Innovation Group GmbH
Stuttgart, Deutschland
email: e.seifried@bankinginnovationgroup.de

© Springer Fachmedien Wiesbaden 2016
M. Seidel (Hrsg.), *Banking & Innovation 2016*, FOM-Edition,
DOI 10.1007/978-3-658-11052-9_6

6.1 Ausgangslage

Über Jahre haben sich genossenschaftliche Banken der Beratungsqualität verschrieben. Im Geschäft mit vermögenden Kunden und Firmenkunden wurde immer wieder in die Etablierung eines ganzheitlichen Beratungsansatzes investiert.

Überregionale Kundenbefragungen und persönliche Gespräche vermittelten den Bankführungskräften Anerkennung, gutes Firmenkundengeschäft – vor allem gutes Kreditgeschäft – zu machen und dabei auch diverse Zusatzleistungen rund um die Absicherung und alternative Finanzierungsformen auf den Weg gebracht zu haben.

Als Finanzierungspartner der Unternehmen konnte die Volksbank Bitburg viele Hausbankverbindungen etablieren und sich an guten Erträgen mit treuen Firmenkunden freuen. Auch die Vermögenskundenbetreuer bekamen regelmäßig gute Arbeit attestiert. Die Feedbacks von Kunden aus dem Private-Banking-Segment sprachen von „guter Qualität" und „grundsätzlicher Weiterempfehlungsbereitschaft".

Trotzdem gelang es nicht, wie vielen befreundeten Banken ebenfalls, die Potenziale der Unternehmerfamilien, der ausgeschiedenen Senioren, der Familienmitglieder, die in den Unternehmen aktiv oder passiv mitwirken, zu erschließen.

Verschiedene Anläufe, die Betreuer vermögender Privatkunden und die Firmenkundenbetreuer miteinander in „Tandems" oder „Doppelbetreuungsmandaten" in nachhaltige Wirkung zu bringen, hatten immer wieder einzelne Erfolge gebracht. Der entscheidende Durchbruch, die Kunden sowie die Betreuer zu begeistern, sodass Freude am gemeinsamen Erfolg entsteht, war bis dato nicht gelungen.

Eine Bestandsaufnahme im Führungskreis der Volksbank Bitburg zu Beginn der Überlegungen ergab folgendes Bild:

- Viele Unternehmen nehmen Finanzierungen bei uns in Anspruch und wickeln den Zahlungsverkehr über uns ab.
- Die Unternehmer wickeln ihre privaten Finanzgeschäfte meist mit anderen ab.
- Als Partner für die Unternehmen ist die Volksbank Bitburg eG anerkannt; in private Belange erhalten wir nur eingeschränkt Einblick, meist nur im Rahmen der Offenlegungsanforderungen.
- Der Firmenkundenbetreuer ist gut etabliert, der „Private Banker" kommt kaum in die Verbindung herein bzw. zu den eigentlichen Entscheidern in der Unternehmerfamilie durch.
- Sowohl das geschäftliche wie auch das private „Versicherungsgeschäft" werden in der Regel bei Wettbewerbern gemacht.
- Vermögensaufbau und -anlage wird aus „Haftungsgründen" bei anderen Instituten gemacht.

Ebenso wurde bei näherem Hinsehen deutlich, dass nach den bisherigen, wenig erfolgreichen Anläufen nur eine systematische und nachhaltige Herangehensweise die gewünschten Veränderungen bringen kann.

Dabei sollte der besondere Nutzen für den Kunden, die Bank und die Betreuer im Fokus stehen.

Die Potenziale in der Region sind verlockend. Lust und Experimentierfreude in der Mannschaft sollten wachsen. Begeisterte „Überzeugungstäter" zu finden, war die erkannte Herausforderung.

6.2 Anspruch und Vorgehensweise

Im Rahmen der Strategieaktualisierung skizzierte das gesamte Projektteam FiRMa der Volksbank Bitburg die Leitplanken für die Erarbeitung der künftigen Vorgehensweise. Nachfolgend lesen Sie Auszüge daraus.

Hintergrundinformationen

Als Mission definierte die Mannschaft für sich selbst:

„Wir sind der anerkannte, finanzielle Lebensbegleiter zu allen finanziell relevanten Themenstellungen des Unternehmens und des Unternehmers!"

(Mit „wir" ist im weiteren Artikel das Individualkundenbetreuungsteam der Volksbank Bitburg gemeint.)

Auf Basis einer umfassenden Erörterung der Lebensplanung des Entscheiders, seiner unternehmerischen Ziele und Anforderungen, der Verknüpfungen zwischen der privaten und unternehmerischen Sphäre priorisieren wir mit dem Entscheider, die für ihn relevanten Bedarfsfelder. Dabei beziehen wir in der Betrachtung die Personen mit ein, für die er sich verantwortlich fühlt.

Unter Berücksichtigung der Zusammenhänge und der übergreifende Einflussfaktoren ergründen wir mit dem Entscheider seinen gewünschten Zielzustand. Dabei legen wir besonderen Wert auf die Beweggründe des Kunden und die ihn antreibenden Motive.

Dieser Analyseprozess beinhaltet dann auch eine umfassende Erhebung der Vermögen und Verbindlichkeiten sowie der relevanten Liquiditätsströme, die Grundlage für die Erreichung der unternehmerischen wie privaten Ziele sind.

Unter den Überschriften „Liquidität sicherstellen" und „Risiken managen" durchdringen wir mit dem Kunden,

- dessen Pläne im Unternehmen sowie privat,

- die Themen, die seine Existenz, betrieblich und privat (ab)sichern,

- welche Notfälle für ihn Relevanz haben und wie er darauf vorbereitet ist,

- wie Liquidität erhalten und Transaktionen effektiv und sicher abgewickelt werden können,

- wie er seinen Wohlstand absichern, Vermögen aufbauen, strukturieren und übertragen kann.

Rund um den strukturell meist dominierenden Vermögensanteil „Immobilien" begleiten wir die Kunden vom Bau und Entwicklungen, über Bestandstransaktionen bis hin zur Verwaltung von Immobilienobjekten. Weiter helfen wir zur Sicherung der Zukunftstragfähigkeit von Unternehmen zum Beispiel durch Mitarbeiterbindungskonzepte.

Wir erleben, beim tieferen Hinterfragen von Zusammenhängen, dass wir Kunden einerseits zum Nachdenken bringen, andererseits uns somit helfen, die Lebenssituation des Gesprächspartners sowie das Entwicklungsstadium, in dem sich sein Unternehmen befindet, zu durchdringen und zu verstehen.

Auf diese Art gelingt uns eine – für den Kunden bisher so nicht erlebte – vernetzte Betrachtung der Themen und Bedarfsfelder. Abhängigkeiten und Einflüsse werden transparent. Wir leisten somit einen entscheidenden Beitrag zu fundierten und nachvollziehbaren Entscheidungen, zur Erreichung der Ziele und zu maßgeschneiderten Absicherungskonzepten. Die Erkenntnisse und Lösungsoptionen stellen wir transparent dar. Die Abweichung zwischen Ist- und Zielzustand sowie die zu den Kundenwünschen passenden Lösungen präsentieren wir persönlich. Zusammen mit dem Kunden plausibilisieren wir die Wirkung für ihn, sein Unternehmen und sein Vermögen.

Bei den Kunden, die diese Qualität erleben, wachsen die Sicherheit und das Vertrauen in die Bank. Dies sehen wir daran, dass Lösungen in der Regel als Paket gekauft werden.

Da der Zielzustand erst erreicht ist, wenn die Lösung wirkt – sprich die Vorschläge umgesetzt sind – begleiten wir den Kunden bei der Umsetzung.

Danach stellen wir die dann veränderte Ist-Situation, sowie gegebenenfalls noch zu gehende Schritte nachvollziehbar dar und vereinbaren die weitere Zusammenarbeit.

Der Name für die künftige Leistung entstand im Rahmen der zuvor erwähnten Strategieaktualisierung. **Fi**nanzen **R**undum **Ma**nagen, kurz FiRMa, hatte sich schnell im internen Sprachgebrauch etabliert und vermittelte auch in der Kommunikation mit Kunden gut, worum es uns für ihn dabei geht.

6.3 FiRMa ins Leben bringen – Unser Weg, die Herausforderungen zur Kundenbegeisterung zu meistern

Am Start des Projektes stand eine umfassende Bestandsaufnahme. Um eine möglichst hohe Akzeptanz im Kreis der Mitarbeiter zu erreichen, wurden zum Start die Meinungen und Einschätzungen aller, künftig mit den entstehenden Leistungen befassten Gruppen, inklusive der Kunden eingebunden.

6.3.1 Die Sicht der Geschäftsleitung

Vorstand Andreas Theis hatte zum Thema „Der Unternehmer als Privatperson: Zielgerichtete vertriebliche Bearbeitung des Potenzials bei ganzheitlicher und dauerhafter Betrachtung der Bedarfslage" (Theis 2012, S. 5) eine Projektarbeit erstellt. Darin skizziert er, welche Grundlagen zur langfristigen Erschließung der Potenziale „hinter den Unternehmen" notwendig sind. Dazu zählen ein hohes Commitment bei Vorstand und Führungsmannschaft und eine intensive Vernetzung von Vertriebssteuerung und Marketing auf Basis einer fundierten Analyse der Ist-Situation.

6.3.2 Die Sicht der Mitarbeiter

Durch strukturierte Interviews mit den Mitarbeitern in den Geschäftsfeldern Firmenkunden und Private Banking mit den involvierten Begleitern der Verbundunternehmen, ergänzt um die Sicht des Immobiliencenters und der Vertriebssteuerung, wurden die Herausforderungen aus Sicht der Betroffenen transparent.

Selbstbewusst und überzeugt, dass bis dahin bereits eine sehr gute individuelle Leistung geboten wurde, sahen die Befragten vor allem die systematischere und intensivere Zusammenarbeit zwischen den Betreuern im Firmenkundengeschäft, den Private Bankern und den begleiteten Fachspezialisten der Verbundpartner als Chance.

6.3.3 Die Kundensicht und ihre Erwartungen hören – Betroffene zu Beteiligten machen

Vom Start weg war Rahmenbedingung, FiRMa vom Kunden her zu denken und Kunden in die Entwicklung einzubinden. Davon versprach sich das Projektteam zusätzliche Motivation für alle Beteiligten sowie die Chance, die Mitwirkung der Kunden später werblich nutzen zu können.

In drei Workshops mit je circa 15 Teilnehmern, ausgewählt aus den Fokusgruppen

- etablierte Unternehmer,
- Senioren – potenzielle Übergeber,
- Jungunternehmer – Starter – Ex-Gründer – Nachfolger,

erhielten wir folgende Rückmeldungen:

- Wir, Ihre Kunden, sind mit der Betreuung durch die Bank heute grundsätzlich sehr zufrieden.
- Insbesondere bei der Abwicklung des Zahlungsverkehrs und bei der Begleitung von Finanzierungsanfragen ist die Qualität sehr gut.

Im Rahmen der Kundenworkshops stellten wir die Frage: „Welchen Anspruch stellen Sie an einen strategischen Partner und finanziellen Lebensbegleiter?" Als Antworten bekamen wir nachfolgende Wünsche und Empfehlungen:

- Seid noch mehr aktiv – nicht nur dann, wenn wir kommen.
- Informiert uns aktiv über Themen, die für uns relevant sein könnten.
- Kommt mit den richtigen Themen zur richtigen Zeit – und zwar dann, wenn wir den Kopf auch dafür frei haben, und nicht, wenn es euch gerade passt.
- Macht uns eure Vorgehensweise, eure Empfehlungen transparent und nachvollziehbar.
- Hört uns noch mehr zu und denkt unsere Themen mit.
- Betrachtet uns „ganz" und nicht in „Scheiben" – (also unternehmerische und private Bedarfsfelder zusammen und vernetzt).

Dieses Anspruchsniveau bildete die Grundlage zur Neugestaltung des Betreuungskonzeptes der Volksbank Bitburg eG und war anerkannte Legitimation im Kreis der Mitarbeiter, den Qualitätsanspruch erheblich weiter zu entwickeln.

6.4 Akzeptanz schaffen und Sog entfalten

Nachhaltige Veränderungen im Beraterverhalten herbeizuführen, darin waren sich alle einig, brauchte mehr als nur ein neues Konzept. Akzeptanz im Kreis der Umsetzer zu bekommen, war das erste Ziel. Neue und andere Erlebnisse sollten entstehen. Lernen und neue Wege zu gehen, sollte leichter werden (vgl. Abb. 6.1).

Durch die Teilnahme von Private Bankern und Firmenkundenbetreuern an den Kundenworkshops war bereits das Eis gebrochen. Intensiv wurden anschließend die Kundenerwartungen in den Teams diskutiert, Anspruch und Machbarkeit kontrovers erörtert. Das konstruktive Nachdenken über den eigenen Leistungsanspruch sowie das eigene Leistungsniveau hatten begonnen.

Mit Lust und Freude in einen nachhaltigen Entwicklungsprozess einzusteigen, war nun die Zielsetzung.

6.4.1 Wollen initiieren, intrinsische Motivation unterstützen

Was brauche ich, damit ich im Team „finanzielle Lebensbegleitung für Unternehmen und anspruchsvolle Privatpersonen" erfolgreich sein kann und mich dabei wohl fühle? Mit

Abb. 6.1 Akzeptanzfaktoren. (Quelle: Seidel und Liebetrau 2013)

dieser Fragestellung erarbeiteten wir erst individuelle Mottoziele und dann unser Team-mottoziel (vgl. Diedrichs et al. 2012, S. 93–117).

Im Rahmen dieses Workshops setzten sich die Mitarbeiter mit ihren Gewohnheiten und Erfahrungen, sowie mit den daraus erlernten Verhaltensweisen auseinander. Sich selbst reflektieren, das Unbewusste bewusst machen, haben zusätzliche Handlungsspielräume eröffnet und schnelle Lernerfolge möglich gemacht.

- Lernen findet außerhalb der Komfortzone statt!
- Ergebnisse ohne Erlebnisse bekommen keine Nachhaltigkeit!

Diese Trainererkenntnisse sahen wir schon ab dem Start des FiRMa-Projektes bestä-tigt. Die Mitarbeiter, die sich frühzeitig trauten, offene Fragen zu stellen, Antworten zu hinterfragen, die sich in die Denkwelt des Kunden einfühlten, kamen mit überraschenden Informationen aus den Gesprächen zurück. Sie erlebten Veränderungen im Kommuni-kationsverhalten der Kunden, mit herzlichen Rückmeldungen und Feedbacks sowie un-möglich geglaubten Erfolgen. Schnell entstand mehr Lust, und die Experimentierfreude wuchs.

6.4.2 Kennen – Wissen, wo es hingeht

Nach der Devise „Betroffene zu Beteiligten zu machen" haben wir alle Akteure in die Entwicklung der künftigen Leistungen eingebunden. Zuerst in Konzeptions-Workshops, die zum Ziel hatten, die von den Kunden skizzierten Wünsche und Ansprüche in von der Bank und deren Kooperationspartnern erbringbare Leistungen zu übersetzen.

Im Firmenteam, wie im Private-Banking-Team, haben wir Betreuung vom Kunden her denkend neu definiert. An konkreten Kundensituationen entlang entstand die Definition von ganzheitlicher Beratung neu. Basis- und Zusatzleistungen wurden definiert, die Naht- und Übergabestellen klar beschrieben sowie die Wünsche und Erwartungen an die zu integrierenden Partner und Spezialisten formuliert.

„Wie machen wir es genau?", war die immer wieder gestellte Frage, die an jedem Prozessschritt in Commitments geführt wurde, sodass die Grundlage für eindeutige Pro-zessdefinitionen entstand.

Herausfordernd zeigte sich das Stellen von wirkungsvollen Fragen. Die Motive und Beweggründe der Kunden hinter früher getroffenen Entscheidungen zu ergründen, die vor-handenen Ängste, den Umgang mit persönlichen Herausforderungen wie Krankheit oder Trennung auf Augenhöhe zu thematisieren, stellte für die Kundenbetreuer einen entschei-denden Entwicklungsschritt dar. Die Erkenntnis, dass in der Vergangenheit angestellte Vermutungen und Interpretationen oft Teil der bankseitigen Entscheidungsgrundlagen für den Kunden waren, löste teils Betroffenheit bei den Betreuern aus und ließ Lernbedarf erkennen.

So entstand pro Bedarfsfeld Klarheit zur Frage: „Was wollen/müssen wir wissen, um für den Kunden passende und stimmige Lösungen zu entwickeln?" An echte Kundensituationen wurde transparent, welche Informationen den Beratern in der Vergangenheit fehlten und dass somit die Umsetzung von teils großen Handlungspaketen immer wieder hinausgezögert wurde.

Lösungsansätze aus Finanzplänen, die über Jahre, trotz scheinbar schlüssiger Empfehlungen, nicht in die Umsetzung kamen, wurden nun bewegbar. Auch bisher bereits gut bekannte Kunden mit langjährig gewachsenen Beziehungen erwiesen sich als noch potenzialträchtiger als bis dahin vermutet.

Latenten Bedarf der Kunden durch zusätzliche, vertiefende Analysen sichtbar zu machen, wurde in den Bedarfsfeldern „private und geschäftliche Risiken" besonders anschaulich. Wo bisher oftmals Preisvergleiche bei ähnlichen Leistungen ausgelöst wurden, haben wir Instrumente entwickelt, die helfen, die Wunschabsicherung in der Analyse herauszuarbeiten. Im Rahmen der Konzepterstellung wird dann die Wunschsituation mit der Ist-Situation abgeglichen. Damit gelingt es leicht, transparent und nachvollziehbar Lücken zu konkretisieren und passende Lösungen zum Schließen der Lücken auszuarbeiten.

Eine besondere Herausforderung zeigte sich bei der vertiefenden Analyse durch die Betreuer mit den Kunden in Bedarfsfeldern, in denen die persönliche Lösungskompetenz bisher nicht gegeben war. In der Vergangenheit wurde an Spezialisten „weitergeleitet", zukünftig gilt es, selbst „analysefähig" zu sein. Dies mit dem Ziel, die notwendige Vernetzung der Themen für den Kunden sicherzustellen.

Schritt für Schritt wurden der Anspruch und die Vorgehensweise, die im Abschn. 6.2 als Orientierungsrahmen skizziert waren, zum gemeinsam definierten Anspruchsniveau unseres FiRMa-Teams.

- Wir verschaffen Ihnen Transparenz zu allen Themen, die wir beherrschen. Sie entscheiden über die Relevanz sowie Ihre Priorität!
- Zu jedem Themenfeld haben wir ein hochwertiges Leistungspaket entwickelt. Professionalität in den Themen ist uns wichtig.
- Wir betrachten die Themen gemeinsam mit Ihnen, tiefergehend und vernetzt. Sie entscheiden, wen wir dabei berücksichtigen sollen.
- Grundlage unserer Lösungsvorschläge ist ein transparenter Prozess, der die Qualität unserer Betreuung absichert.
- Individuelle Lösungskonzepte machen unsere Vorschläge und Empfehlungen nachvollziehbar und sind eine fundierte Entscheidungsgrundlage.

Die Betreuer sowie die Spezialisten kennen diesen Anspruch, den sie selbst mit definiert haben.

6.4.3   Können – Entwicklungsbedarf erkennen, mehr Erlebnisse und Erfahrungen initiieren

Abbildung 6.2 zeigt den Betreuungsprozess, der dem Kunden transparent gemacht wird. Bei der Definition des Umfangs und der Tiefe der einzelnen Schritte entstand Klarheit zum zukünftigen miteinander Arbeiten zwischen den Kundenbetreuern und den zu involvierenden Spezialisten.

- **Betreuungsprozessschritt 1: Überblick (siehe Abb. 6.2)**
  Beim Zusammenführen aller verfügbaren Informationen im Rahmen der Terminvorbereitung ergibt sich eine Vielzahl von Hinweisen, um wirkungsvolle Fragen für das Überblickgespräch vorzubereiten. Es geht um das Erkennen und Verstehen, was bisherige Entscheidungen ausgelöst hat, welche Motive und Beweggründe hinter der heutigen Unternehmens- und Vermögenssituation stehen.
  Im Überblickgespräch (Abb. 6.3) verifizieren wir die ersten Eindrücke, verschaffen uns und dem Kunden Transparenz zu den für ihn in seiner Unternehmensplanung und Lebensplanung relevanten Themen. Lebensthemen und Unternehmensthemen, wie zum Beispiel die Trennung vom Mitinhaber, die Verantwortung für einen neuen Lebenspartner, tangieren mehrere Bedarfsfelder und bedürfen besonderer Beleuchtung.

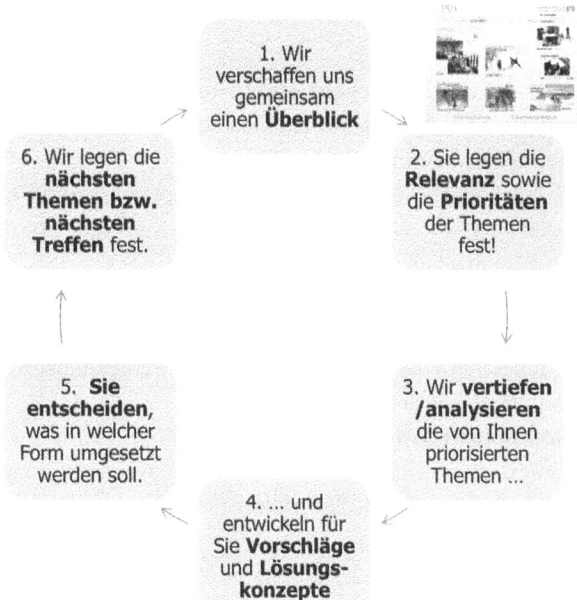

Abb. 6.2 Betreuungsprozess der Volksbank Bitburg eG

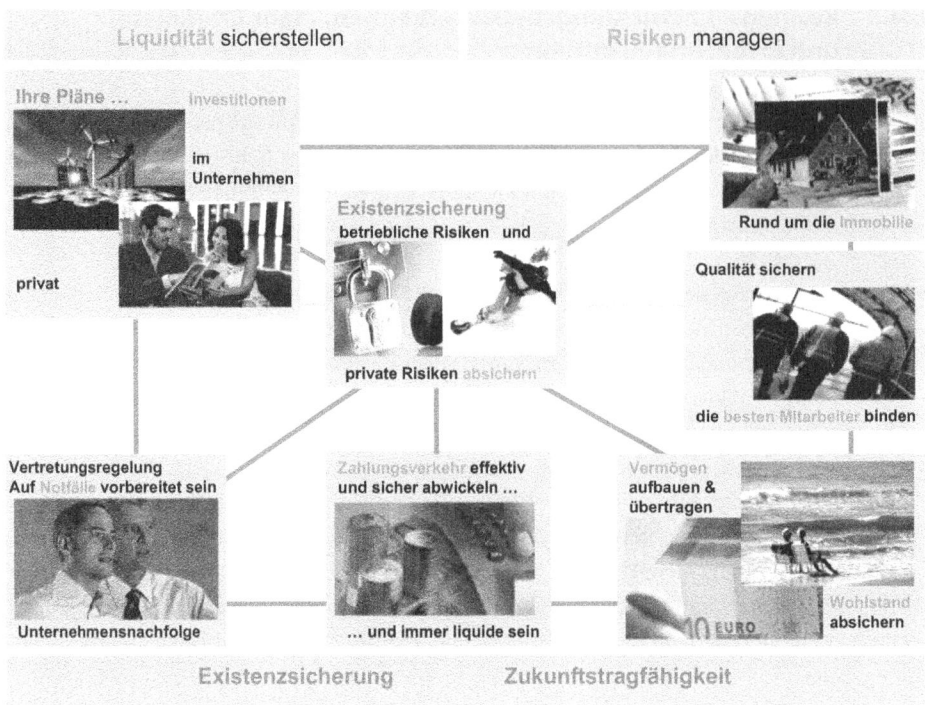

Abb. 6.3 Landkarte zum Überblickgespräch

- **Betreuungsprozessschritt 2: Relevanz und Prioritäten festlegen**

  Nach dem Verknüpfen der Themen des Kunden mit den Bedarfsfeldern priorisiert dieser die Bedarfsfelder nach deren Relevanz für ihn.

  Wie schnell das Nachdenken über ein Bedarfsfeld an seine Grenzen stößt, wird dabei vielen Kunden bewusst, wenn wir Zusammenhänge über die Liquiditätsströme (Abb. 6.4) transparent machen.

  „So hat mir die Zusammenhänge der Themen noch niemand erläutern können! Sie haben recht, ich muss die Dinge breiter, am besten umfassend angehen!"

  So oder ähnlich reagieren Kunden, wenn sie unsere Vernetzungslandkarte (Abb. 6.4) im Dialog mit dem Betreuer durchdringen.

- **Betreuungsprozessschritt 3: Vertiefende Analyse**

  Schleusen mit angestauten Informationen öffnen sich, wenn wir – meist in einem Folgetermin – die Analyse vertiefen. Die richtigen Fragen sind es, die immer wieder Offenheit fördern.

  Wer fragt, der führt. Wer nachfragt, erfährt mehr. Wer hinterfragt, kann plausibilisieren und sich in den Gesprächspartner hineinversetzen. So entsteht das Verständnis, von der Ist-Situation, über die Planung und die angestrebten Ziele des Kunden.

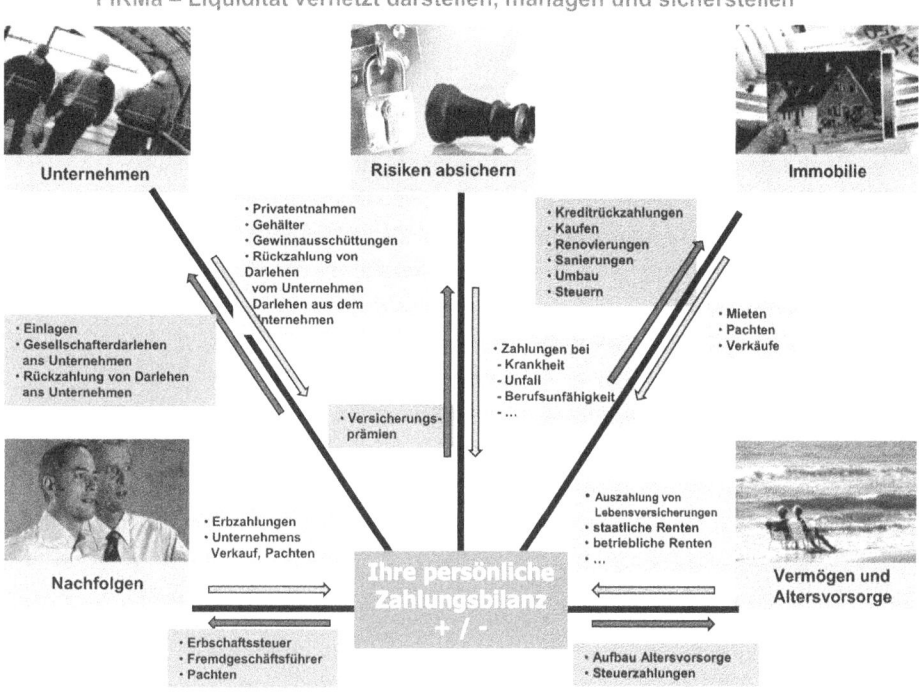

Abb. 6.4 Vernetzung von Liquiditätsströmen in Unternehmerfamilien

Was darf sich der Berater trauen? Was hilft, die Motive und Beweggründe des Kunden zu verstehen? Wie werden die Ängste, die Hoffnungen und die Herausforderungen des Kunden transparent? Welche Intensität und Form der Unterstützung ist gewünscht? Welche Unsicherheit hat das bisherige Lösen von Problemen verhindert? Diese und weitere Fragen wurden während der Projektarbeit intensiv diskutiert.

Sicherheit zu gewinnen und Antworten auf die gestellten Fragen zu bekommen, war der Wunsch der Betreuer und Spezialisten.

Um Orientierung und Hilfestellung zu bieten, haben wir mit dem Team für jedes Thema ein Vertiefungsinstrument entwickelt. Strukturierte Hilfen mit Fragen und Bildern, die dabei unterstützen, sich in die Themen hinein zu trauen, sind entstanden und wurden ausprobiert.

Die Erfahrungen zeigten, dass Mut und die Reflexion des eigenen Selbstverständnisses als finanzieller Lebensbegleiter helfen, noch zielgerichtetere Fragen zu stellen als die bisher gewohnten. Guter Austausch und Teamkultur unterstützen steilere Lernkurven.

- **Betreuungsprozessschritt 4: Das optimale Lösungskonzept erstellen**
  In diesem Schritt ist übergreifende Teamarbeit angesagt. Die Analyseerkenntnisse im Gepäck, skizziert der Betreuer die Ist-Situation und die Zielvorstellung des Kunden. Übergreifend werden Lücken und Abhängigkeiten herausgearbeitet.

Zusammen mit den jeweiligen Spezialisten entsteht ein maßgeschneiderter Lösungsweg. Passend zur Aufgabenstellung werden die Kollegen mit besonderer Expertise zu
„unternehmerischem und privatem Risikomanagement", zu „Notfallplanung und Nach-
folgeregelungen", zu „Rund um Immobilien" sowie zur „Vermögensstrukturierung"
oder die „Finanzierungsspezialisten" eingebunden.

Als Bank haben wir einen klaren Qualitätsanspruch an die zu präsentierenden Ergebnisse. Gleichzeitig wollen wir effizient arbeiten und standardisieren, wo dies sinnvoll
ist. Somit haben wir Vorlagen entwickelt, die

– Lücken aus dem Abgleich der Wunschsituation mit der Ist-Situation des Kunden
  deutlich machen,
– transparent den jeweiligen Lösungsweg aufzeigen und
– grafisch die Auswirkung und den entstehenden Nutzen darstellen.

Damit liefern wir fundierte Entscheidungshilfen. Dies wird in den Kundengesprächen,
aber auch in den Teamrunden deutlich, wenn wir Konzepte gemeinsam reflektieren und
die Betreuer ihre Erfahrungen austauschen.

- **Betreuungsprozessschritt 5: Das Entscheidungs- und Umsetzungsgespräch**
  „Was hat sich seit dem Analysegespräch bei Ihnen, Frau Kundin, noch an Gedanken, Ideen oder Veränderungen ergeben?" So absichernd, dass sich die Situation nicht
  grundlegend verändert hat, beginnen die Betreuer, bei Bedarf zusammen mit den involvierten Spezialisten, die Vorstellung der konsolidierten Ist-Situation. Wenn die Wünsche richtig verstanden wurden, wird das Lösungskonzept erörtert, die Wirkung transparent dargestellt und der damit erreichbare Nutzen greifbar gemacht.
  Entscheidungen gut vorzubereiten, ist unser Anspruch. Dass dies sehr gut gelingt, sehen wir daran, dass unsere Lösungskonzepte meist als Paket – wie vorgeschlagen –
  gekauft werden.

- **Betreuungsprozessschritt 6: Vereinbarung zur weiteren Zusammenarbeit**
  Jetzt wird noch die Begleitung bei der Umsetzung zeitnah terminiert und die weitere
  Zusammenarbeit verbindlich vereinbart. Dazu gehört es auch, die nächsten Themen
  und Treffen festzulegen, in denen die ganzheitliche Beratung weitergeführt wird.
  Die Vermögens- und Liquiditätssituation nach Entscheidung und Umsetzung der empfohlenen Maßnahmen stellen wir als „Ergebnisbericht" noch schriftlich dar und stellen
  dem Kunden somit den neuen Status quo nachvollziehbar zur Verfügung. Damit ist
  bereits ein wesentlicher Baustein für die Vorbereitung des nächsten Termins mit dem
  Kunden entstanden.

- **Betreuungsprozessschritt 7: Und der Kreislauf beginnt von vorne**
  „Nach der Beratung ist vor der Beratung." Mit jeder Wunschänderung, mit der Änderung der Lebenssituation oder neuer Gegebenheiten im Unternehmen startet der
  Prozess in Kenntnis und auf Basis der bekannten Informationen neu. So wird der Überblick aus Schritt eins aktualisiert sowie die Veränderungen und Neuerung transparent
  gemacht. Auch die Prioritäten können sich verschieben und werden darum neu justiert
  und die Veränderungen daraus über alle sechs Beratungsprozessschritte adaptiert.

Vom Beratungsprozess am Kunden kommend, lohnt ein Blick auf die Herausforderungen, die für die umsetzenden Betreuer zu meistern waren.

Am Betreuungsprozess entlang, ausgestattet mit den Vorlagen und Hilfsmitteln, ermitteln wir den Lernbedarf für jeden beteiligten Betreuer. Mit Hilfe der Selbstreflexion am klar definierten Anspruch entlang wurden die Lernfelder definiert. Ergänzt um die Wahrnehmungen und Einschätzungen der Führungskraft wurde dann der zum Bedarf passende Entwicklungsweg je Mitarbeiter mit konkreten Maßnahmen skizziert. Fachwissen, Methodenkompetenz, aber vor allem die sozialen und persönlichen Kompetenzen stehen im Vordergrund.

Weitere Entwicklungsfelder für die Betreuer sind, neben dem Schaffen von Transparenz und Überblick, die Komplexität in den Kundensituationen verständlich zu machen sowie die Orientierung für Kunden und Berater einfach zu machen.

Als Zwischenfazit lassen sich aus den gemachten Erfahrungen der Projektmitglieder folgende Voraussetzungen für nachhaltigen Erfolg zusammenfassen:

- Die Etablierung eines anderen, ganzheitlicheren Selbstverständnisses, einer neuen Haltung der Betreuer und der Führungskräfte ist aktiv zu begleiten.
- Es braucht gute Werkzeuge und Hilfsmittel.
- Erst der professionelle Einsatz dieser Werkzeuge lässt Wirkung entstehen.
- Es braucht Hilfestellung und Übung, die Gesprächsfähigkeit zu den relevanten Lebensthemen des Unternehmers und des Unternehmens (zum Beispiel Trennung, Verlust von nahestehenden Personen, extreme Veränderungen in den Unternehmensverhältnissen, Krisen …) bei den analysierenden Beziehungsmanagern und den Spezialisten herzustellen. Dies gilt auch für die Übersetzung der Auswirkungen aus den Lebensthemen in die Bedarfsfelder.
- Offene Fragen stellen zu können und zu wollen, ist neben dem Zuhören-Können unabdingbar für gute Lösungen. Wirkliches Verstehen braucht oft absicherndes Nachfragen, um das Finden der richtigen Lösung leichter zu machen.
- Es ist erfolgsfördernd, die Zuständigkeiten und Aufgaben neu zu definieren. Zum Beispiel haben wir festgelegt, dass die Beziehungsmanager (die neue Bezeichnung für die bisherigen Betreuer) die Spezialisten einbinden, anstatt einfach an diese weiterzuleiten.

6.4.4 Dürfen – Aufgabenteilung und Rahmenbedingungen schaffen, die Erfolg leicht machen

In einer bestehenden Bank, bei verteilten Aufgaben und zugeordneten Kunden braucht es neben dem Kennen, Können und Wollen einen ehrlichen Blick darauf, ob die Rahmenbedingungen die Umsetzung der Betreuung nach FiRMa auch zulassen. Nur mit Freiraum und verfügbarer Unterstützung werden die Betreuer nachhaltig den Weg beschreiten und die Kunden die neue Qualität erleben lassen können.

- **Organisation und Rahmen**

  Wir haben unsere Organisation neu gedacht. Aus zwei Abteilungen wurde ein Individualkundenteam, in dem Betreuer als Beziehungsmanager die Kundenverantwortung übernehmen und die Spezialisten in der Fachverantwortung zuarbeiten und mit ins Boot gehen, wo sie gebraucht werden. Hierarchisch sind alle Mitwirkenden dem Leiter des Individualgeschäftes unterstellt.

- **Nahtstellen und Kompetenzen ineinandergreifend in Wirkung bringen**

  Wir haben die Zusammenarbeit mit unseren Verbundpartnern verändert. Dazu wurden klare Erwartungen zur Leistung, zur Art und Umfang der zu erstellenden Analysen und Angebote sowie zur Qualität der zuzuliefernden Aufbereitung formuliert. Die erarbeiteten Standards werden konsequent eingefordert. Das erleichtert den gemeinsamen Erfolg.

- **Multiplikatoren**

  Wir informieren Multiplikatoren, wie Steuerberater, Kunden in aktiven Netzwerken, Aktive in Verbänden und Vereinigungen systematisch im Rahmen von Veranstaltungen. Dabei legen wir Wert darauf, dass diese Multiplikatoren unsere Leistung selbst umfassend erlebt haben und weiter nutzen. So können sie authentisch und überzeugt von Erlebnissen und Erfahrungen berichten.

- **Durchgängige Prozesse**

  Unterstützungswünsche in begleitende und zuarbeitende Organisationseinheiten sind definiert und auf dem Weg der Umsetzung. So reduzieren wir Störungen und bilden Prozesse auch in die vor- und nachgelagerten Organisationseinheiten sauber ab.

- **Mein Kunde – Dein Kunde? Wer ist wofür verantwortlich?**

  Wir haben die Segmentierungskriterien um Lebensphasen, privat wie unternehmerisch, ergänzt. Die Bewertung des Potenzials von Unternehmerkunden hat sich grundlegend verändert, ebenso die Initiative, entdecktes Potenzial auch zu heben. Die „Assets under Management" wachsen quantitativ und qualitativ.

- **Partizipation und Steuerung**

  Die Steuerungsgrößen „Bedarfsfelddeckung" und „Durchdringung des Kundenportfolios mit den versprochenen Leistungen" ergänzen die Zielsystematik für die Betreuer. Dadurch entstehen Erträge nicht schneller, aber breiter diversifiziert, nachhaltiger und sicherer. Zusätzliche Ertragspotenziale werden transparent und zusätzliche Ertragsquellen erschlossen, an die bisher kaum jemand in unserer Bank gedacht hat. Genauso wie es zur Selbstverständlichkeit wird, durch das gemeinsame Erleben von Kundengesprächen voneinander zu lernen sowie in Erfahrungsaustauschrunden die gemeinsamen Lernerfolge zu multiplizieren. Kundenverantwortung durch die Betreuer und Themenverantwortung durch die Spezialisten werden zusammen ertragswirksam. Diese Erfolge feiern wir als Team.

- **Achtung, Respekt, Wertschätzung**

  Aller Anfang ist schwer. Die Betreuer investieren anfänglich mehr Zeit pro Kunde. Noch fehlende Routine verlängert die Gespräche im Rahmen des Betreuungsprozesses.

Die Bereichsleitung, der Vorstand und das Controlling können erheblich zum leichteren Gelingen sowie zum Überwinden von Rückschlägen in der Einführungsphase von FiRMa beitragen. Über Jahrzehnte geübte Gewohnheiten loszulassen und neue Wege zu gehen, **verdient Anerkennung.** Zarte Pflänzchen, zum Beispiel einer Unternehmensnachfolgeregelung, die begleitet wird, wachsen zu lassen und mindestens **gleich zu achten** wie ein prolongiertes Bestandsgeschäft, macht Lust auf mehr. Innovationen anzugehen, das Knüpfen neuer Netzwerkkontakte, die neue Ertragspotenziale erschließen, verdient **Respekt.** Besondere **Wertschätzung** den Betreuern gegenüber, die vorausgehen und Pionierarbeit leisten, hält die Energie hoch und fördert deren Motivation.

6.4.5 Kundenbegeisterung

Den Kreis der Entwicklung und Pilotierung haben wir dadurch geschlossen, dass wir die Kunden aus den Entwicklungsworkshops ergänzt um weitere Unternehmerinnen und Unternehmer im Rahmen eines Ergebnispräsentations-Kundenworkshops aufgefordert haben, ihre Meinung zu den vorgestellten Leistungen zu äußern.

Dies sind Auszüge aus den Rückmeldungen:

* „Ihr seid absolut auf dem richtigen Weg!"
* „Eine Beratungsleistung in dieser Qualität habe ich in 30 Jahren als Unternehmer nicht erlebt!"
* „Mit dem bereits in der Pilotierungsphase mit mir durchgeführten Beratungsgespräch habe ich einen Überblick über meine Situation realisiert, der mir Entscheidungen um vieles leichter gemacht hat."
* „Ich hoffe diese Intensität und Qualität rechnet sich auch für die Bank, denn ich möchte darauf nicht mehr verzichten!"

Die Rückmeldungen haben uns darin bestärkt, unseren Weg FiRMa, der umfassenden Dimension ganzheitlicher Beratung als finanzieller Lebensbegleiter des Unternehmers und seines Unternehmens, konsequent weiter zu gehen.

Wir haben das Profil für die künftigen Mitarbeiter im Team neu justiert und stellen die Einarbeitung von neuen Teammitgliedern sowie die Personalentwicklung des bestehenden Teams durchgängig unter die erörterten Prämissen.

6.5 Fazit

Die vorgestellte Beratungssystematik sowie der praktizierte Einführungsweg führen zur qualitativen und ertragreichen Weiterentwicklung des Geschäftes mit Unternehmern. Die entwickelten Werkzeuge und Hilfsmittel sind an verschiedene Gegebenheiten in anderen

Banken anpassbar. Von besonderer Bedeutung ist der Entwicklungs- und Einführungsprozess. Begeisterung für FiRMa entsteht, wenn Kunden und Mitarbeiter, gemeinsam mit der Führung der Bank, den skizzierten Weg gehen. Dabei entstehen neben dem gemeinsamen Verständnis über FiRMa sowie den fördernden Rahmenbedingungen auch die nötige Haltung und das Selbstverständnis der Mitarbeiter für die erfolgreiche Umsetzung. So erschließen sich Banken nicht nur zusätzliches Ertragspotenzial, sondern wirken auch bei der Weiterentwicklung ihres Geschäftsgebietes mit, was in Zukunft noch wichtiger werden wird, als dies heute schon ist.

Literatur

Diedrichs, A., Krüsi, D., & Storch, M. (2012). *Durchstarten mit dem neuen Team, Aufbau einer ressourcenorientierten Zusammenarbeit mit Verstand und Unbewusstem* (S. 93–117). Bern: Hans Huber.

Seidel, M., & Liebetrau, A. (2013). Mehr Wirkung, weniger Komplexität. *Bankinformation*, 59–65.

Theis, A. (2012). *Der Unternehmer als Privatperson. TOP-Projektarbeit an der ADG Montabaur.* Akademie Deutscher Genossenschaften.

Wertorientiertes Firmenkundenrating

Ein Plädoyer für die Weiterentwicklung der klassischen Firmenkundenratings von Kreditinstituten

7

Karl-Heinz Prieß

Inhaltsverzeichnis

7.1 Große Bedeutung des Unternehmenswertes 87
7.2 Geringe Rolle des Unternehmenswertes in der Kreditanalyse 88
7.3 Finanzkennzahlen im Vordergrund des Firmenkundenratings 90
7.4 Empfehlung für wertorientierte Kennzahlen 91
7.5 Voraussetzungen für den Einsatz wertorientierter Kennzahlen 92
7.6 Unterschieds-Brutto-Cashflow 93
7.7 Eigenschaften und Wirkungen wertorientierter Kennzahlen 95
7.8 Integration in Ratingverfahren 98
7.9 Fazit 99
Literatur 99

7.1 Große Bedeutung des Unternehmenswertes

Erhöhung der Kundenzufriedenheit, Sicherung der Unternehmensexistenz und langfristige Steigerung des Unternehmenswertes – das waren vor der Finanzkrise die zentralen unternehmenspolitischen Ziele. Danach hat sich das Bild gewandelt. In einer PWC-Studie (PWC 2014, S. 30) geben die Unternehmen die Sicherung des Unternehmensbestandes als wichtigstes Ziel an. Nach wie vor findet sich aber die langfristige Steigerung des Unternehmenswertes auf Platz drei. Dabei ist zu beachten, dass Unternehmenssicherung und Unternehmenswert lediglich zwei Seiten derselben Medaille sind.

Grund genug, sich näher mit dem Unternehmenswert zu beschäftigen, dessen zentrale Bedeutung auch Krol (2009a, S. 6, 2009b) in seiner empirischen Studie bestätigt.

K.-H. Prieß (✉)
FOM Hochschule für Oekonomie & Management
Münster, Deutschland
email: karl-heinz.priess@fom.de

© Springer Fachmedien Wiesbaden 2016
M. Seidel (Hrsg.), *Banking & Innovation 2016*, FOM-Edition,
DOI 10.1007/978-3-658-11052-9_7

Dort heißt es, dass der Unternehmenswert wichtiger ist als eher traditionelle Ziele wie Umsatz- und Gewinnmaximierung. Auch wird der Unternehmenswert vielfach als zentraler Erfolgsfaktor für Unternehmen genannt. Der BDI (2006, S. 58) hierzu: „So haben Erfolgsunternehmen signifikant häufiger die langfristige Steigerung des Unternehmenswertes [...] als Ziel von sehr hoher oder hoher Bedeutung angegeben."

7.2   Geringe Rolle des Unternehmenswertes in der Kreditanalyse

Der Unternehmenswert wird in der Praxis vielfältig eingesetzt, insbesondere in der Restrukturierung von Geschäftsbereichen, bei Unternehmenskäufen und der Einführung wertorientierter Controlling-Systeme. Er ist dabei für Share- und Stakeholder gleichermaßen von Interesse.[1]

Im klassischen Firmenkundenrating spielen der Unternehmenswert und wertorientierte Kennzahlen aktuell jedoch keine Rolle. Im Vordergrund stehen klassische Kennzahlen, zum Beispiel der Return on Investment (RoI) oder die Eigenkapitalquote.

Nach Ansicht der Professoren Dr. Manfred Matschke und Dr. Gerrit Brösel (Matschke und Brösel 2005, S. 64; siehe auch Krämer 2003, S. 13) sind jedoch gerade Kreditprüfungen häufig Anlass einer Unternehmensbewertung: „Vor diesem Hintergrund fallen unter die Kreditierungsunterstützungsfunktion vor allem jene Unternehmensbewertungen, die unter anderem durch Kreditinstitute als Bewertungssubjekt im Zusammenhang mit der Zuführung von Fremdkapital [...] und somit insbesondere im Rahmen der Kreditwürdigkeitsprüfung [...] durchgeführt werden." Dies lässt den Rückschluss zu, dass eine Kreditrückzahlung umso sicherer beziehungsweise die Ausfallwahrscheinlichkeit (Propability of Default, PD), die sich in der Ratingnote ausdrückt, umso geringer ist, je höher ceteris paribus der Unternehmenswert ist.

Dr. André Daldrup (2006, S. 64–66) verdeutlicht diesen Zusammenhang auf Basis der Erkenntnisse aus der Optionspreistheorie. Hier stehen nicht die klassischen Ratingkriterien zur Bonitätsanalyse im Vordergrund, sondern die künftigen Cashflows des Unternehmens. Die Annahme ist, dass das Unternehmen ausfällt, wenn der Wert der Unternehmensaktiva zum Fälligkeitszeitpunkt des Darlehens unter dem Rückzahlungsbetrag des Kredites liegt. Es ist also insolvenzgefährdet, wenn der Unternehmenswert unter den Wert des Fremdkapitals fällt.

Abbildung 7.1 verdeutlicht, dass der Unternehmenswert zum Zeitpunkt der Kreditvergabe t_0 in der Regel über dem Rückzahlungsbetrag des Fremdkapitals liegt. Im positiven Szenario wächst der Unternehmenswert während der Rückzahlungsdauer des Kredits an. Daldrup (2006, S. 65) meint: „Je mehr der Unternehmenswert den Wert des Fremdkapitals (Default Point, DPT) übersteigt, umso größer ist entsprechend die sogenannte Distance-

---

[1] Der Unternehmenswert wird in diesem Zusammenhang von Moxter (1983, Kap. 1) als der „potenzielle Preis des Unternehmens" verstanden. Er repräsentiert damit einen „Nutzwert", der im Unternehmen durch Vornahme geschäftlicher Aktivitäten erzeugt wird.

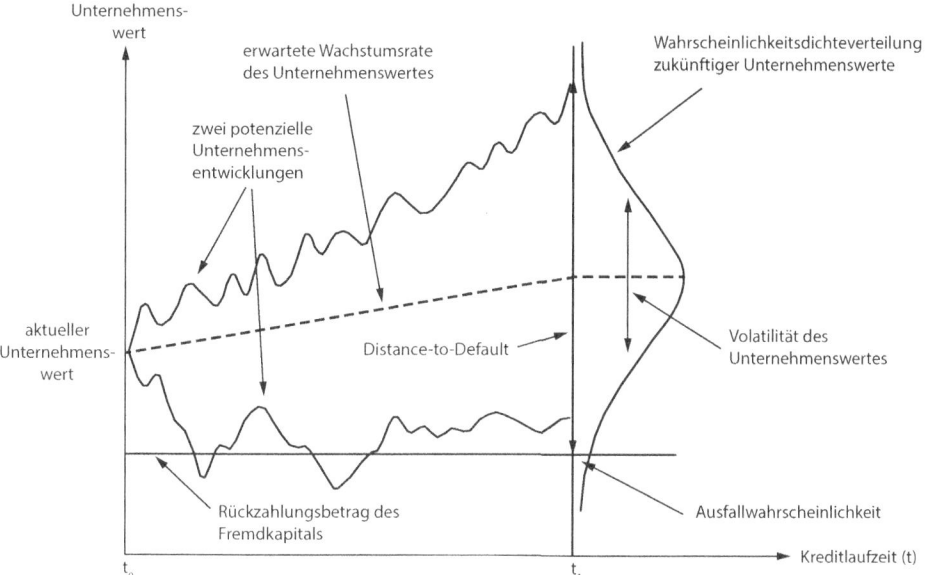

Abb. 7.1 Entwicklung des Unternehmenswertes und Insolvenzwahrscheinlichkeit

to-Default (DD). [...] bei größer werdender DD [nimmt] die Ausfallwahrscheinlichkeit [...] [ab]."

Akzeptiert man diese Aussage, kann die Entwicklung eines Unternehmenswertes als guter Indikator für die (langfristige) Kreditrückzahlungsfähigkeit des Unternehmers interpretiert und verstanden werden. Der einfache Rückschluss lautet: Im Firmenkundenrating sollte der Unternehmenswert eine zentrale Rolle spielen, da er eine höhere Prognosefähigkeit für Unternehmensentwicklungen aufweisen kann als die klassischen Finanzkennzahlen. Es wäre demnach zielführend, den Unternehmenswert als Frühindikator der Bonität der Kreditnehmer zu akzeptieren, zu fordern und zu entwickeln beziehungsweise weiterzuentwickeln.

Die Umsetzung scheitert in der Praxis jedoch häufig am finanziellen und zeitlichen Aufwand für die Ermittlung des Unternehmenswertes. Hinzu kommen eine hohe Komplexität der Verfahren zur Ermittlung des Wertes insgesamt, fehlendes Know-how und fehlende Bereitschaft im Unternehmen sowie bei den Kreditanalysten im Hinblick auf die Interpretation des Wertes. Demzufolge zeigen Kreditinstitute und Unternehmen nur ein geringes Interesse daran, Ressourcen für die Ermittlung des Unternehmenswertes im Rahmen des Firmenkundenratings zur Verfügung zu stellen, obwohl sie die Bedeutung des Wertes durchaus erkennen.

7.3   Finanzkennzahlen im Vordergrund des Firmenkundenratings

Rating bezeichnet zunächst eine Aussage über die Fähigkeit eines Schuldners, seinen aus dem Schuldverhältnis bestehenden Zahlungsverpflichtungen vollständig und termingerecht nachzukommen. Ziel des Ratingverfahrens ist es, alle ausfallrelevanten Informationen zu berücksichtigen, um unter anderem die Bonität des Unternehmens einzustufen und Kreditrisiken frühzeitig zu erkennen.

Klassische interne Ratingsysteme von Banken (Zimmermann 2003, S. 49–56; Krämer 2003, S. 13–31) bestehen aus einem Bonitätsrating (dem sogenannten Finanzrating) zur Ermittlung der Ausfallwahrscheinlichkeit (PD) und einem Transaktionsrating zur Berechnung des Verlustes bei Ausfall (Loss Given Default, LGD). Aus der Kombination von PD und LGD erhält man den erwarteten Verlust (Expected Loss, EL). Im Hinblick auf die Ausfallwahrscheinlichkeit und die Risikoklasse, in die das Unternehmen eingruppiert wurde, gilt: Je höher die Risikoklasse, umso höher ist die (statistische) Ausfallwahrscheinlichkeit und umso schlechter ist das (externe) Rating.

Die Daten für die Bonität, mit deren Hilfe der Kreditnehmer eingruppiert wird, resultieren aus quantitativen Faktoren (Daten zur Vermögens-, Finanz- und Ertragslage aus Bilanz, GuV-Rechnung und Anhang sowie finanzielle Plandaten) und qualitativen Faktoren (Führung/Management, Markt/Kunden/Produkte, Finanzen/Technologie) – ausgedrückt im qualitativen Rating – sowie aus Länder- und Branchenfaktoren.

Bei den qualitativen Daten werden „harte" und „weiche" Faktoren unterschieden. „Harte" Faktoren stellen zum Beispiel Überziehungen, eine fehlende Nachfolgeregelung, das Alter der Kundenbeziehung oder der Einsatz von Planungssystemen dar. Unter „weichen" qualitativen Faktoren fasst man Erkenntnisse aus der Unternehmensführung, der Planung/Steuerung, der Situation am Markt beziehungsweise des Produktes und der Wertschöpfungskette zusammen.

Im Rahmen der Datenerfassung und -aufbereitung werden zusätzlich Sicherheiten, Financial Covenants und Ab- sowie Aussonderungsrechte berücksichtigt. Mögliche Warn-

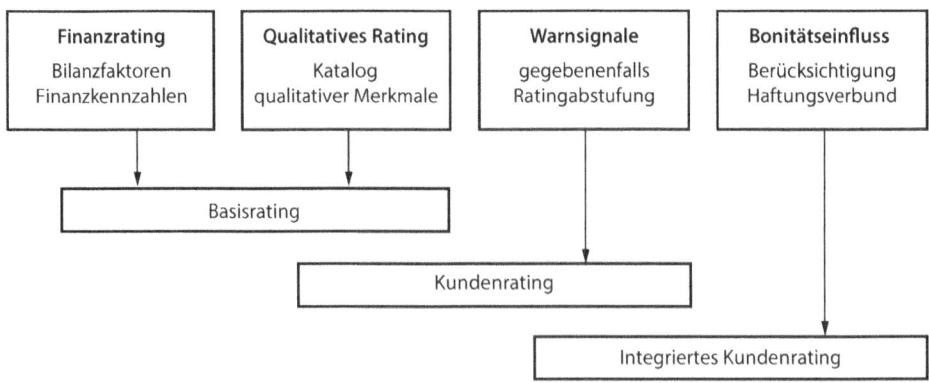

Abb. 7.2 Klassischer Ratingaufbau

hinweise oder -signale (zum Beispiel Scheck- und Lastschriftrückgaben, Nichteinhaltung wesentlicher Absprachen) führen in diesem Schritt zu Ratingabstufungen. Verbundeffekte (Haftungsverbünde) können im Konzernrating (positiv) berücksichtigt werden.

Fasst man die Ergebnisse von Finanzrating und qualitativen Faktoren (qualitatives Rating) zusammen, spricht man vom Basisrating, das weiter zum Einzelkundenrating beziehungsweise integrierten Kundenrating entwickelt wird. Abbildung 7.2 zeigt diesen Zusammenhang auf.

7.4 Empfehlung für wertorientierte Kennzahlen

Wertorientierte Kennzahlen als Indikator für den Unternehmenswert sollten beim Finanzrating zumindest ergänzend berücksichtigt werden. Unter der Vielzahl der Kennzahlen, die nach Prof. Dr. Ulrich Leffson (1977, S. 175 f.) in Kombination wirken, erscheinen insbesondere diejenigen bedeutsam, die sich auf die Bewertung der Kapitalkosten und damit den Unternehmenswert beziehen und so Grundlage des Shareholder-Value-Konzepts sind.

All diesen Kennzahlen ist gemein, dass sie nur dann eine positive Bewertung aufzeigen, wenn die erforderlichen Kapitalkosten erwirtschaftet werden. Beispielhaft sollen hier der gewichtete durchschnittliche Kapitalkostensatz (Weighted Average Cost of Capital, WACC), der Geschäftswertbeitrag (Economic Value Added, EVA) und der Unterschieds-Brutto-Cash-Flow (Cash Value Added, CVA) beziehungsweise der interne Zinsfuß des Unternehmens (Cashflow Return-on-Investment, CFRoI) genannt werden.

In den CFRoI, der die Basis für die Residualgröße CVA bildet, gehen drei Größen ein (zur detaillierten Berechnung siehe nachfolgend in diesem Beitrag):

- die Bruttoinvestitionsbasis (BIB),
- der Brutto-Cashflow (BCF),
- die ökonomische Abschreibung.

Zur Beurteilung der Performance eines Unternehmens oder Geschäftsbereichs wird der CFRoI dem entsprechenden Kapitalkostensatz (WACC), der sich aus Eigen- und Fremdkapitalkosten zusammensetzt, gegenübergestellt. Ist der CFRoI größer als der WACC, wurde im betrachteten Zeitraum Wert geschaffen; andernfalls fand eine Wertvernichtung statt. Der CVA berechnet sich in diesem Zusammenhang aus (CFRoI − WACC) × BIB, wobei die BIB das investierte Kapital repräsentiert.

Auch der EVA ist eine Residualgröße. Er stellt die Vorteilhaftigkeit einer Investition dar und wird berechnet, indem vom operativen Gewinn nach Steuern (Net Operating Profit after Taxes, NOPAT) der Term WACC × NOA (das investierte Kapital, das heißt Net Operating Assets, NOA) subtrahiert wird. Er kann als einperiodisches Steuerkonzept den Erfolg einer Entscheidung im Unternehmen auf die Steigerung des Unternehmenswertes zurückführen.

Damit ist der EVA das zentrale Ergebnis im EVA-Treiberbaum (Economic Value Added Driver Tree), das auf den Kapitalkosten (Capital Charge) und dem Geschäftsergebnis (NOPAT) aufbaut. Im „Ast der Kapitalkosten" setzt sich die Größe aus dem betrieblichen Geschäftsvermögen (Business Assets) und dem Kapitalkostensatz (Cost of Capital) zusammen, im „Ast des Geschäftsergebnisses" aus dem Geschäftsergebnis vor Steuern und Zinsen (Earnings before Interests and Taxes, EBIT) sowie dem Steuersatz (Tax Rate).

Zwischenfazit: Unternehmenswert und kein Ende

Zuvor konnte aufgezeigt werden, welche Relevanz ein Einsatz des Unternehmenswertes im Firmenkundenrating haben kann. Kernaussage war, dass der Unternehmenswert bisher in Ratingverfahren für Firmenkunden keine Berücksichtigung findet, obwohl dies im Hinblick auf seine zentrale Bedeutung für die Existenzsicherung des Unternehmens durchaus gerechtfertigt wäre.

Wertorientierte Kennzahlen stellen dabei Steuerungsgrößen dar, mit denen Wertentwicklungen für Unternehmen ermittelt und dargestellt werden. Sie dienen somit als Indikatoren für die Wertschaffung in einer bestimmten Periode.

7.5   Voraussetzungen für den Einsatz wertorientierter Kennzahlen

Um in der Praxis mit wertorientierten Kennzahlen arbeiten zu können, müssen einige Voraussetzungen erfüllt sein – vor allem Know-how, die Verfügbarkeit notwendiger Daten und Akzeptanz der Aussagen der Kennzahlen.

Dr. André Daldrup (2006, S. 66) weist ergänzend darauf hin, dass sich der ökonomische Unternehmenswert nur mit Hilfe von zusätzlichen internen und externen Unternehmensdaten realistisch abschätzen lässt. Eine Vielzahl von Inputfaktoren lässt sich also nur approximativ ermitteln und dürfte zum Teil auch für die Banken nicht unmittelbar verfügbar sein.

Daher bietet es sich an, dass der Kreditnehmer im Sinne eines Selbstratings die wertorientierten Kennzahlen ermittelt und dem Kreditinstitut mitteilt. So kann der Analyst seine Arbeitszeit auf die eigentlich wichtige Tätigkeit fokussieren – die Interpretation der Ratingergebnisse. Diese befreit ihn allerdings nicht von der Überprüfung der zur Verfügung gestellten Kennzahlen. Voraussetzung für eine objektive Nutzung der gelieferten wertorientierten Kennzahlen ist daher die intersubjektive Nachprüfbarkeit dieser Daten.

Alternativ besteht die Möglichkeit – zwar vereinfachend, dafür jedoch sehr objektivierend und praktikabel –, an dieser Stelle zentrale Vorgaben (etwa durch das zentrale Risikomanagement der Bank) in das „Berechnungssystem" einzuspeisen.

Das soll am Beispiel der komplexeren Cashflow-Kennzahl CVA/CFRoI dargestellt werden. Der Cashflow ist eine wichtige Größe im Rating der Banken, da er direkt mit der Fähigkeit des Unternehmens zusammenhängt, seinen Zahlungsverpflichtungen nachzukommen. Zudem stellt er eine zentrale Größe bei der Berechnung des Unternehmenswertes dar.

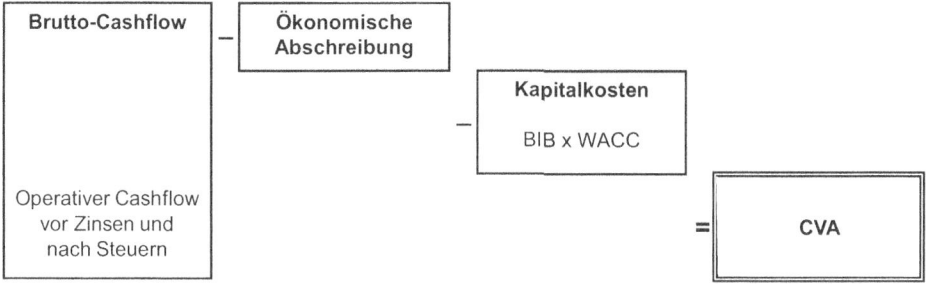

Abb. 7.3 Berechnung des CVA

Der CFRoI errechnet sich aus der Differenz von Brutto-Cashflow und ökonomischer Abschreibung. Dieser Unterschieds-Brutto-Cashflow wird dann in Relation zum BIB gesetzt. Aus Abb. 7.3 und der CFRoI-Formel wird deutlich, dass zur Ermittlung des CVA drei Größen benötigt werden, die miteinander in Verbindung stehen.

7.6 Unterschieds-Brutto-Cashflow

Die einzelnen Bestandteile des CVA berechnen sich wie folgt:

1. Brutto-Cashflow vor Zinsen und nach Steuern (BCF): Diese Kennzahl ist aus der Struktur-GuV und -Bilanz automatisch beim Ermitteln anderer Kennzahlen in einfacher Form ableitbar:

	Bereinigtes operatives Ergebnis vor Ertragsteuern und Zinszahlungen
+	Abschreibungen
+/−	Zuführung zu/Auflösung von Pensionsrückstellungen
=	Brutto-Cashflow.

2. Ökonomische Abschreibungen (öAB): Dies ist der konstante Betrag, der jährlich verzinslich zurückgelegt werden muss, damit die Reinvestition in eine neue Anlage unter Berücksichtigung von Zinseffekten nach der erwarteten Nutzungsdauer möglich ist. Man kann hier auch von der Ansparrate für Ersatzinvestitionen sprechen. Das abnutzbare Anlagevermögen (AV) wird in diesem Zusammenhang nicht separat je Vermögensgegenstand, sondern pauschal für alle Vermögensgegenstände gemeinsam ermittelt. Unter der Annahme linearer Abschreibungen werden die historischen Anschaffungskosten (hAK) des gegenwärtigen abnutzbaren AV durch die in der GuV ausgewiesenen Abschreibungen dividiert. Auf diese Weise gelangt man zu der in Jahren ausgedrückten durchschnittlichen Nutzungsdauer n. Die Höhe der ökonomischen Abschreibungen lässt sich dabei mithilfe des Rückwärtsverteilungsfaktors auf Basis

des WACC und der errechneten durchschnittlichen Nutzungsdauer n automatisiert bestimmen. Die Formel lautet:

$$\text{öAB} = \text{hAK des abnutzbaren AV} * \text{WACC} / ((1 + \text{WACC})^n - 1).$$

3. (Eigen-)Kapitalkosten als Produkt aus dem Term BIB und WACC: Die Daten für die Bruttoinvestitionsbasis (BIB) können problemlos aus der Analyse des Jahresabschlusses abgeleitet werden. So kann die BIB aus dem Anlagespiegel entnommen werden oder aus Bilanzkennzahlen mithilfe der folgenden Rechnung abgeleitet werden:

	Buchwert des immateriellen Anlagevermögens
+	Buchwert des Sachanlagevermögens (ohne Grundstücke)
+	kumulierte Abschreibungen des abschreibbaren Anlagevermögens
=	Wert des abnutzbaren Vermögens (zu historischen Anschaffungskosten)

	Buchwert der Grundstücke
+	Buchwert der Finanzanlagen
+	Buchwert des Umlaufvermögens
=	Wert des nicht abnutzbaren Vermögens

	Wert des abnutzbaren Vermögens
+	Wert des nicht abnutzbaren Vermögens
=	Wert des gesamten Vermögens
−	unverzinsliche Rückstellungen
−	Verbindlichkeiten aus Lieferungen und Leistungen
=	Bruttoinvestitionsbasis (BIB).

Hinsichtlich der Ermittlung der (Eigen-)Kapitalkosten beziehungsweise des WACC müssen mehrere Größen Berücksichtigung finden. Dies ist zunächst der Fremdkapitalzinssatz. Dieser kann relativ einfach aus der Bilanz und den GuV-Zahlen berechnet werden, sodass der Kreditanalyst den Fremdkapitalzinssatz jeweils je Kreditnehmer individuell hinterlegen kann und muss.

Der Eigenkapitalkostensatz wird für die Ermittlung der Eigenkapitalkosten nach dem Capital Asset Pricing Model (CAPM) benötigt. Hierzu ist zunächst der risikolose Zinssatz notwendig. Dieser kann einfach durch die Bank vorgegeben werden und orientiert sich etwa am Zinssatz einer zehnjährigen Bundesanleihe.

Benötigt wird weiterhin die Marktrisikoprämie als Differenz zwischen Rendite aus einem vergleichbaren Marktportfolio und dem bereits bekannten risikolosen Zinssatz. Auch diese kann durch die Bank branchenabhängig vorgegeben werden. Anschließend ist der Betafaktor des Unternehmens zu berücksichtigen. Dieser stellt die Sensitivität

der Renditeentwicklung einer Anlageform relativ zu der eines vergleichbaren Marktportfolios auf (Heinze und Radinger 2011, S. 48–52).

Ein Betafaktor von kleiner (größer) eins besagt, dass die Rendite einer Anlageform unterproportional (überproportional) auf Veränderungen der Rendite des Marktportfolios
reagiert und damit vergleichsweise mit einem geringen (hohen) systematischen Risiko
behaftet ist. Je höher das über den Betafaktor ausgedrückte systematische Risiko, umso höher die Renditeforderungen der Eigenkapitalgeber gegenüber dem Unternehmen,
die durch entsprechende Überschüsse aus der Geschäftstätigkeit erwirtschaftet werden
müssen.

Damit hat der Betafaktor große Auswirkungen auf den Unternehmenswert und fungiert letztlich als Maß für das individuelle Risiko des betrachteten Unternehmens. Der
Betafaktor für (nicht) börsennotierte Unternehmen kann ebenfalls von der Bank vorgegeben werden. Bei nicht börsennotierten Unternehmen greift man auf den Betafaktor
der betreffenden Branche oder auf den Wert einer Peer-Group zurück.

Zusammengefasst ergeben sich die (Eigen-)Kapitalkosten nun aus dem Term risiko-
loser Zinssatz + Betafaktor × Marktrisikoprämie. Um die gewichteten Kapitalkosten abschließend zu ermitteln, sind hierfür noch die Eigenkapital- beziehungsweise
Fremdkapitalquote als Gewichtungsfaktoren der Eigen- und Fremdkapitalzinssätze zu
ermitteln. Diese kann der Analyst für den Kreditnehmer individuell festlegen oder
sie können als durchschnittlicher Branchenwert bankseitig vorgegeben werden. Somit errechnet sich der WACC abschließend aus EK-Quote × EK-Zinskostensatz + FK-
Quote × FK-Kostensatz (1-Steuersatz).

Weitere Daten – sofern benötigt – können aus dem Anhang zum Jahresabschluss oder
(ergänzend) mithilfe einer Befragung des Kreditnehmers ermittelt werden. Beispiele wären Patente oder Leasingvereinbarungen, die die Bruttoinvestitionsbasis erhöhen.

Dies zeigt, dass die wertorientierten Kennzahlen ohne große Umstände praktikabel
ermittelbar sind. Damit sind die Argumente der hohen Komplexität und des zu hohen zeitlichen Aufwandes für die Berechnung der wertorientierten Kennzahlen widerlegt. Das fehlende Know-how beziehungsweise die mangelnde Bereitschaft zur Auseinandersetzung
mit diesen Kennzahlen sollte somit auch hinfällig sein. Dennoch soll nicht verschwiegen
werden, dass die externe Ermittlung wertorientierter Kennzahlen eine gewisse Einschränkung darstellt. Dieses Schicksal teilt sie jedoch mit der externen Ermittlung traditioneller
Kennzahlen im Rahmen der Kreditprüfung.

7.7 Eigenschaften und Wirkungen wertorientierter Kennzahlen

Sind die Voraussetzungen für eine Integration in das Firmenkundenrating gegeben, haben
wertorientierte Kennzahlen eine Vielzahl von Vorteilen:

- Sie sind deutlich weniger „anfällig" für Manipulationen durch Bilanzierungswahlrechte als die klassischen Finanzkennzahlen und haben schon damit eine höhere Vorhersagekraft für mögliche Unternehmenskrisen. Das ist insbesondere auf die Methodik der Erfassung zurückzuführen.

- Einen wichtigen Vorteil weisen die wertorientierten Kennzahlen im Hinblick auf ihre Zukunftsbezogenheit auf. Während traditionelle Kennzahlen vergangenheitsorientiert sind und damit Unternehmenskrisen zu spät erkennen lassen, ermöglichen wertorientierte Kennzahlen[2] eine Aussage im Hinblick auf den Erfolg von Investitionen aus der Vergangenheit für die Entwicklung des Unternehmenswertes in der Zukunft. Sie beantworten, so Andreas Geltinger (2009, S. 8), die Frage, „welchen Wert [...] das Pfand [hat], das für den Kredit hinterlegt wird".

Dabei gilt jedoch: Vergangenheitsorientierte traditionelle Kennzahlen stellen die Grundlage für wertorientierte zukunftsorientierte Kennzahlen dar. Traditionelle Kennzahlen greifen aber im Zweifel erst im Stadium des Ertragsrückgangs, während wertorientierte Kennzahlen bereits in einer Gewinnphase mögliche Risiken aufzeigen und Kreditinstitut sowie Unternehmer dafür sensibilisieren können. Fehldispositionen im Unternehmen schlagen sich also unmittelbar in einem sinkenden Unternehmenswert nieder, auch wenn das Unternehmen in der Betrachtungsperiode noch gute Gewinne erzielt, wie Tab. 7.1 anhand des Beispiels einer größeren Erweiterungsinvestition zeigt. Das einfache Beispiel zeigt, dass die wirtschaftlich nicht erfolgreiche Erweiterungsinvestition zu einer Verschlechterung des Unternehmenswertes führt, obwohl die Gewinnsituation gleichbleibende Verhältnisse signalisiert.

So können wertorientierte Kennzahlen den Handlungsspielraum für das Kreditinstitut und den Unternehmer erhöhen, indem sie den zeitlichen Spielraum für Maßnahmen zum Gegensteuern erweitern. Die Fremdkapitalgeber können gemeinsam mit dem Unternehmer bereits in der Phase der strategischen Fehlentwicklung aktiv werden und es kann früher ein Turnaround eingeleitet werden. Die Chance, auf diese Weise Fehlallokationen von Kapital zu verhindern, wächst.

Abbildung 7.4 zeigt diesen Zusammenhang. Das Lebenszykluskonzept wird hier als Grundlage des Kreditmanagementprozesses verstanden.

Tab. 7.1 Beispiel Unternehmenswertsteigerung

	Situation vor Investition	Situation nach Investition
Investiertes Vermögen	10 Mio. Euro	11,5 Mio. Euro
Jahresüberschuss	1 Mio. Euro	1 Mio. Euro
Kapitalkosten 9 Prozent	900 TEuro	1,035 Mio. Euro
Unternehmenswertsteigerung	100 TEuro	−35 TEuro

---

[2] Schmalenbach (1921, S. 21) spricht hier von „zukünftigen Umständen", die für den Wert „des Gegenstandes" (hier ist die Unternehmung gemeint, Anm. d. Verf.) einzig bestimmend sind.

Bedrohung

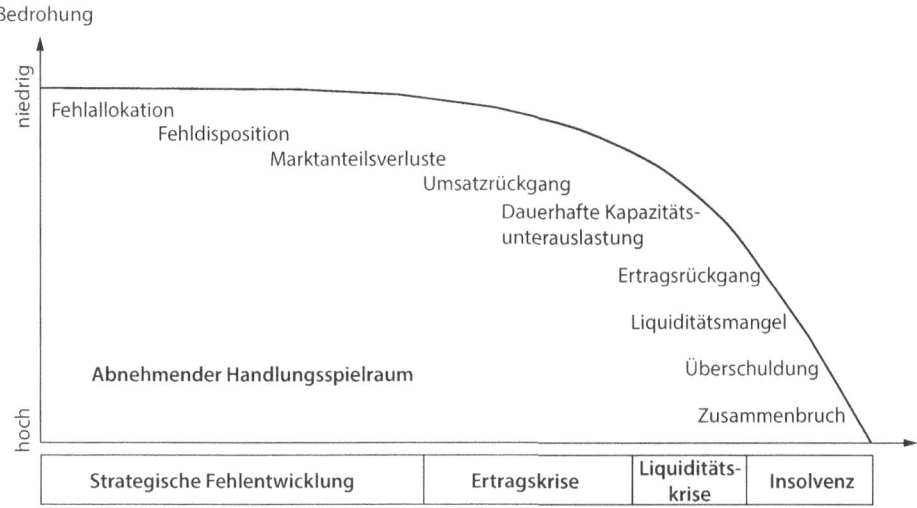

Abb. 7.4 Lebensphasenmodell

Geltinger (2009, S. 10) weist ergänzend darauf hin, dass es nicht ausreicht, diese Betrachtung einmalig anzustellen. Der Kreditsachbearbeiter sollte durch wertorientierte
Kennzahlen ein Bewegungsprofil des Unternehmens im Rahmen einer Zeitreihenana-
lyse über die gesamte Laufzeit des Kredites erstellen, um „krisenhafte Entwicklungen
(…) frühzeitig zu erkennen und Maßnahmen zur Reduzierung des Kreditrisikos der
Bank [zu] initiieren". Geltinger spricht hier von einem „proaktiven Kreditmanagement"
durch die Bank.

- Ein weiterer bedeutender Vorteil der wertorientierten gegenüber den traditionellen
  Kennzahlen liegt darin, dass durch Einbeziehen des Betafaktors bei der Berechnung
  der Eigenkapitalkosten verschiedene Risikokomponenten berücksichtigt werden. Das
  damit erfasste systematische Risiko wird auch als allgemeines Marktrisiko bezeichnet.
  Es enthält alle Faktoren, die dem allgemeinen Umfeld des Kreditnehmers zugerechnet
  werden können (Veränderung von Wechselkursen oder Rohstoffpreisen, gesetzgeberi-
  sche Einflüsse, technologische Entwicklungen etc.).
  Für die Übernahme dieser operativen Risiken erhält der Eigentümer eine Risikovergü-
  tung. Nimmt das Unternehmen – wie hier unterstellt – Kredite auf, kommt als zweite
  Risikokomponente das Kapitalstrukturrisiko hinzu: Ein steigender Verschuldungsgrad
  bei gleichbleibendem operativem Risiko erhöht das Gesamtrisiko des Unternehmens
  und damit auch die Renditeforderung der Eigenkapitalgeber.
- Des Weiteren beziehen sich wertorientierte Kennzahlen auf die „echte" Vermögens-
  und Ertragslage des Unternehmens. Während traditionelle Kennzahlen auf rein han-
  delsrechtlicher Basis ermittelt werden, steht bei der Wertorientierung die ökonomische
  Betrachtungsweise im Vordergrund, weil sie realitätsnäher ist.

Bilanz Unternehmen A   **Bilanz Unternehmen A**

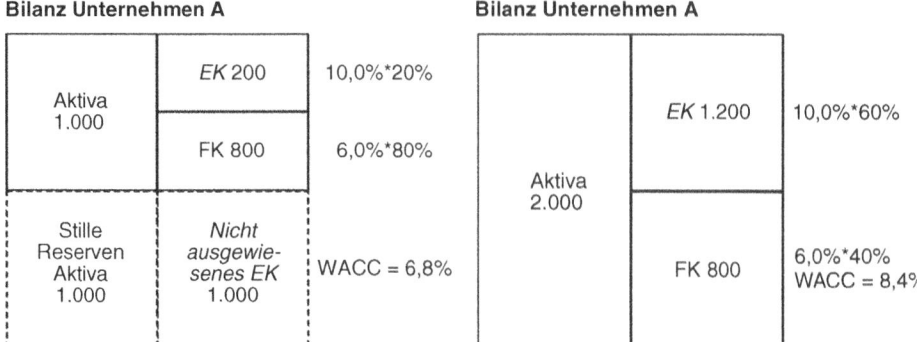

Abb. 7.5 Beispiel für stille Reserven

Gerade stille Reserven werden im Rahmen der klassischen Ratingverfahren von den
Kreditanalysten nicht beachtet. Aus Sicht des Verfassers geschieht das aus Furcht vor
deren „Vergänglichkeit". Allerdings ist gerade das Auflösen stiller Reserven ein untrüg-
liches Zeichen für eine Unternehmenskrise. Eben aus diesem Grund müssen die stillen
Reserven genau beobachtet werden und das ist nur mithilfe wertorientierter Kennzahlen möglich. Denn bei der Ermittlung dieser Kennzahlen kommt es zu einer (teilweisen)
Offenlegung von stillen Reserven. Diese „reduzieren" die Eigenkapitalkosten.

Das Auflösen stiller Reserven erhöht das investierte Vermögen im Unternehmen und
bei konstanten Eigen- und Fremdkapitalkostensätzen die gewichteten Kapitalkosten.
Dies hat zur Folge, dass die Anforderungen an das Unternehmen, einen positiven Wertbeitrag zu erzielen, deutlich erhöht werden. Erst wenn das operative Ergebnis die (er-
höhten) Kapitalkosten übersteigt, wird ein positiver Wertbeitrag erzielt. Abbildung 7.5
zeigt diesen Zusammenhang.

• Last but not least: Bei den Banken existieren oft zeitliche Engpässe bei der Analyse von
  Unternehmensdaten. Nach Ansicht von Ralf Presber und Uwe Stengert (2002, S. 45,
  96) liegt der zeitliche Rahmen für ein bankinternes Rating im Durchschnitt bei einem
  halben Arbeitstag pro Kreditanalyst, was eine automatische Ermittlung der benötigten
  Kennzahlen erfordert. Da viele Unternehmen ein wertorientiertes Management bereits
  eingeführt haben, kann dem Analysten direkt eine „fertige" Kennzahl geliefert werden – ein weiterer klarer Vorteil von wertorientierten Kennzahlen.

7.8 Integration in Ratingverfahren

Um wertorientierte Kennzahlen in Ratingverfahren zu integrieren, ist wie im traditionellen Rating oder bei der Anwendung klassischer Kennzahlen auch eine Eingruppierung in

Risikoklassen und ein Transfer in entsprechende Ratingklassen, die eine möglichst hohe Trennschärfe[3] aufweisen sollten, erforderlich.

Das setzt den Aufbau einer Datenhistorie aus den vorhandenen Datenbeständen voraus, um eine Auswahl aussagefähiger wertorientierter Kennzahlen mit möglichst hoher Trennschärfe zu gewährleisten. Durch die Ex-Post-Analyse und Auswertung der vorhandenen Datenbestände sind sodann mathematische Korrelationen zu Ausfallwahrscheinlichkeiten zu berechnen.

7.9 Fazit

Klassische Kennzahlen knüpfen direkt an die buchhalterischen Verfahren zur Erfolgsmessung an: Nur der Gewinn wird bewertet. Sie messen aber nicht den Erfolgsbeitrag, der für die nachhaltige Unternehmenswertsteigerung steht. Die gegenwärtige Kreditanalyse berücksichtigt die finanzwirtschaftliche Situation des Unternehmens nur unvollständig.

Wertorientierte Kennzahlen als Indikator für die Unternehmenswertentwicklung finden bereits heute eine vielfache Verwendung in der Praxis. Durch eine Verknüpfung mit der eigentlichen Zielsetzung eines Ratings – dem rechtzeitigen Erkennen von unternehmerischen Fehlentwicklungen – können diese Kennzahlen eine Aufwertung und eine neue Anwendung erfahren.

Mithilfe von wertorientierten Faktoren kann zeitnäher eine Unternehmenskrise identifiziert werden. Bei der Ermittlung des Ausfallrisikos sollten daher nicht nur traditionelle, sondern auch wertorientierte Kennzahlen eingesetzt werden. Zusätzlich kann der Firmenkundenbetreuer dem Unternehmer anhand dieser Kennzahlen weitergehende Handlungsempfehlungen geben.

Literatur

Bundesverband der Deutschen Industrie e.V. (BDI) (Hrsg.). (2006). *Mittelstandspanel Herbst 2006* (S. 58). Berlin.

Daldrup, A. (2006). Rating, Ratingsysteme und ratingbasierte Kreditrisikoquantifizierung. In M. Schumann (Hrsg.), *Arbeitsbericht* (Bd. 17/2006, S. 1–141 insbesondere S. 64–66). Göttingen: Institut für Wirtschaftsinformatik.

Geltinger, A. (2009). Der Unternehmenswert als Frühindikator für Krisenereignisse in Unternehmen. *ForderungsPraktiker*, 2009(01), 8–14.

Heinze, W., & Radinger, G. (2011). Der Beta-Faktor in der Unternehmensbewertung. *Controller-Magazin*, 2011(6), 48–52. (November)

---

[3] Hierunter versteht man die Fähigkeit von Ratings, „gute" von „schlechten" Unternehmen zu trennen. Damit ist die Trennschärfe ein Maß für die Güte des Ratings. Statistisch wird sie in der Größe „Power" ausgedrückt. Dabei gilt: Je höher die „Power", desto besser kann ein Rating „gute" von „schlechten" Kreditnehmern unterscheiden.

Krämer, G. (2003). Die Auswirkungen bankenaufsichtsrechtlicher Vorschriften auf die Unternehmensbewertung von kleinen und mittleren Unternehmen durch Kreditinstitute. In J.-A. Meyer (Hrsg.), *Unternehmensbewertung und Basel II in kleinen und mittleren Unternehmen* (S. 13–31). Lohmar, Köln: Josef Eul Verlag.

Krol, F. (2009a). *Wertorientierte Unternehmensführung im Mittelstand – Erste Ergebnisse einer empirischen Studie.* Arbeitspapier, Bd. 10-1 Januar

Krol, F. (2009b). *Wertorientierte Unternehmensführung im Mittelstand – Eine empirische Analyse von Einfluss- und Wirkungsfaktoren.* Schriften zum Betrieblichen Rechnungswesen und Controlling (Bd. 75, S. 55–58, 62 f., 70–77). Hamburg: Verlag Dr. Kovac.

Leffson, U. (1977). *Bilanzanalyse* (2. Aufl., S. 175–176). Stuttgart: C.E. Poeschel Verlag.

Matschke, M. J., & Brösel, G. (2005). *Unternehmensbewertung: Funktionen – Methoden – Grundsätze* (S. 64). Wiesbaden: Gabler Verlag.

Moxter, A. (1983). *Grundsätze ordnungsmäßiger Unternehmensbewertung* (2. Aufl.). Wiesbaden: Gabler Verlag. Kapitel 1

Presber, R., & Stengert, U. (2002). *Kreditrating – Eine Chance für mittelständische Unternehmen* (S. 45 und 96). Stuttgart: Schäffer-Poeschel Verlag.

PWC (Hrsg.). (2014). *Studie „Nutzt der Mittelstand seine Chancen im internationalen Markt?"* (S. 30).

Schmalenbach, E. (1921). *Finanzierungen* (S. 21). Leipzig: Verlag G.A. Gloeckner.

Zimmermann, J. (2003). Bewertung von KMU in Bankenratings – Positionsverbesserung durch effektives Controlling. In J.-A. Meyer (Hrsg.), *Unternehmensbewertung und Basel II in kleinen und mittleren Unternehmen* (S. 45–58). Lohmar, Köln: Josef Eul Verlag.

Aufbau einer Finanz- und Risikofabrik bei der TeamBank AG/easyCredit

Christiane Decker und Andrew J. Zeller

Inhaltsverzeichnis

8.1   Einleitung   103
8.2   Strategischer Rahmen   104
8.3   Organisationsprogramm GO: Fabrikstrukturen für Finanzen und Risiko   105
8.4   Ausgewählte Umsetzungskomponenten   111
8.5   Zusammenfassung und Würdigung   113
Literatur   114

8.1   Einleitung

Der Konsumentenfinanzierungsmarkt in Deutschland ist verstärkt umkämpft. Traditionelle Marktteilnehmer aus dem Großbanken- und Sparkassenlager, aber auch neue Spieler aus dem sogenannten Non- und Nearbank-Bereich bemühen sich neben der Genossenschaftlichen FinanzGruppe um die Gunst der Kunden (Zeller und Wittlinger 2015). Gleichzeitig müssen Banken stetig zunehmende regulatorische Anforderungen in Form von Kapitalanforderungen, Bilanzstandards, Risikosteuerungsmethodiken, Meldepflichten etc. in ihren Organisationen umsetzen und deren Leistungsfähigkeit sicherstellen.

Der Beitrag beschreibt die organisatorische Reaktion der TeamBank AG, dem Konsumentenfinanzierungsspezialist der DZ BANK Gruppe, auf diese Entwicklungen. Mit dem Ziel, die sich aus der Regulatorik ergebenden Kostenstrukturen nur unterproportional

C. Decker (✉) · A. J. Zeller
TeamBank AG
Nürnberg, Deutschland
email: christiane.decker@teambank.de

A. J. Zeller
email: andrew.zeller@teambank.de

© Springer Fachmedien Wiesbaden 2016
M. Seidel (Hrsg.), *Banking & Innovation 2016*, FOM-Edition,
DOI 10.1007/978-3-658-11052-9_8

zum Kreditgeschäft wachsen zu lassen und eine hohe Agilität für die Anforderungen aus Markt und Regulatorik zu erreichen, wurde eine Finanz- und Risikofabrik konzipiert und eingeführt.

8.2 Strategischer Rahmen

Bevor der Beitrag die Strukturierungsaktivitäten im Detail beschreibt, wird der strategische Rahmen, in dem sich die TeamBank bewegt, kurz dargestellt. Aufgrund der wesentlichen Bedeutung für die Gesamtthematik, liegt der Schwerpunkt auf der Einordnung des regulatorischen Umfelds und dem sich ergebenden Wandel bei Finanzen und Risiko.

8.2.1 Ausrichtung der TeamBank AG

Die TeamBank AG differenziert sich im Retailgeschäft durch eine hochautomatisierte, mengengeschäftsfähige Kreditfabrik sowie einem stark konsumentenfokussierten Markenauftritt. So sind neun von zehn Personen in Deutschland mit der Kernmarke easyCredit vertraut, welche den Grundgedanken der Einfachheit von Finanzprodukten mit dem Thema Fairness im Kreditgeschäft erfolgreich verbindet (Loch et al. 2012). Daraus abgeleitet ergibt sich der hohe Anspruch, die Endkunden sowie die Genossenschaftliche Finanz-Gruppe mit leistungsfähigen und qualitativ hochwertigen Kreditprodukten zu versorgen.

Die TeamBank selbst blickt auf eine über sechzigjährige Historie im Kreditgeschäft und Versandhandel zurück, wobei sie regelmäßig Innovationen (zum Beispiel erstes Btx-fähiges Konto, erster Onlinekredit, erste Ratenkreditlinie auf Kreditkarte) am Markt platzierte und so ihrem Anspruch als Schrittmacher im Wettbewerb immer wieder gerecht werden konnte.

Die TeamBank ist organisatorisch in drei Ressorts gegliedert, denen jeweils ein Vorstandsmitglied vorsteht. Der Vertrieb sowie die Stabsbereiche Personal, Recht, Organisation und Strategie finden sich in der sogenannten. Verbund- und Kundenbank. Die operativen Bereiche wie Produktmanagement, Backoffice, Marketing und IT sind in der Produkt-, Produktions- und Portfoliobank eingegliedert. Alle Steuerungsaufgaben wie Controlling, Accounting, Risikocontrolling sowie die neue Finanz- und Risikofabrik finden sich in der Steuerungsbank wieder.

8.2.2 Wandel bei Finanzen, Risiko und Regulatorik

Das Umfeld von Retailbanken ist in den letzten Jahren durch einen deutlichen Anstieg der Anforderungen aus den Bereichen Regulatorik, Finanzpolitik und Verbraucherschutz charakterisiert, die erhebliche Kostenbelastungen und große Komplexität in der Umsetzung nach sich ziehen. Dies führt zu direkten Kapazitätsauswirkungen auf die Finanz-,

Risiko- und Kapitalfunktionen in den jeweiligen Banken. Dies gilt insbesondere für die als systemrelevant klassifizierten Häuser wie die TeamBank AG, die als Konsumentenfinanzierungsspezialist in der DZ BANK Gruppe besonders hohe Anforderungen erfüllen muss. Zusätzlich ist ein Fortschritt bei den Methoden der Planung und Steuerung zu verzeichnen und damit einhergehend ein gestiegenes internes Anspruchsniveau.

Bei der Regulierung kommt hinzu, dass trotz aller Anstrengungen noch kein einheitliches System für Europa gefunden werden konnte. Dies führt zu der Herausforderung, dass Länder die aufgestellten Regeln teilweise unterschiedlich auslegen. In der direkten Folge müssen international tätige Banken mit erheblichen Mehraufwänden leben, gleichzeitig herrschen aber in Teilen nicht die gleichen Wettbewerbsbedingungen (Gottschalk 2013).

Mit BCBS 239 stellt das „Basel Committee on Banking Supervision" Anforderungen an die Risikodatenaggregation und das Reporting. Dabei richtet sich BCBS gleichwohl an interne Prozesse und Risiken sowie an fremdbezogene. Es werden 14 Prinzipien postuliert, die eine effektive Grundlage für das Monitoring der Bankrisiken im Rahmen einer Gesamtbanksteuerung beschreiben. Die 14 Prinzipien sind im Spektrum sehr breit ausgerichtet und thematisieren Elemente von der IT-Infrastruktur über Ad-hoc-Reporting bis hin zu Governance-Strukturen. Gleichzeitig werden an dieser Stelle bereits weitere Funktionen einbezogen wie Datensicherheit und Accounting-Datenbestände (Brauckmann 2015).

Diese Überlegungen stehen im direkten Zusammenhang mit den erweiterten Kapitalanforderungen aus Basel III, die ein Monitoring nicht einbezogen hatten und damit diese Frage offen ließen. Eine Umsetzung in die Organisation und in die technischen Systeme wird ab dem 1. Januar 2016 verlangt.

Dieser Entwicklung steht ein zunehmend kompetitiver und preissensitiver Retail-Bankenmarkt in Deutschland gegenüber, der immer effizientere Managementsysteme fordert, um eine möglichst geringe Cost-Income-Ratio zu erreichen und damit kosteneffizient am Markt agieren zu können.

8.3 Organisationsprogramm GO: Fabrikstrukturen für Finanzen und Risiko

Erster Ansatzpunkt für die Reorganisation war das Gesamtbanksteuerungsmodell der TeamBank (vgl. Abb. 8.1), welches die wesentlichen Funktionen aus dem Finanz- und Risikobereich mit dem Umfeld und den Geschäftsstrategien in Einklang bringt und für eine entsprechend gleichmäßige und sichere Entwicklung sorgt.

Hierbei handelt es sich um ein ganzheitliches Modell zur Abdeckung der vielfältigen Wechselbeziehungen zwischen Risiko, Rendite, Kapital und Liquidität und der direkten Einbeziehung von Bankstruktur, Unternehmenssituation, Umfeldbedingungen und Strategie.

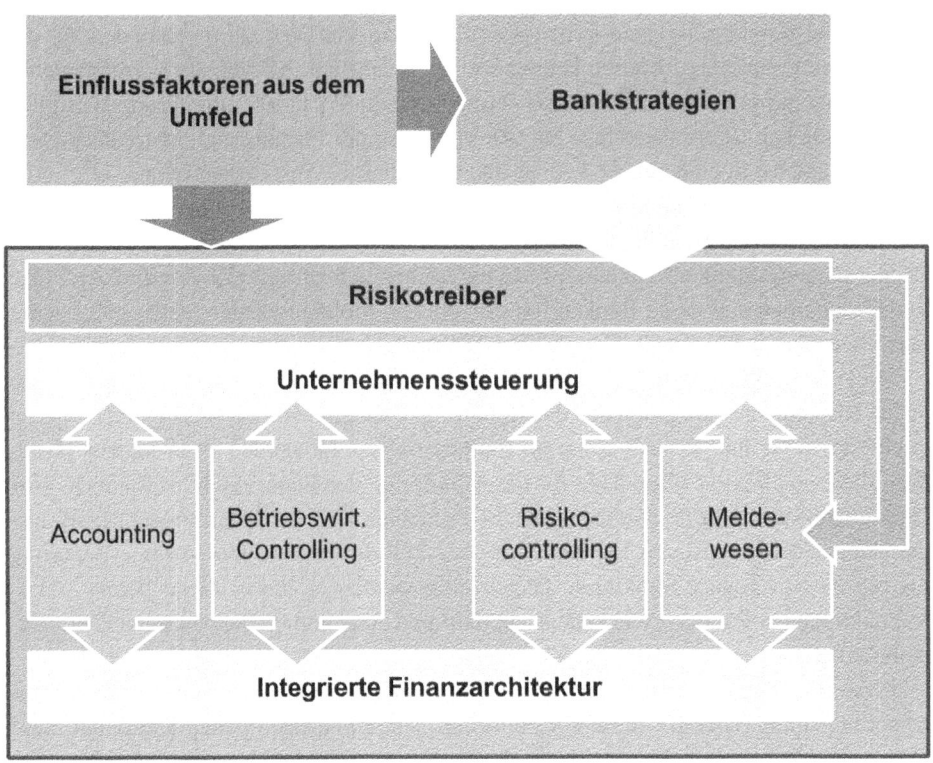

Abb. 8.1 Übersicht der Gesamtbanksteuerung

Zielsetzung der Gesamtbanksteuerung ist es, die Geschäftsentwicklung nachzuhalten, eine objektive Einschätzung der Bankrisiken vorzunehmen und diese explizit mit makroökonomischen Szenarien zu verknüpfen.

Um den dargestellten Anforderungen des externen Umfelds zu genügen und dem Anspruchsniveau der TeamBank gerecht zu werden, wurde in die Zielformulierung die Zukunftsfähigkeit der Gesamtstruktur aufgenommen und übergewichtet. Dabei stand insbesondere die Fähigkeit im Vordergrund, flexibel mit zukünftigen Entwicklungen und regulatorischen Anforderungen umzugehen, ohne ein überproportionales Wachstum in den benötigten Funktionen hervorzurufen.

Im Folgenden wird zuerst das Programm vorgestellt und die einzelnen Phasen diskutiert. Anschließend werden anhand von ausgewählten Umsetzungskomponenten das entwickelte Zielbild, die Leitplanken sowie die Evolution des Rollenverständnisses vorgestellt.

8.3.1 Überblick über das Programm

Im Rahmen der ersten Überlegungen erarbeitete das Reorganisationsteam die Hypothese, dass der Aufbau einer Finanz- und Risikofabrik den weiteren Ausbau der benötigten funktionalen Exzellenz bei gleichzeitiger struktureller Agilität optimal gewährleisten würde. Nach der sukzessiven Validierung der Hypothese und der Grobdetaillierung der Ziele eines solchen Ansatzes, wurde das Strukturprogramm GO operationalisiert, welches in der knappen Zeit von nur fünf Monaten die Grundlage für die Finanz- und Risikofabrik aufzubauen hatte. Hierbei wurden nacheinander, abgeleitet aus der Strategie, die wesentlichen Organisationsdimensionen Struktur, Personal, Kultur und Effizienz (vgl. Abb. 8.2) bearbeitet (Kreikebaum et al. 2003, S. 123).

Das Programm GO bestand aus drei Phasen. In der ersten Phase wurde insbesondere das Rollenverständnis im Rahmen des Zielbilds noch einmal geschärft sowie die Planung für die Reorganisationsaktivitäten detailliert. Für das Zielbild wurde die Kompetenz der TeamBank, Geschäftsprozesse hochgradig zu automatisieren sowie betriebssicher und mengengeschäftsfähig zu steuern, auf die Finanz- und Risikofunktion übertragen. Anschließend wurde die entstandene Zielstruktur schrittweise top-down implementiert.

In der zweiten Phase wurde im Nachgang zu den strukturellen Maßnahmen ein unterstützender kultureller Change eingeleitet. Hierbei stand der Zusammenhalt der neu

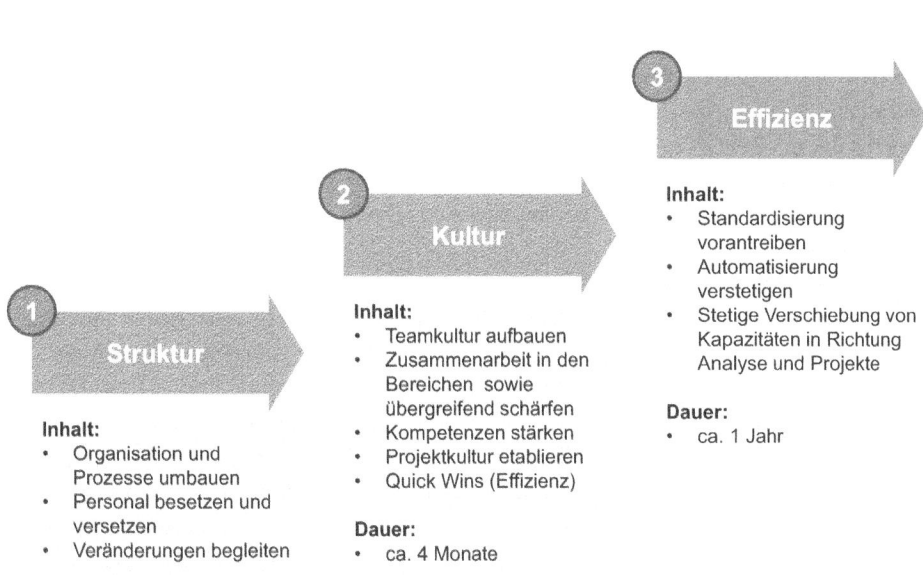

Abb. 8.2 Vorgehensweise

geformten Teams auch strukturübergreifend im Mittelpunkt. Die jeweiligen Kompetenzen wurden detailliert und noch einmal geschärft, sodass das Selbstverständnis der Mitarbeiter kongruent mit der zukünftigen Verantwortung aufgebaut und gestärkt werden konnte. Darüber hinaus wurden darauf aufbauend Qualifizierungsmaßnahmen gesetzt.

Die dritte Phase baute auf den Ergebnissen der ersten beiden auf und hatte zum Ziel, die erreichten Strukturveränderungen mithilfe einer kontinuierlichen Verbesserung zu verstetigen. Gleichzeitig trieb man die Automatisierung der Finanz- und Risikoaktivitäten voran, sodass mehr personelle Kapazität für Analyse und Projekte zur Verfügung stehen würde.

Im Folgenden werden aus Platzgründen die wesentlichen Elemente der ersten Phase spezifiziert.

8.3.2 Zielbild und Leitplanken

Startpunkt war die Aufnahme eines Anforderungskatalogs an eine zukunftsfähige Struktur (Stanford 2007, S. 14). Hierfür wurde ein Stakeholder-Katalog aufgebaut und deren Anforderungen systematisiert. Dabei wurde zwischen typischen Performance- und rechtlichen Anforderungen differenziert. Gleichzeitig wurden bereits an dieser Stelle erste Überlegungen angestellt, welche Kontrollmechanismen zur Sicherstellung der Anforderungen aufzubauen wären.

Bevor die Diskussion zu einem möglichen Zielbild für das Ressort vertieft wurde, erarbeitete das Team dann die wesentlichen Erfolgsfaktoren für die Funktionen (Wittmann und Reuter 2008, S. 91). Diese wurden aus dem strategischen Umfeld, dem internen Anspruchsniveau sowie externen Benchmarks systematisch abgeleitet.

Die Erfolgsfaktoren wurden dann der bestehenden Organisation gegenüber gestellt, um gezielt Stärken und Schwächen herauszuschälen. Das Ergebnis diente als Input für die Zielbildsuche.

Einer der wesentlichen Charakterzüge aller Ansätze in der TeamBank findet sich im Grundsatz der Fabrikstruktur (Graband 2005), der sich wie ein roter Faden durch das gesamte Geschäftsmodell durchzieht. Damit lag es nah, diese Kompetenz auch in die Zukunftsstruktur der Finanz- und Risikofunktionen zu integrieren und über eine geschickte Standardisierung und Automatisierung eine Finanz- und Risikofabrik zu etablieren.

Herzstück der neuen Finanz- und Risikofabrik ist die Einheit des operativen Datenmanagements, die die wesentlichen Datenzugänge verantwortet (vgl. Abb. 8.3). Hier sind auch die Aufgabe der Standardisierung sowie die damit einhergehende Automatisierung der Tätigkeitsabläufe untergebracht. Ziel ist es über eine integrierte Datenhaltung zwischen Accounting, Risikocontrolling und Meldewesen, zu jedem Zeitpunkt Reportingfähig zu sein. ohne lange Latenzzeiten und damit wesentliche Anforderungen von BCBS 239 schon frühzeitig zu erfüllen.

Wesentliche Voraussetzung für eine effiziente und erfolgreiche Umsetzung ist höchste Qualität im Datenbestand. Diese Qualität ist nicht auf die inhaltliche Natur begrenzt, sondern umfasst auch Themen wie schnelle und abgeglichene Datenverfügbarkeit, beste

Organisationsarchitektur der Finanz- und Risikofabrik

Kernaufgabe	Funktionale Implementierung	Governance

Interpretation und Wissensgenerierung — Finanzmanagement/ Controlling | Risikocontrolling

Standardisierung und Automatisierung — Operatives Finanz- und Risikodatenmanagement, Reporting, Accounting — Internes Kontrollsystem (IKS)

Integrierte Analyse- und Datensicht — Dispositive Datenhaushalte

Abb. 8.3 Finanz- und Risikofabrik

Zugriffsarchitekturen (zum Beispiel: was kann auf Speichermedien geschrieben werden und was ist „in Memory" zu halten) und sichere Transformations- und Verdichtungsalgorithmen. Ohne eine derartig gestaltete Basis ist ein Reporting, insbesondere in einer Omnikanalumgebung, nicht zielführend.

Aufgesetzt auf die Fabrik sind die analysefokussierten Einheiten wie Controlling, Accounting, und Risikocontrolling. Diese bedienen sich der Daten aus der Fabrik beziehungsweise können Anforderungen für bestimmte Auswertungen oder Datenbefütterungen stellen. Diese Organisation hat den Vorteil, dass alle Daten einheitlich verwendet werden, eine sehr hohe Transparenz über die Verwendung besteht und Know-how für die jeweiligen Aufgaben gebündelt wird.

Das Gesamtsystem ist eingebettet in eine umfangreiche Governance-Systematik mit Prüfpunkten entlang der wesentlichen Aktivitäten für das interne Kontrollsystem. Hier wird sichergestellt, dass keine Abweichungen zu den zugrunde liegenden Prozessen auftreten und auch keine zugewiesenen stellenbezogenen Kompetenzen zu einer Falschauslegung von Prozessschritten führen können.

Die dargestellte Organisationsarchitektur bildet gleichzeitig einen wesentlichen Schritt hin in Richtung einer sogenannten „data-driven" Organisation, das heißt, einer Organisation, die sich agil auf Basis der intelligenten Auswertung großer Datenmengen anpassen und verändern lässt (Barton und Court 2013). Zur Validierung des Zielbilds wurde noch einmal ein Abgleich mit den Erfolgsfaktoren und der Stärken-Schwächen-Analyse durchgeführt.

Für die anschließende Operationalisierung des Zielbildes wurden Leitplanken aufgestellt, welche den Umsetzungsteams als Richtschnur für die Detaillierung der verschiedenen Organisationsaspekte dienten.

I.   Kompetenzbündelung, wo immer möglich,
II.   Skaleneffekte sind zu nutzen,
III. Unterstützung von BCBS 239,
IV.   Schnittstellenarmut intern und in Richtung von Partnern,
V.   Flache Hierarchien,
VI.   Nutzung von einheitlicher Informationstechnologie, wo immer möglich.

Kompetenzbündelung ist vor dem Hintergrund der Beschaffung von Mitarbeitern mit einem fortgeschrittenen Skillset in den Bereichen Risiko und Finanzen von zentraler Bedeutung. In einem Haus mittlerer Größe wie der TeamBank kann nicht hochqualifiziertes Wissen an verschiedenen Stellen vorgehalten werden. In Verbindung mit der Leitplanke V können auf diese Weise auch Entscheidungen schnell unterstützt und getroffen werden.

Die Leitplanke II trennte die eher analytischen, nicht standardisierten Aufgaben vom Mengengeschäft im Ressort. Grundgedanke war hier, dass Letztere einem höheren Automatisierungsgrad unterzogen werden können, sodass an dieser Stelle auch Personalkapazitäten freigeräumt und der Analytik zugeführt werden könnten. Zusammen mit den beiden nachfolgenden Leitplanken wird die Grundgeschwindigkeit der Abläufe erhöht.

Insbesondere auch der Leitplanke VI kam eine sehr hohe Bedeutung zu, da sie auf der einen Seite eine wesentliche Grundlage für die Fabrikstruktur bildete, auf der anderen Seite aber auch die zunehmende Bedeutung der Informationsarchitektur als Wettbewerbsfaktor aufnehmen konnte. Es gilt hier die Daten so zu strukturieren, dass sie zeitgerecht den Aufsehern und Regulatoren geliefert werden können (Müller 2015).

8.3.3   Evolution des Rollenverständnisses

Um eine effektive Grundlage für die Zukunft zu schaffen, wurde das Rollenverständnis ausgehend vom Senior Management geschärft und in Teilen erweitert. Das Strukturierungsteam hat dabei vier unterschiedliche Kernrollen für das gesamte Ressort erarbeitet.

1. Navigator: Hier steht die proaktive Gesamtbanksteuerung im Vordergrund mit den Themen Kapital, Ertrag, Risiko und Liquidität. Man versteht sich als Partner für Fachbereiche und Projekte und unterstützt durch Bewertungen und Handlungsimpulse unter betriebswirtschaftlichen und/oder Risikogesichtspunkten. Zusätzlich erfolgt eine proaktive Planung inklusive Prognosen, Simulationen und Szenarioanalytik.

2. Stratege: Die Rolle des Strategen zielt auf das konkrete Mitgestalten der Strategieentwicklung und -umsetzung ab. Aufbauend auf dem Rollenverständnis des Navigators ist man Enabler eines nachhaltigen Geschäftserfolgs durch zukunftsorientiertes Management von Risiko und Finanzen.

3. Torwart: Hier findet sich die Evidenzstelle für alle regulatorischen Sachverhalte inklusive der Korrespondenz an den deutschen und europäischen Regulator. Auch sind hier die standardisierte und integrierte Berichterstattung zu allen Finanz-, Risiko-, und Vertriebsdaten sowie das externe Meldewesen und das interne Berichtswesen angesiedelt. Der Torwart hilft damit auch bei Entscheidungen durch qualifizierte Steuerungsimpulse. Dies unterstützt den Wandel hin zu einer sogenannten „decision-driven" Organisation (Blenko et al. 2013).
4. Umsetzer: Hauptaufgaben in der Umsetzerrolle sind die Sicherstellung des laufenden Betriebs sowie das Implementieren und kontinuierliche Weiterentwickeln von Industrialisierungsansätzen. Dies beinhaltet auch die Umsetzung der regulatorischen Anforderungen in den Datenhaushalten und Prozessen.

Nachdem das Zielbild, die Leitplanken, das Umsetzungsvorgehen definiert sowie das neue Rollenverständnis festgelegt waren, konnte das Projekt die neue Organisationsstruktur implementieren.

8.4 Ausgewählte Umsetzungskomponenten

Um einen besseren Überblick über die Einführung der neuen Organisationsarchitektur zu geben, werden an dieser Stelle drei Elemente näher beleuchtet. Die folgenden Abschnitte stellen daher das allgemeine Vorgehen bei der Umsetzung dar, zeigen wie die Aufgabentransformation vollständig sichergestellt wurde und stellen die Einheit für Grundsatzfragen vor.

8.4.1 Vorgehen bei der Strukturumsetzung

Die Strukturumsetzung erfolgte in drei Arbeitspaketen:

1. Strukturvertiefung,
2. Personaldiagnose,
3. Matching und Besetzung.

Die Strukturvertiefung befasste sich intensiv mit der Aufnahme der Funktionsinhalte im Risikocontrolling, dem Finanzcontrolling, Risikomanagement sowie dem Finanzmanagement und Accounting. Diese wurden alsdann auf die neue Struktur in der Finanz- und Risikofabrik verteilt, wobei eine erste Grobplanung der personellen Kapazitäten in Form von Stellenplänen erstellt wurde.

Die Personaldiagnose zielte auf die Aufnahme des Personalbestands in den Funktionsbereichen ab sowie die Aufnahme der vorhandenen Skillsets. Dies beinhaltete auch die Überprüfung der vorhandenen Führungskräfte und der Potenzialanwärter und -träger.

Hierbei wurden die Daten aus den Personalplänen genauso eingearbeitet wie noch offene Stellenausschreibungen und de facto Kompetenzen, die zwar vorhanden, aber nicht vollständig dokumentiert waren (Nadler und Tushman 1997, S. 38).

Das Arbeitspaket Matching und Besetzung brachte schließlich die Ergebnisse der beiden zeitlich vorgelagerten Arbeitspakte zusammen. Die neue Struktur wurde mit den personellen Kapazitäten sowie dem verfügbaren und erreichbaren Skillset abgeglichen und der resultierende Besetzungsplan aufgestellt. Die Stellenbesetzung erfolgte top-down unter Einbezug der jeweiligen Führungskräfte bei der Besetzung der Teams.

8.4.2   Sicherstellung der Aufgabentransformation

Wesentliche Bedeutung kam im Weiteren der Anforderung zu, dass alle vorhandenen Aufgaben auf die neuen Einheiten verteilt werden mussten, um die Funktionsfähigkeit des Gesamtsystems weiterhin zu garantieren. Das heißt nicht, dass alle Themen automatisch eins zu eins in die neue Struktur übernommen werden mussten. Im Gegenteil, vielen der Aufgaben und Prozesse wurden intensiv überarbeitet und – wo sinnvoll und möglich – effizienter gestaltet.

Um die Vollständigkeit der Aufgaben innerhalb des Transformationsprozesses zu überprüfen und nachvollziehbar zu gestalten, griff das Strukturierungsteam auf die bekannten RACI-Matrizen zurück. Wert wurde im Speziellen darauf gelegt, dass die bestehenden Aufgaben über Aktivitätenmatrizen präzise in Verantwortungen übernommen werden konnten und die Mitarbeiterbelastung möglichst gering gehalten wurde.

8.4.3   Einheit für Grundsatzfragen

Die sich ständig verändernden und intensivierenden Anforderungen an die Finanz- und Risikofunktionen zeigen sich auch in der MaRisk (Mindestanforderungen an das Risikomanagement), die unter anderem eine sehr enge Verzahnung mit der Geschäftsstrategie fordern. Um dieser Situation gerecht zu werden, aber auch um die Auswirkungen der immer neuen Gesetzgebungen und regulatorischen Entwicklungen (zum Beispiel Weiterentwicklungen der MaRisk, IFRS 9) besser einschätzen zu können, wurde im Projekt schnell klar, dass sich eine gesonderte Funktion mit solchen Grundsatzfragen, aber auch mit der Verzahnung mit der Strategie, zu beschäftigen hatte. Ergo wurde für die Finanz- und Risikofunktionen jeweils eine Abteilung mit diesen Themen betraut.

Größter Wert wurde für eine solche anspruchsvolle Stelle auf die richtige Besetzung gelegt. Fachwissen wird aus mehreren Disziplinen vernetzt benötigt, gleichzeitig muss man Spaß an ständiger und intensiver Weiterbildung haben, um die Entwicklungen und deren Auswirkungen akkurat einschätzen zu können. Die Nähe zu Topentscheidungsträgern in der TeamBank aber auch in der Gruppe erfordert zusätzlich ausgezeichnetes Methodenwissen und ein hohes Maß an emotionaler Intelligenz.

8.5   Zusammenfassung und Würdigung

Im Blick zurück kann ein voller Erfolg des Antritts konstatiert werden. Die Datenverfügbarkeit und -qualität der Steuerungsdaten konnte bei bereits hohem Standard weiter verbessert werden. Der Automatisierungsgrad der Regelaufgaben nimmt sukzessive zu und Mitarbeiter haben mehr Freiraum für die Übernahme von komplexen personellen Fragestellungen (vgl. Abb. 8.4).

Im Hinblick auf die Anforderungen von BCBS 239 zeigte sich gerade die Standardisierung in der Reporting-Erstellung, aber auch das damit einhergehende flexible Reporting-Modell als der richtige Weg. Unterschiedliche Datenanforderer (extern und intern) können schnell und automatisiert neue Berichte erhalten, bei geänderten Interpretationsnotwendigkeiten greift dann wiederum die neue Organisationsarchitektur, die mehr Freiraum für die Analysearbeit bietet.

In der ersten Phase des Strukturierungsprojekts konnte das neue Rollenverständnis des Ressorts nur vorgestellt und eingeführt werden, begleitet von den entsprechenden Kommunikationsmaßnahmen. In der sich anschließenden zweiten Phase, welche das gesamte Thema Kultur im Fokus hatte, wurde das Change-Thema intensiv insbesondere auf Teamebene angegangen. Eine der wesentlichen Herausforderungen an dieser Stelle war das Selbstverständnis einiger der Experten, welche bis dato viele der Tätigkeiten, die nun in der Fabrik standardisiert waren, in Gänze selbst durchführen konnten (zum Beispiel Datenabzüge, Ad-hoc-Auswertungen etc.). Hier war viel Überzeugungsarbeit zu leisten,

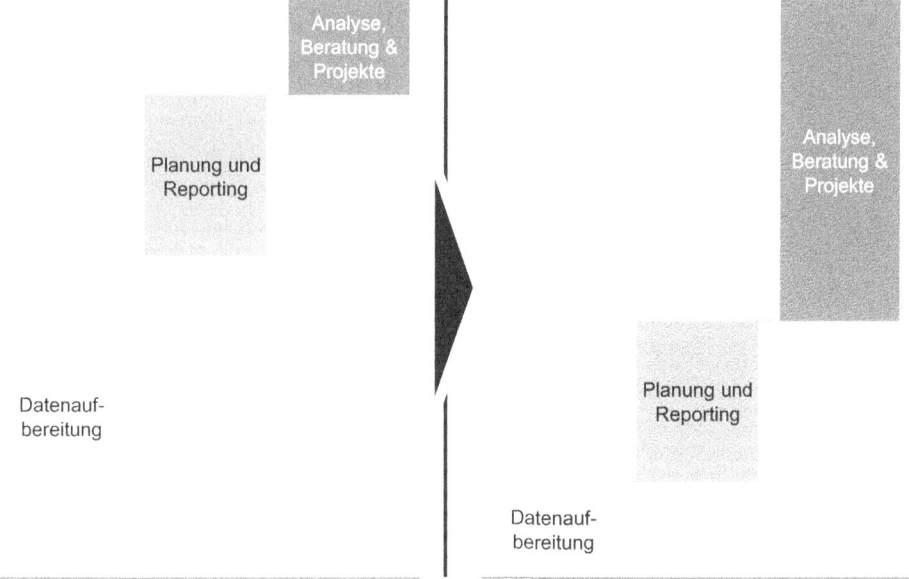

Abb. 8.4   Veränderung der Arbeitsverteilung

insbesondere über die reduzierte Fehleranfälligkeit der Auswertungen aber auch mithilfe der zusätzlichen Zeit, die für interessante Analysen verwendet werden kann.

Trotzdem gibt es noch Punkte, an denen weiter gearbeitet wird. So ist die Standardisierung konstant weiter voranzutreiben. Effizienzgewinne sind kein Einmalerfolg und auch hier greift das Prinzip der kontinuierlichen Verbesserung. Auch der Rollenwandel schreitet zwar voran, ist aber alles andere als abgeschlossen. Hier gilt es, gerade über die Führungsebenen den Wandel nicht nur weiter zu unterstützen, sondern immer wieder mit neuen Elementen zu untermauern. Denn ein Stillstand würde, wie üblich bei Change-Ansätzen, zu einem Rückfall in Zeiten vor der Strukturierung führen.

Literatur

Barton, D., & Court, D. (2013). Three keys to building a data-driven strategy. *McKinsey Insights.*

Blenko, M., Mankins, M., & Rogers, P. (2013). *Bain & Company, Best of Bain* (S. 189–200). Harvard: Harvard Business Press.

Brauckmann, C. (2015). Anforderungen an IT-Architektur und Datenmanagement – die Umsetzung von BCBS 239 aus Sicht einer Verbundgruppe. *Zeitschrift für das gesamte Kreditwesen, 68*(6), 282–285.

Gottschalk, H. (2013). Die Marktführerschaft muss ein Anspruch für die Verbundunternehmen sein. *Zeitschrift für das gesamte Kreditwesen, 19,* 943–948.

Graband, T. (2005). Kreditfabriken und Vertrieb. In D. Bartmann (Hrsg.), *Die Industrialisierung des Bankbetriebs. Wie sich Konzepte der Industrie auf die Banken übertragen lassen* (S. 255–274). Weinheim: Wiley.

Kreikebaum, H., Gilbert, D. U., & Reinhardt, G. O. (2003). *Organisationsmanagement internationaler Unternehmen. Grundlagen und moderne Netzwerkstrukturen* (2. Aufl.). Wiesbaden: Gabler.

Loch, C., Sting, F., Huchzermeier, A., & Decker, C. (2012). Finding the Profit In Fairness. *Harvard Business Review,* (9).

Müller, J. (2015). Datenmanagement in der Finanzabteilung: Herausforderungen im neuen regulatorischen Umfeld. *Zeitschrift für das gesamte Kreditwesen, 6,* 286–288.

Nadler, D. A., & Tushman, M. L. (1997). *Competing by Design. The Power of Organizational Architecture.* New York: Oxford University Press.

Stanford, N. (2007). *Guide to Organisation Design. Creating high-performing and adaptable enterprises.* London: Profile Books.

Wittmann, R., & Reuter, M. (2008). *Strategic Planning. How to deliver maximum value through effective business strategy.* Philadelphia: Kogan Page.

Zeller, A., & Wittlinger, S. (2015). Entwicklungen und Trends im Konsumentenkreditmarkt in Deutschland und Österreich. In M. Seidel, & A. Liebetrau (Hrsg.), *Banking & Innovation 2015* (S. 59–68). Wiesbaden: Springer Gabler.

Neuorientierung im Ideenmanagement einer Bank 9

Grundsätzliche Überlegungen, konkretisiert am Beispiel der Landesbank Baden-Württemberg

Hans-Dieter Schat

Inhaltsverzeichnis

9.1   Ideenmanagement 115
9.2   Ziele des Ideenmanagements 118
9.3   Zukunft des Ideenmanagements 119
9.4   Ein Beispiel guter Praxis: Die Neuorientierung im Ideenmanagement der LBBW –
      Landesbank Baden-Württemberg 120
9.5   Fazit 129
Literatur 129

9.1   Ideenmanagement

Ideenmanagement setzt sich aus (mindestens) zwei Komponenten zusammen. Die erste Komponente wurde Ende des 19. Jahrhunderts als „betriebliches Vorschlagswesen" ent-wickelt. Mit der Industrialisierung wuchsen die Unternehmen, der persönliche Kontakt zwischen der Unternehmensleitung und den Arbeitern wurde immer schwächer. Gleich-zeitig war klar: Arbeiter kennen oft Verbesserungsmöglichkeiten, doch werden diese von den Meistern und Vorarbeitern nicht aufgenommen. So erhielten Arbeiter die Möglich-keit, Vorschläge direkt bei der Geschäftsführung einzureichen (vgl. Schat 2014a). Die zweite Komponente ist der kontinuierliche Verbesserungsprozess. Auch hier entwickeln

Herr Thomas Haumann, zuständig für das Ideenmanagement der LBBW, sowie Frau Daniela Ruggaber aus dem Team LBBW VerbesserungsProzess und Herr Jörn Reincke, Gruppenleiter Konzernorganisation haben für den vorliegenden Text im Rahmen eines Interviews und durch wei-tere Informationen einen entscheidenden Betrag geleistet, herzlichen Dank hierfür.

H.-D. Schat (✉)
FOM Hoschulstudienzentrum Stuttgart
Stuttgart, Deutschland
email: hans-dieter.schat@fom.de

© Springer Fachmedien Wiesbaden 2016
M. Seidel (Hrsg.), *Banking & Innovation 2016*, FOM-Edition,
DOI 10.1007/978-3-658-11052-9_9

Arbeiter Verbesserungsvorschläge, doch geschieht dies während der Arbeitszeit, die Methoden werden vom Unternehmen vorgegeben und geschult, und auch die Bereiche, für die Verbesserungen gesucht werden, sind gegeben. Diese Komponente wird häufig auf den japanischen „Kaizen"-Ansatz (Kaizen als „Weg zum Besseren") zurückgeführt (Imai 1986), doch gibt es auch hier eine europäische Tradition. Beiden Komponenten ist gemeinsam: Sie wurden in der Industrie entwickelt.

Zwei Wurzeln tragen also das Ideenmanagement: Das Betriebliche Vorschlagswesen und die Kontinuierliche Verbesserung. Institutionalisiert wurde zuerst das Betriebliche Vorschlagswesen, dem wir uns zunächst zuwenden (vgl. Kersting und Munzke 2013; Schat 2014a).

9.1.1 Betriebliches Vorschlagswesen

Der Grundgedanke des Betrieblichen Vorschlagswesens im engeren Sinne wurde am Ende des 19. Jahrhunderts entwickelt. Mit der zunehmenden Industrialisierung entstanden immer größere Betriebe, nun sprachen die Mitarbeiter nicht mehr wie selbstverständlich mit dem „Fabrikherren". Eine Führungsebene nach der anderen schob sich zwischen die tatsächlich im Produktionsprozess Tätigen und die Entscheider. Diese verloren immer mehr die persönlichen und direkten Erfahrungen mit Vorgängen im Produktionsprozess. Informationen und Einschätzungen wurden beim Marsch durch die Hierarchie gefiltert und verändert, und die Industriellen versuchten, dagegen zu steuern.

Systematisch etablierte sich der Gedanke des Vorschlagswesens also mit dem Beginn des Maschinenzeitalters im 19. Jahrhundert. In Deutschland gilt Alfred Krupp als Begründer des Vorschlagswesens. 1872 entwarf er die Regeln für ein „General-Regulativ", das aber erst 1888 zum Einsatz kam. Darin heißt es unter § 13:

> Anregungen und Vorschläge zu Verbesserungen, auf solche abzielende Neuerungen, Erweiterung, Vorstellung über und Bedenken gegen die Zweckmäßigkeit getroffener Anordnungen, sind aus allen Kreisen der Mitarbeiter dankbar entgegenzunehmen und durch Vermittlung des nächsten Vorgesetzten an das Direktorium zu befördern, damit dieses die Prüfung veranlasse. Eine Abweisung der gemachten Vorschläge, ohne eine vorangehende Prüfung derselben, soll nicht stattfinden, wohingegen denn auch erwartet werden muss, dass eine erfolgte Ablehnung dem Betreffenden, auch wenn ihm ausnahmsweise nicht alle Gründe dafür mitgeteilt werden können, genüge, und ihm keineswegs Grund zu Empfindlichkeit und Beschwerde gebe. Die Wiederaufnahme eines schon abgelehnten Vorschlages unter veränderten tatsächlichen Verhältnissen oder in verbesserter Gestalt ist selbstredend nicht nur zulässig, sondern empfehlenswert. (Spahl 1990)

Der Grundgedanke des Betrieblichen Vorschlagswesens beruht auf gesellschaftlichen Entwicklungen, die der Diversifizierung von Arbeitsprozessen Rechnung tragen und hier die Lücke zwischen Entscheidern und Ausführenden schließen. Die Kommunikation zwischen „oben" und „unten" wird durch das Vorschlagswesen aufrechterhalten und stetig verbessert.

Heinrich Freese hatte 1891 die Arbeiter am Gewinn seines Unternehmens beteiligt und erhielt daraufhin mindestens einen „Verbesserungsvorschlag" zur Vermeidung von Verschwendung. Heinrich Freese berichtete über ein Erlebnis eines Prokuristen: „Ein Tischler, der in der Fabrik als eifriger Sozialdemokrat bekannt war, habe ihn [jenen Prokuristen] beiseite genommen und habe ihn darauf aufmerksam gemacht, dass der Dampfkocher in der Werkstatt, auf dem der Leim gekocht werde, schon seit einiger Zeit nicht zu gebrauchen sei. Er habe den Meister wiederholt darauf aufmerksam gemacht, die Reparatur wäre aber nicht vorgenommen und der Leim müsse auf Gas gekocht werden. Es ging ihn ja schließlich nichts weiter an. Da die Arbeiterschaft aber jetzt am Gewinn beteiligt sei, so ginge ihr Geld doch mit verloren. Deshalb bäte er ihn, ob er die Sache nicht ohne Aufsehen einrenken könne. Die Reparatur wurde sofort vorgenommen und die Ausgabe für das Gas wurde gespart." (Freese 1909, S. 76) Ein Detail ist in der Darstellung hervorzuheben: Der Arbeiter bittet, die Sache „ohne Aufsehen" einzurenken. So kann der Meister, der bislang den Kocher nicht hat reparieren lassen, sein Gesicht wahren. Dies ist ein frühes Beispiel, wie Ideenmanagement so umgesetzt wird, dass alle Beteiligten in ihren Interessen, aber auch in ihrem Stolz berücksichtigt werden.

Seine Erwartungen fasste Freese wie folgt zusammen: „Ich glaube, dass es der Industrie nur nützen kann, wenn dem System der Verbesserungsprämien mehr Aufmerksamkeit als bisher zugewendet wird. Die Leistungsfähigkeit mancher Betriebe und ihre Aussichten im internationalen Wettbewerb können dadurch nur vermehrt werden." (Freese 1909, S. 95 f.)

Am 29. März 1943 wurde von der Industrie- und Handelskammer zu Frankfurt, der Johann Wolfgang Goethe-Universität und acht Frankfurter Unternehmen ein erstes Netzwerktreffen zum BVW ins Leben gerufen. 1951 fand erstmals nach dem Zweiten Weltkrieg in Detmold eine Tagung zum Thema „Betriebliches Vorschlagswesen" statt. Seit 1954 mündeten diese Aktivitäten schließlich in einem 1. Deutschen Dachverband für das BVW, dem dib – Deutsches Institut für Betriebswirtschaft e. V., das allerdings 2003 von der Dekra Akademie übernommen wurde und seit dem 03. Februar 2003 als Deutsches Institut für Betriebswirtschaft GmbH weitergeführt wird. Mit dem Zentrum Ideenmanagement hat sich mittlerweile ein zweiter Verband von Ideenmanagern etabliert.

In der DDR wurde das Vorschlagswesen als „Neuererbewegung" in die staatliche Leitung und Planung einbezogen und die Betriebe zur Berichterstattung über die Ergebnisse der Neuererbewegung verpflichtet. Damit wurde das Vorschlagswesen staatlichen Zwängen untergeordnet. Für 1988, dem letzten Jahr einer staatlichen Statistik vor der Wende, konnte davon berichtet werden, dass etwa 6000 Betriebe in der ehemaligen DDR im Neuererwesen aktiv waren. Ein Drittel der Betriebe hatte weniger als 500 Beschäftigte. Im Dezember 1989 wurde die Neuererbewegung der DDR außer Kraft gesetzt und die Regelungen der Bundesrepublik zum Vorschlagswesen wurden wirksam.

9.1.2 Kontinuierlicher Verbesserungsprozess

Neue Impulse für das Ideenmanagement kamen Anfang der 80er Jahre aus Japan. Gruppenarbeit und Qualitätszirkel wurden in den Unternehmen eingeführt, das Verhältnis zum bereits etablierten Vorschlagswesen musste erst noch entwickelt werden. Diese Entwicklung wurde ab Mitte der 80er Jahre noch verstärkt durch den Einfluss weiterer Managementmethoden aus Japan, vor allem durch Kaizen. Die Unternehmen verknüpften das traditionelle Vorschlagswesen mit dem Kontinuierlichen Verbesserungsprozess.

Die Kombination von Vorschlagswesen und Verbesserungsprozess zum Ideenmanagement hat dazu geführt, dass das Thema nicht nur nach wie vor aktuell ist, sondern auch im Zusammenhang mit den integrierten Managementmethoden und den Managementsystemen gesehen wird.

9.2 Ziele des Ideenmanagements

Nach Blake et al. (1993) verfolgt eine Führungskraft sinnvollerweise zwei Zieldimensionen (Abb. 9.1).

Die beiden Dimensionen von Personen- und Sachorientierung führen zur Betrachtung des Ideenmanagements als Kulturarbeit und als Rationalisierungsinstrument (vgl. Schat 2014b), wobei sich Überschneidungen bei Verbesserungen im Arbeitsschutz, im Betrieblichen Gesundheitsmanagement etc. ergeben.

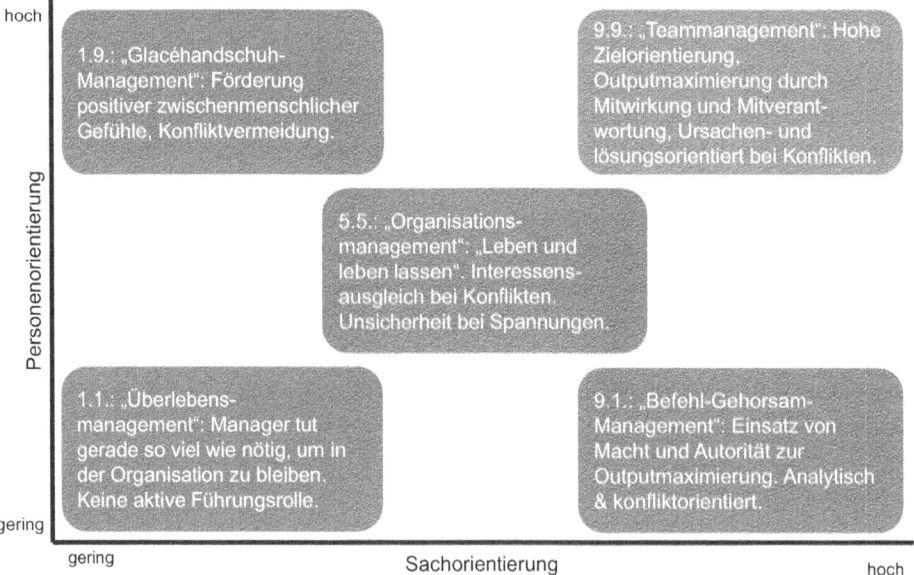

Abb. 9.1 Zwei Dimensionen von Führung. (Blake et al. 1993, S. 21)

9.3 Zukunft des Ideenmanagements

Wie wird sich nun das Ideenmanagement im 21. Jahrhundert weiter entwickeln? Genaue Prognosen sind immer schwierig, doch einige Entwicklungsstränge lassen sich bereits heute beobachten. Diese Stränge lassen sich in technische, organisatorische und personelle Entwicklungen gliedern.

Die technischen Entwicklungen wirken sowohl auf die Möglichkeiten als auch auf den Bedarf nach Ideenmanagement. Neue Möglichkeiten sind mit den Entwicklungen von (mobilem) Internet, Smartphone, von Informations- und Kommunikationstechnik überhaupt gegeben. Hier finden sich aktuell lediglich Ansätze, diese technischen Entwicklungen für das Ideenmanagement zu nutzen, integrierte branchenspezifische Applikationen, beispielsweise für die Finanzbranche, sind in Zukunft zu erwarten. Weniger eindeutig sind die Auswirkungen des technischen Wandels auf den Bedarf an Ideenmanagement. Computergestützte Anwendungen/Anlagen werden immer komplexer. Wie lassen sich hier von der „Frau am Schalter" und dem „Mann der Praxis" Verbesserungsvorschläge erwarten? Gibt es hierfür in der betrieblichen Praxis einen Bedarf?

Vier organisatorische Entwicklungen werden das Ideenmanagement im Bankenbereich im 21. Jahrhundert beeinflussen:

- Die Finanzindustrie entwickelt Wertschöpfungsketten, die Unternehmensgrenzen überschreiten. Dies legt ein unternehmensübergreifendes Ideenmanagement nahe (Schat und Munzke 2004). Die Bedeutung internationaler Verflechtungen wird zunehmen, damit auch die Kooperation mit Unternehmen aus Kulturen, in denen die Traditionen des Betrieblichen Vorschlagswesens und des Kaizen nicht zu finden sind.
- In vielen Unternehmen der Finanzindustrie werden Selbstverantwortung und Selbstorganisation der Beschäftigten gestärkt. Wenn dieser Trend sich fortsetzt: Gibt es dann noch einen Bedarf für ein Ideenmanagement, das ja als eine Zieldimension die Einbindung der Beschäftigten verfolgt.
- Neu in die Unternehmen tritt die „Generation Y". Die betonte materielle Orientierung der Nachkriegszeit liegt weit hinter ihnen. Diese jungen Professionals fragen nach dem Sinn ihres Handelns, auch am Arbeitsplatz. Ideenmanagement setzt eine Vertrauenskultur voraus. Werden auch in Zukunft Beschäftigte ihrem Arbeitgeber so viel Vertrauen entgegenbringen, dass Ideenmanagement funktionieren kann? Man kann kaum den Wirtschaftsteil einer Tageszeitung aufschlagen, ohne über Skandale, Misswirtschaft und Wirtschaftskriminalität zu lesen. Die Mitglieder der Generation Y sucht Work-Life-Balance, sie suche Spaß und Bestätigung, sie sei offen für Feedback, vor allem für positives Feedback. Wie stellt sich das Ideenmanagement auf diese Zielgruppe ein?
- Immer mehr Prozesse müssen von staatlichen Stellen oder von Kundenunternehmen zertifiziert werden. Wie vertragen sich zertifizierte, also festgeschriebene Prozesse mit dem Ansatz der kontinuierlichen Prozessverbesserung?

9.3.1 Ideenmanagement von Banken

Selbst in der Industrie galt lange der ungeschriebene Grundsatz: „Ideenmanagement ist doch nur etwas für die Arbeiter." Historisch ist dies verständlich: Die meisten „Industrie-Beamten" Ende des 19. Jahrhunderts standen im direkten Austausch mit ihrem „Prinzipal" und benötigten daher kein Ideenmanagement. Doch dies änderte sich, und in den letzten Jahrzehnten fand Ideenmanagement auch in den kaufmännischen Bereichen von Produktionsunternehmen und dann auch bei Dienstleistungsunternehmen Anklang.

Teilweise parallel, teilweise im Zusammenhang mit Ideenmanagement wurden weitere Ansätze der Beteiligung von betroffenen Mitarbeitern an Verbesserungsprojekten entwickelt, so Qualitätszirkel, Arbeitsschutzausschuss, Aktivitäten im Rahmen von Normen und Zertifizierungen.

Die Gemeinsamkeit dieser Ansätze bestand lange Zeit darin, dass Unternehmen für ihre Optimierungsprojekte Informationen benötigten, die vor allem bei den operativen Beschäftigten vorhanden waren: Die Beschäftigten, die tagtäglich in den Prozessen arbeiten, können auch sagen, wie diese Prozesse zu verbessern sind. Doch nun ist zunehmend dieses Wissen bereits in den Unternehmen abgespeichert, wurde bereits an anderer Stelle als Verbesserungsvorschlag eingereicht, ist grundsätzlich verfügbar – es müssen „nur" die Prozesse hierfür geschaffen werden.

Die stärkere Verbreitung von Ideenmanagement im Finanzbereich spiegelt sich auch in der Präsenz im Zentrum Ideenmanagement, das als Dachorganisation der Ideenmanager fungiert. Hier beschäftigt sich einer der sechs Branchenarbeitskreise mit Banken und Versicherungen. Präsident des Zentrum Ideenmanagement ist Werner Schmidt, Vorstand der LVM Versicherung, Münster. Im Rahmen der Jahrestagungen verleiht das Zentrum Ideenmanagement Awards in verschiedenen Kategorien, neben anderen Awards aus dem Finanzbereich erreichte die LBBW Landesbank Baden-Württemberg 2015 einen zweiten Platz (Zentrum Ideenmanagement 2015) im Bereich Arbeitsschutz. 2014 erhielt die LBBW die Auszeichnung für das erfolgreichste Ideenmanagement unter Banken, Versicherungen und Finanzdienstleistern durch das Zentrum Ideenmanagement. Durch das Deutsche Institut für Betriebswirtschaft wurde die LBBW in den Jahren 2012–2014 für das erfolgreichste Ideenmanagement unter Banken, Versicherungen und Finanzdienstleistern ausgezeichnet.

9.4 Ein Beispiel guter Praxis: Die Neuorientierung im Ideenmanagement der LBBW – Landesbank Baden-Württemberg

Bei der LBBW bestand seit vielen Jahren ein Vorschlagswesen, welches zunächst eher als klassisches BVW geführt wurde. Dadurch bestand immerhin eine längere Tradition des Vorschlagswesens, hieran konnte die Neuorientierung anknüpfen. Die Kerngedanken dieser Neuorientierung kommen aus der Prozessoptimierung, also aus Ansätzen wie „Lean Administration" oder dem Qualitätsmanagement. Dieser Prozess der Neuorientierung ist immer noch im Gange. Selbstverständlich muss auch das Ideenmanagement kontinuierlich verbessert werden.

9.4.1 Ziele, Aufbau, Herkunft der Verbesserungsvorschläge

Einen besonderen Schub bekam die Entwicklung des Ideenmanagements bei der LBBW in der letzten Wirtschaftskrise, also ab etwa 2008. In der Krise wurde versucht, alle nur denkbaren Optimierungsmöglichkeiten auszuschöpfen, so wurde auch die Optimierung der Prozesse zu einem zentralen Thema.

Zuvor wurden „Menschen- und Ergebnisorientierung" als die beiden allgemeinen Dimensionen der Ziele von Ideenmanagement genannt. Bei der LBBW konkretisieren sich diese beiden Ziele zu „Mitarbeiter ins Boot nehmen" und „Prozessoptimierung". Insgesamt sind rund 10.000 Beschäftigte einreichungsberechtigt, teilweise sind auch Töchter der LBBW in das Ideenmanagement integriert. So können sich auch die Beschäftigten dieser Tochterunternehmen am Ideenmanagement beteiligen. Diese 11.000 potenziellen Einreicher generieren rund 4000 Verbesserungsvorschläge pro Jahr, von denen knapp die Hälfte (47 Prozent) umgesetzt werden. Ziel der LBBW ist es, eine Realisierungsquote in der Größenordnung von fünfzig Prozent zu erreichen. In aller Regel basiert ein Verbesserungsvorschlag auf der Wahrnehmung eines Problems, dessen Lösung zu Recht angegangen wird. In einigen Fällen ist die vorgeschlagene Lösung nicht die optimale – dies kann in der weiteren Bearbeitung des Vorschlags, beispielsweise bei einer wohlwollend intelligenten Begutachtung, korrigiert werden. Insoweit ist die Realisierungsquote auch ein Maßstab für die Qualität der Arbeit des Ideenmanagements. Der Anspruch an das Ideenmanagement der LBBW geht deutlich über das Verwalten von Verbesserungsvorschlägen hinaus. Hierzu gehört auch der fachbereichsübergreifende Blick – wenn ein Vorschlag einem Fachbereich Mühe und Kosten verursacht, in anderen Bereichen aber größere Arbeitsvereinfachung und Einsparungen bewirkt, dann fördert das Ideenmanagement der LBBW eine Entscheidung im Sinne des gesamten Unternehmens und seiner übergeordneten Ziele. Analog hat das Ideenmanagement die unterschiedliche Situation in unterschiedlichen Filialen und in der Zentrale im Auge zu behalten und gegebenenfalls auszugleichen. In kleinen Filialen arbeiten vielleicht drei Beschäftigte, in großen Filialen dreißig Beschäftigte und in der Zentrale mehrere Tausend – dies führt bei der Entwicklung und Umsetzung von Verbesserungsvorschlägen notwendig zu unterschiedlichen Voraussetzungen. Dies lässt sich kaum in starre Regeln fassen, hier ist flexibel und individuell zu reagieren. Manchmal hilft es beispielsweise, Einreicher, Gutachter und/oder andere relevante Personen zusammenzubringen und sich untereinander austauschen zu lassen. In einigen Situationen ist ein persönliches Gespräch der schriftlichen Kommunikation (zum Beispiel dem Gutachten) deutlich überlegen.

Das Ideenmanagement der LBBW gliedert sich aktuell in die beiden Komponenten des Betrieblichen Vorschlagswesens (BVW) und des Kontinuierlichen Verbesserungsprozesses (KVP) (Abb. 9.2).

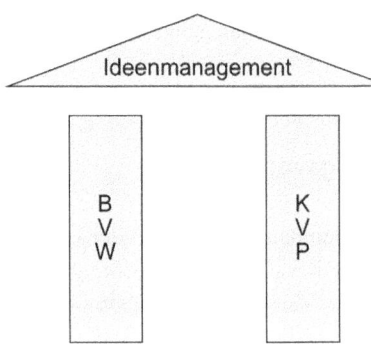

Vorteile für die Beschäftigten in beiden Fällen

- aktives Mitgestalten der LBBW

- aktive Einbindung in Prozesse und Entscheidungen

- Anerkennung durch die Führungskraft

- Auszeichnung durch das Unternehmen

- Veröffentlichung in Inside/Mitarbeitermagazin

- positive VVs gehen in die Personalakte ein

- Erfolgsbeteiligung durch Prämie

- **BVW (Betriebliches Vorschlagswesen):** Spontane Ideenfindung in Einzel- oder Gruppenleistung, passiv, nicht durch das Unternehmen gesteuert, ohne spezielle Freiräume, aus der täglichen Praxis heraus

- **KVP (Kontinuierlicher Verbesserungsprozess):** Gelenkte Ideenfindung in moderierten Gruppen, aktiv durch das Unternehmen gesteuert, mit speziellen Freiräumen, siehe z. B. Lean, QM, Six Sigma u. v. m.

Abb. 9.2 Ideenmanagement der LBBW steht auf zwei Säulen. (Haumann 2015, Folie 2)

Im BVW liegt die Initiative stärker bei den Beschäftigten, auch wenn das Ideenmanagement der LBBW hier Unterstützung bei der Ideenfindung, Formulierung und Einreichung anbietet. Mehr noch: Wenn die LBBW in einem bestimmten Bereich oder Themenfeld besonders dringend Verbesserungsvorschläge benötigt, dann wird es im Rahmen einer Kampagne besonders hierfür werben. Die Erkenntnis, in welchen Bereichen oder Themenfeldern Verbesserung besonders erwünscht sind, kommt häufig aus dem KVP, etwa aus dem Qualitätsmanagement. Ferner nimmt das Ideenmanagement jederzeit Vorschläge aus allen Bereichen und Themenfeldern auf. So wird sichergestellt, dass auch die Prioritäten der Beschäftigten einfließen.

Kampagnen werden beispielsweise auch für den Arbeitsschutz durchgeführt, sodass die Integration von Ideenmanagement und Arbeitsschutzmanagementsystem auf der operativen Ebene gewährleistet ist. Ein weiterer Integrationspunkt ergibt sich im Controlling.

Eine vermittelnde Rolle zwischen Fokus des Unternehmens und Prioritäten der Beschäftigten sind Zielvorgaben im Ideenmanagement: Es wird in Teilen des Unternehmens bereits eine gewisse Anzahl von Ideen pro Mitarbeiter und Jahr erwartet, ohne Einschränkung des Themenfeldes. Eine solche Zielvorgabe existiert auch für die Mitarbeiter des Ideenmanagements selbst, denn auch das Ideenmanagement der LBBW soll kontinuierlich verbessert und fortentwickelt werden.

Das Qualitätsmanagementsystem der LBBW gleicht ab, ob die Zielvorgaben, auch bezüglich des Ideenmanagements, eingehalten wurden und regt gegebenenfalls Maßnahmen an. Zu diesen Maßnahmen gehören Aktivitäten der für die Prozesse verantwortlichen Einheiten, Projekte im Rahmen von Lean Administration und dem Kontinuierlichen Verbesserungsprozess und Kampanien in der Vorschlagswesensäule des Ideenmanagements.

Abb. 9.3 Mögliche Entwicklung des Trichtermodells der LBBW. (Modifizierte Übersetzung nach Chesbrough 2003)

Der Kontinuierliche Verbesserungsprozess bündelt die Lean- und die Qualitätsmanagementaktivitäten der LBBW. Kernkonzept ist hier, in einem strukturierten Vorgehen die Ideen der Mitarbeiter zur Prozessverbesserung abzuholen. Diese Säule des Ideenmanagements wurde in der vergangenen Wirtschaftskrise ausgebaut und knüpft an die „Lean-Philosophie" an, die zunächst für Fertigungsprozesse in der Industrie entwickelt und dann auf Verwaltungsprozesse übertragen wurde. Hierbei geht es aber nicht nur um Prozessoptimierungen. Auch das Generieren von Innovationen soll über das Ideenmanagement befördert werden. So können die Beschäftigten Ideen für die Optimierung von Produkten der LBBW, aber auch für ganz neue Produkte, einreichen. Beispielsweise ist die Abgrenzung von Prozess- und Innovationsmanagement in der Theorie einfach, in der Praxis treten jedoch häufiger Vorschläge auf, die nicht eindeutig zuzuordnen sind. Im Begutachtungsprozess müssen daher auch diese Vorschläge angemessen begutachtet und dann auch umgesetzt werden können – das Unternehmen LBBW ist sehr an Innovationen, definiert als marktfähige Neuigkeiten, interessiert, weniger an reinen Inventionen. Im Begutachtungsprozess orientiert man sich daher ebenfalls an dem klassischen Trichtermodell des Innovationsmanagements. Die Begutachtung erfolgt in den Fachbereichen, die sich bereits aktuell mit (Produkt-)Innovationen beschäftigen (Abb. 9.3). So wird über diesen Weg auch abgeklärt, ob eine Prozessoptimierung vorliegt, oder ob gar aus den Ideen eine Innovation entwickelt werden kann.

Die Frage, ob eine Idee als Innovation zu sehen ist, muss im Begutachtungsweg entschieden werden und kann nicht dem Einreicher überlassen werden. Für diese Einschätzung fehlen ihm häufig die relevanten Informationen.

9.4.2 Begutachtung und Prämierung

Die LBBW konnte mit ihrem Ideenmanagement im Jahr 2014 einen Nutzen von 18 Millionen Euro generieren. In Form der Prämie erhalten die Einreicher ihren Anteil an den Einsparungen (Abb. 9.4).

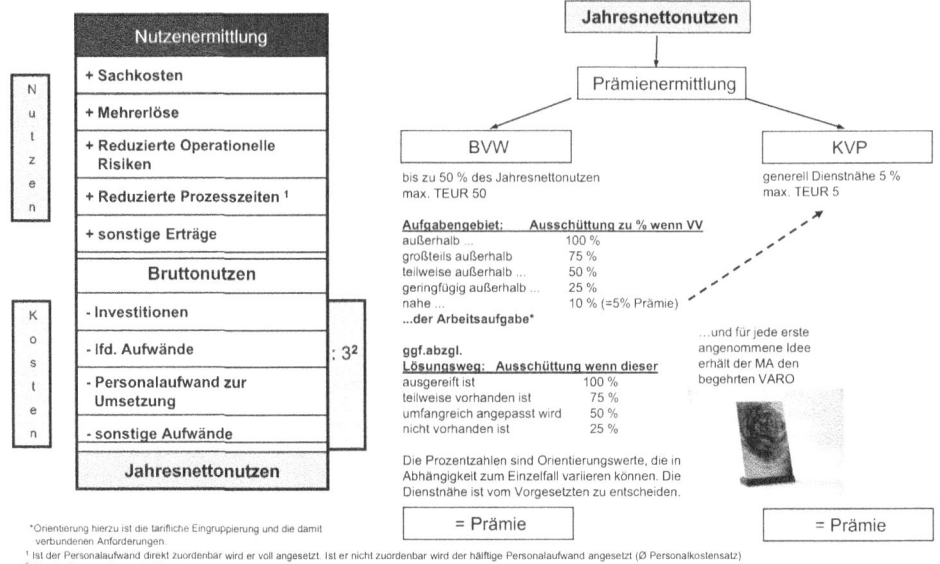

Abb. 9.4 Prämierung im LBBW VerbesserungsProzess. (Haumann 2015, Folie 5)

Ein wesentliches Merkmal ist auch, dass die Ideen von den Einreichern schon im Vorfeld der Begutachtung bewertet werden (Abb. 9.5). Die Bewertung der Idee durch den Einreicher erleichtert dem Gutachter die Arbeit. Der Einreicher wird strukturiert durch die relevanten Fragen geführt, der Gutachter erhält wichtige Informationen bereits strukturiert vorbereitet. Damit geht die LBBW über die klassische Gliederung von Vorschlagsformularen (Ist-Zustand/angestrebter Zustand/erwarteter Nutzen) hinaus. Die Bewertung der Idee durch den Einreicher wurde bei der LBBW vor drei Jahren eingeführt und hat sich sehr positiv auf die Annahmenquote ausgewirkt.

Die tatsächliche Prämienermittlung beruht auf der Gegenüberstellung von Kosten und Nutzen (Abb. 9.6).

Vorschläge, die größere Investitionen oder Kosten verursachen, werden wie alle anderen Vorhaben auch durch die verantwortlichen Fachbereiche in den Planungsprozess eingebracht.

9.4.3 Umsetzung

Die Verbindung von BVW und KVP einerseits sowie die Generierung von Innovationen andererseits ist notwendig: Vorschläge zur Prozessoptimierung könnten sich bei genauerer Begutachtung als erfolgversprechende Produktinnovationen erweisen, umgekehrt könnten Vorschläge für neue Produkte zwar nicht direkt umgesetzt, aber doch zu verbesserten Prozessen genutzt werden. Innovationen können systematisch entwickelt werden, aber auch

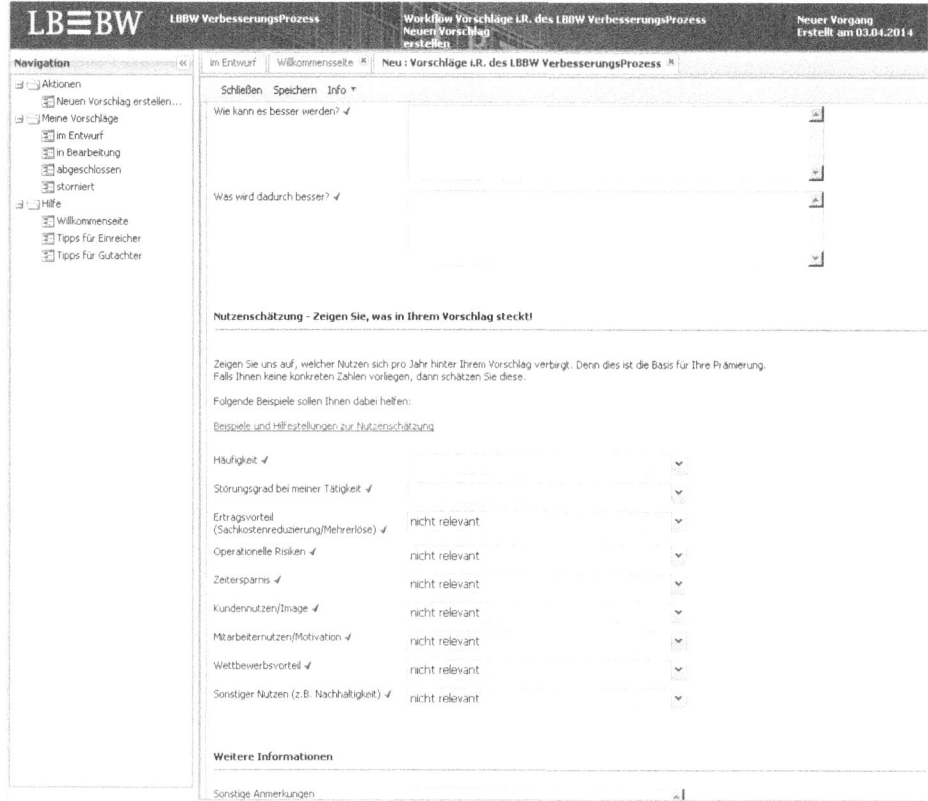

Abb. 9.5 Wesentlich ist die Bewertung der Idee durch den Einreicher. (Haumann 2015, Folie 6)

zufällig entstehen – beide Quellen möchte die LBBW nutzen. Bereits die Rahmenbedingungen sind unterschiedlich: In der Zentrale werden vermutlich andere Produktideen oder Prozessablaufverbesserungen entwickelt als in einer kleinen Filiale. Die Zentrale befasst sich mit Marktanalysen und langfristigen Trends sowie grundsätzlichen Verfahrensabwicklungen. In der kleinen Filiale besteht engerer Kundenkontakt der für weitere Erkenntnisse genutzt wird und es werden mehr Prozessschritte durch die gleichen Personen vorgenommen.

Zur konzeptionellen und organisatorischen Integration des Ideenmanagements gehört auch die Begleitung bei der Entwicklung von Ideen. Vorschläge zur Optimierung von Prozessen können die Beschäftigten teils eigenständig entwickeln, teils stehen Methoden aus Ansätzen der Lean-Philosophie zur Verfügung. Professionelle Produktentwickler nutzen einen Stage-Gate-Prozess. Hierzu ist noch ein Äquivalent für Beschäftigte, die außerhalb ihrer eigentlichen Tätigkeit eine Produktidee entwickeln wollen, zu entwickeln und zu standardisieren. Ansätze der Schwarmintelligenz mögen hier mitgedacht werden – doch lassen sich erfolgversprechende Ideen für neue Bankprodukte kaum durch die Anzahl von

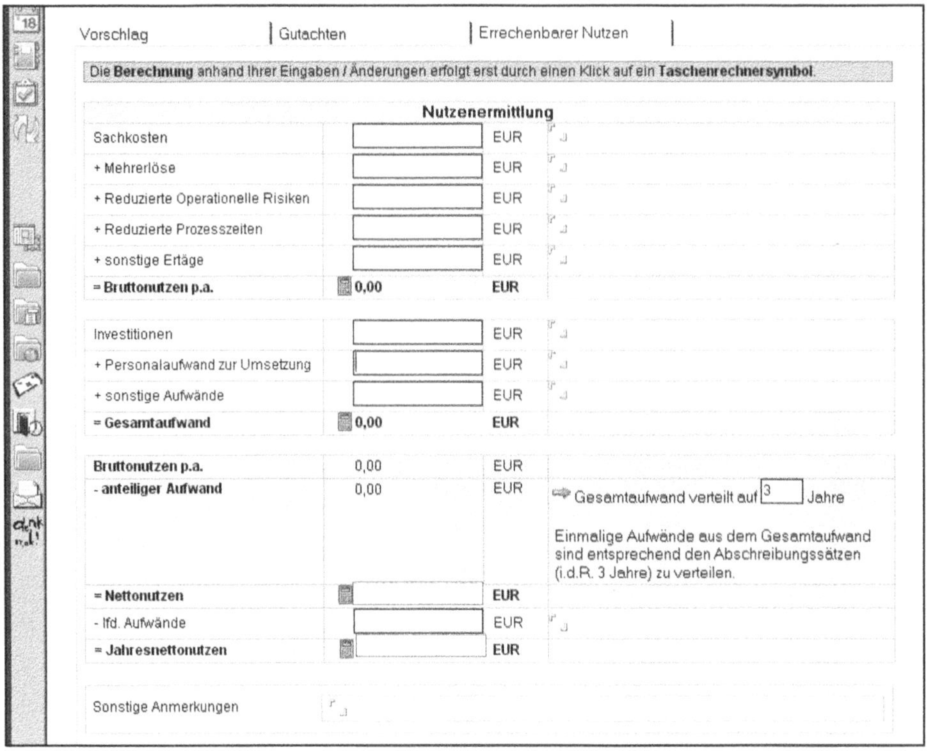

Abb. 9.6 Kosten-/Nutzenschätzung zur Bewertung. (Haumann 2015, Folie 7)

„likes" auf einer internen Plattform valide ermitteln. Das Meinungsbild der Beschäftigten gibt sicherlich Informationen, ist aber nur eine der entscheidungsrelevanten Informationsquellen.

Neben der konzeptionellen und organisatorischen Integration ist auch eine (DV-)technische Integration von Innovationen in das Ideenmanagement notwendig. Auch hier kann grundsätzlich die bereits jetzt bei der LBBW eingesetzte Software genutzt werden, doch besteht noch Anpassungsbedarf. So ist die Durchlässigkeit zwischen den Säulen bei der Bearbeitung von Vorschlägen für Produktinnovationen noch nicht ganz gegeben, obwohl hierfür bereits entsprechende Lösungen angeboten werden (Schat 2015). Die relevanten Methoden werden jeweils durch Software unterstützt, doch wurde bislang keine integrierte Systemlandschaft für Ideen- und Innovationsmanagement eingeführt. Ein solches System müsste Optimierungsmethoden von der Lean Administration über das Qualitätsmanagement und das Vorschlagswesen bis hin zur Produktentwicklung abbilden können.

Durchlässig ist bereits die Bearbeitung von Vorschlägen aus den beiden Säulen Betriebliches Vorschlagswesen und Kontinuierlicher Verbesserungsprozess – Ideen, die in einem Lean-Workshop entwickelt werden, fließen genauso in das Ideenmanagement ein wie Verbesserungsvorschläge aus dem Betrieblichen Vorschlagswesen und werden entsprechend bewertet und prämiert. So ist es auch unproblematisch, wenn beispielsweise Beschäftigte im Rahmen des Kontinuierlichen Verbesserungsprozess an einem Value-Stream-Mapping-Workshop teilnehmen und erst im Anschluss an diesen Workshop, vielleicht nach ein paar Tagen in einer ruhigen Minute, einen guten Verbesserungsvorschlag generieren: Die Frage, ob dies ein Verbesserungsvorschlag aus dem Kontinuierlichen Verbesserungsprozess ist oder die Idee eigentlich in das Betriebliche Vorschlagswese einzureichen wäre, stellt sich bei der LBBW nicht.

Werden Vorschläge direkt aus einem Lean-Workshop in das Ideenmanagement eingereicht, so gibt es eine Besonderheit in der Bearbeitung: Diese Ideen wurden ja bereits im Workshop diskutiert, sind also bereits so gut wie begutachtet. Auch ist in diesem Fall offenkundig, welcher Fachbereich für die Begutachtung und Realisierung zuständig ist – nämlich der Fachbereich „vor Ort", in dessen Workshop der Verbesserungsvorschlag entwickelt wurde. Die Prämierung unterscheidet, ob ein Mitarbeiter mit der Entwicklung einer Verbesserung beauftragt wurde und diese während der Arbeitszeit generiert hat, oder ob der Vorschlag ohne Auftrag entwickelt wurde. In ersterem Fall findet eine reduzierte Prämierung Anwendung. Wichtig ist, dass auch diese Vorschläge mit einer spürbaren Prämie vergütet werden – ansonsten könnten eigentlich im Rahmen eines Workshops entwickelte Ideen nicht dort geäußert, sondern später in das Betriebliche Vorschlagswesen eingereicht werden. Diese „Kannibalisierung" der beiden Säulen des Ideenmanagements möchte die LBBW vermeiden. Wenn auch nicht mit der gleichen Geldsumme, so werden Vorschläge aus dem Kontinuierlichen Verbesserungsprozess und dem Betrieblichen

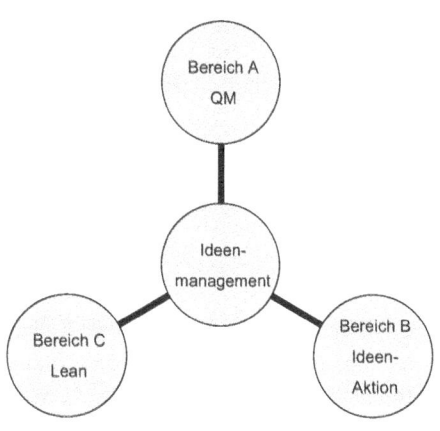

Vorteile für die Bank

- Mitarbeiterideen kommen über tägliche Praxis, Lean-Projekte, Qualitätsmanagementsysteme

- Ausgangsbasis zur Prozessoptimierung ist jedoch immer die Mitarbeiteridee

- Je nach Zielsetzung, Aufwand etc. werden so alle Wege zur Generierung von Ideen berücksichtigt

- LBBW VerbesserungsProzess als Evidenzzentrale

- Ergebnisse aus den Ideen werden zentral im LBBW VerbesserungsProzess festgehalten

- Sicherstellung der einheitlichen Bewertung der Maßnahmen

- Die Leistung und Anerkennung wird durch das Ideenmanagement unterstützt und die Fachbereiche erhalten ein Führungs- und Motivationsinstrument zur Ideengenerierung

- Sicherstellung der einheitlichen Prämierung von Mitarbeiterideen

Abb. 9.7 Mitarbeiterideen kommen über mehrere Methoden. (Haumann 2015, Folie 4)

Vorschlagswesen doch gleichermaßen mit Wertschätzung bedacht. Der Erfolg des Ideenmanagements ist aktuell ein gewichtiges Argument für die Sinnhaftigkeit dieser Regelung.

Erfahrungsgemäß werden Beschäftigte der LBBW durch verschiedene Motive zu Entwicklung von Verbesserungsvorschlägen motiviert – hierzu gehören die Prämie, die immaterielle Anerkennung und die intrinsische Motivation, also die Freude an der Entwicklung und der Stolz auf die Umsetzung eines guten Verbesserungsvorschlags.

Die Frage, ob der Vorschlag während eines Workshops entwickelt wurde, ist hingegen nicht relevant.

Das gemeinsame Motto der Aktivitäten der Kontinuierlicher Verbesserungsprozesssäule des Ideenmanagements lautet: „Wir holen die Ideen bei den Mitarbeitern ab" (Abb. 9.7).

Nahtlos ist bereits der Arbeits- und Gesundheitsschutz in das Ideenmanagement integriert – hier können Vorschläge im Rahmen des BVWs, aus Lean-Projekten der durch das Qualitätsmanagement eingereicht werden, die Begutachtung erfolgt durch den Arbeits- und Gesundheitsschutz, der, wo sinnvoll, auch die Realisierung begleitet. Die systematische Einbeziehung weiterer Themenfelder ist hier angedacht.

9.4.4 Controlling

Die grundlegenden Kennzahlen des Ideenmanagements werden einmal im Jahr dem Vorstand präsentiert. Die Anzahl eingereichter Verbesserungsvorschläge wird nach Themenbereichen gegliedert und hinterfragt: Das Ideenmanagement leitet nicht nur die entsprechenden Zahlen weiter, sondern ergänzt diese durch eigene Informationen und Recherchen und erleichtert dem Vorstand so die Interpretation der Zahlen. Über dieses Reporting soll für das Thema Ideenmanagement laufend sensibilisiert werden. Ziel ist es, eine breite Mitwirkung aller Mitarbeiter zu fördern und eine Transparenz über die Intensität in den einzelnen Einheiten zu schaffen.

Eine wichtige Kenngröße für das Reporting an den Vorstand ist der Jahresnettonutzen der im Berichtsjahr umgesetzten Verbesserungsvorschläge. Der Nutzenansatz einer durchschnittlichen Laufzeit von drei Jahren, in denen sich ein Vorschlag auswirkt, ist dabei ein eher vorsichtiger Ansatz.

Als Kennzahl für die internen Prozesse des Ideenmanagements wird die Anzahl der Beschäftigten pro Verbesserungsvorschlag gesehen. Als Benchmark, den die LBBW auch erreicht, wird ein Beschäftigter im Ideenmanagement pro 1000 Verbesserungsvorschläge im Jahr gesehen – ein durchaus anspruchsvoller Benchmark (vgl. Schat 2004). Aktuell arbeiten bei der LBBW im Ideenmanagement Beschäftigte mit umgerechnet 3,8 Vollzeit-Äquivalenten die 4200 VV pro Jahr ab.

Die relevanten Kennzahlen werden auch auf Fachbereichsebene differenziert dargestellt und den jeweiligen Fachbereichen zur Verfügung gestellt. So können diese erkennen, inwieweit das Ideenmanagement aktiv genutzt wird und ob zum Beispiel verstärkt Marketingaktivitäten notwendig sind. Besonders erfolgreiche Fachbereiche werden über diesen Weg entsprechend gewürdigt.

Die LBBW wird regelmäßig im Bereich des Nachhaltigkeitsmanagements (re-)zertifiziert, hierzu werden die Verbesserungsvorschläge entsprechend klassifiziert. So wird ein spezifisches Reporting der für Nachhaltigkeit relevanten Verbesserungsvorschläge der LBBW erstellt (eingereichte VV, realisierte VV, durch VV zur Nachhaltigkeit generierter Erstjahresnettonutzen). In gleicher Weise wird das Ideenmanagement für den Bereich des Arbeitsschutzes oder des Qualitätsmanagements ausgewertet und fließt in die hier spezifischen Audits ein. Der zuvor erwähnte Award des Zentrum Ideenmanagement wurde für den Arbeitsschutz vergeben.

Diese Reports für Nachhaltigkeit und Arbeitsschutz sind nur zwei Beispiele für aktuelle Entwicklungen in der LBBW mit dem Ziel, Kennzahlen zu vereinheitlichen und transparent zu aggregieren, sodass auch ein harmonisiertes Controlling auf Bereichsebene und schließlich für das gesamte Unternehmen optimiert wird. Eine Dienstleistung des Ideenmanagements besteht darin, die hier einschlägigen Kennzahlen zu interpretieren, also beispielsweise die Entwicklung von Kennzahlen oder den Vergleich mit Benchmarks der eigenen Branche, aber auch mit Benchmarks aus anderen Branchen, bereit zu stellen.

9.5 Fazit

Wichtig ist dem Ideenmanagement der LBBW ein einfacher, aus Sicht der Einreicher logischer Aufbau. Das Ideenmanagement sollte das einfachste Instrument sein, ist dies gegeben, so ist nur noch eines notwendig: Es einfach machen.

Literatur

Blake, R. R., Mouton, J. S., & McCanse, A. A. (1993). *Unternehmensentwicklung mit GRID*. Frankfurt am Main / New York: Campus.

Chesbrough (2003). The Era of Open Innovation. http://sloanreview.mit.edu/article/the-era-of-open-innovation/. Zugegriffen: 18. Jun. 2015

Freese, H. (1905). *Die Konstitutionelle Fabrik*. Jena: Gustav Fischer. Zitiert wird vornehmlich das dritte und vierte Tausend 1909, gelegentlich auch die vierte, durchgesehene Auflage 1922

Haumann (2015). *Foliensatz „LBBW VerbesserungsProzess"*. Stuttgart: Landesbank Baden-Württemberg.

Imai, M. (1986). *Kaizen*. Scottsdale: The Kaizen Institute.

Kersting, C., & Munzke, H.-R. (2013). Grundlagen und Einführung. In C. Hanewinkel, C. Kersting, H.-R. Munzke, & H.-D. Schat (Hrsg.), *Ideenmanagement in der Lebensmittelindustrie* (S. 13–50). Hamburg: Behr's Verlag.

Schat, H.-D. (2004). Das Ideenmanagement in der Metall- und Elektroindustrie: Kennzahlen und Eckwerte. *angewandte Arbeitswissenschaft. Zeitschrift für die Unternehmenspraxis, 2004*(3), 19–30.

Schat, H.-D. (2014a). *Direkte Beteiligung von Beschäftigten. Historische Entwicklung und aktuelle Umsetzung*. Arbeitspapiere der FOM, Bd. 51

Schat, H.-D. (2014b). Mehr Erfolg mit weniger Prämie – 20 Jahre „Sprenger-These". *HRperformance*, *2014*(3), 22–26.

Schat, H.-D. (2015). Ganzheitliches Ideenmanagement mit integrierender Software. In C. Hanewinkel, H.-R. Munzke, & G. Richter (Hrsg.), *Ideenmanagement aus der Lebensmittelwirtschaft. Praxisbeispiele und Handlungsempfehlungen* (S. 35–48). Hamburg: Behr's Verlag.

Schat, H.-D., & Munzke, H.-R. (2004). Unternehmensübergreifendes Ideenmanagement. *angewandte Arbeitswissenschaft. Zeitschrift für die Unternehmenspraxis*, *2004*(2), 35–47.

Spahl, S. (1990). Geschichtliche Entwicklung des BVW. *Personal*, *42*(5), 178–180.

Zentrum Ideenmanagement 2015. www.zentrum-ideenmanagement.de und angehängte Seiten. Zugegriffen: 15. Juni 2015

Personalbeurteilung im Talentmanagement anhand eines Bewertungsinstruments

10

Daniela Lißon und Marcel Seidel

Inhaltsverzeichnis

10.1   Einführung.. 133
10.2   Grundlagen der Personalbeurteilung als Teil der Identifikationsphase........... 138
10.3   Aufbau eines Bewertungsinstruments 143
10.4   Fazit.. 147
Literatur 147

10.1   Einführung

Banken galten jahrzehntelang als seriöse und sichere Arbeitgeber. Das ist schon einige Jahre nicht mehr der Fall. So mancher talentierte junge Mensch wird es sich genau überlegen, ob in dieser Branche seine Zukunft liegt. Zwar wird noch immer eine Bankausbildung als Basisausbildung gewählt, die weitere Entwicklung erfolgt aber dann vielfach in anderen Branchen. Schon jetzt ist erkennbar: Die Personalsituation in Banken wird sich in den folgenden Jahren ähnlich dramatisch verschlechtern wie in anderen Branchen. Auch in Banken droht der Fachkräftemangel und Banken werden künftig um jeden guten Mitarbeiter froh sein.

D. Lißon
Stuttgart, Deutschland
email: daniela.lisson@hotmail.de

M. Seidel (✉)
FOM Hochschule für Oekonomie & Management
Stuttgart, Deutschland
email: marcel.seidel@fom.de

© Springer Fachmedien Wiesbaden 2016
M. Seidel (Hrsg.), *Banking & Innovation 2016*, FOM-Edition,
DOI 10.1007/978-3-658-11052-9_10

Die Gründe hierfür sind zahlreich. Zum einen ist es das generell schlechte Image, das die Banken seit Jahren begleitet und mögliche Kandidaten abschreckt, die Laufbahn eines Bankers einzuschlagen. Auch sind aktuelle Schlagzeilen aus den Großbanken bezüglich Strafzahlungen in Milliardenhöhe ebenfalls eher abschreckend als anziehend.

Da der Mitarbeitermarkt in der Bankbranche zunehmend enger wird, besteht neben der Gewinnung neuer Mitarbeiter die große Herausforderung darin, das Potenzial der vorhandenen Mitarbeiter möglichst gut zu nutzen. Ziel ist, die „Talente" in den eigenen Reihen zu erkennen und zu fördern. Für Unternehmen ist es wichtig das Potenzial ihrer Mitarbeiter zu kennen. Nur wenn man die Fähigkeiten und Fertigkeiten der Mitarbeiter kennt, können diese auch systematisch ausgebaut und eingesetzt werden.

In diesem Beitrag wird ein pragmatischer Talentmanagementansatz vorgestellt, der vor allem auch in kleineren und mittleren Instituten zur Anwendung kommen kann. Dabei ist der Ressourcenaufwand überschaubar. Die einzelnen Bestandteile des Ansatzes können auf das jeweilige Zielunternehmen leicht angepasst werden. Gerade für eher mittelständisch geprägte Genossenschaftsbanken und Sparkassen, die mit kurzen Entscheidungswegen und aktiven Gestaltungsmöglichkeiten überzeugen, kann das hier vorgestellte Talentmanagement eine wichtige Basis sein, um sich von der Vielfalt an Kompetenzen, Analyseinstrumenten und komplizierten Richtlinien von Großbanken abzuheben.

Zur Einführung eines Talentmanagementsystems im Unternehmen ist ein gemeinsames Verständnis von Talent notwendig, um Talente einheitlich zu identifizieren. Zudem hat es Auswirkung auf den zielgerichteten Einsatz der Personalressourcen und deren Gestaltung von Entwicklungsmaßnahmen. Jedoch verstecken sich hinter dem Talentbegriff in der Praxis häufig unterschiedliche Definitionen und Sichtweisen.

10.1.1 Definitionen und Begrifflichkeiten

Unter Talent wurde schon in der griechischen Etymologie der Begriff „tálanton" mit Waage beziehungsweise das Gewogene gleichgesetzt, woraus sich später die deutsche Bezeichnung der geistigen Anlage entwickelte. Talent wird sogar als eine Währungseinheit in Silbermünzen in der Bibel und der Antike erwähnt. Heute wird es im Sprachgebrauch eher mit Hochbegabter, Top-Performer, High Potential oder Hochleistungsträger gleichgesetzt – jemand, der eine Anlage zu überdurchschnittlichen geistigen und körperlichen Fähigkeiten oder auch eine besondere Begabung auf einem bestimmten Gebiet aufweist. Eine zusammenfassende Betrachtung unterschiedlicher Definitionen zeigt, dass in allen Definitionsfindungen bestimmte persönliche und fachliche Fähigkeiten genannt sind, die zusammen mit einer hohen Ausprägung von intrinsischem Potenzial und einem hohen Leistungsvermögen, welches sich in Mut, Energie, Intuition äußert, eine Einheit bilden. Dabei ist Talent als Begabung zu sehen, die sich in mentalen und physischen Interaktionen ausdrückt.

Talentmanagement ist ein moderner und effektiver Weg, die Personalpolitik so auszurichten, dass die Organisation durch die Potenziale der talentierten Mitarbeiter ihre strategischen Zielsetzungen erreichen kann. Talentmanagement wird dabei als ein Bündel von Maßnahmen verstanden, das der Förderung und Entwicklung talentierter Mitarbeiter dient. Das Erkennen von spezifischen Fertig- und Fähigkeiten und deren optimale Nutzung kann für Mitarbeiter zur Selbstverpflichtung, Motivation und Loyalität gegenüber dem Unternehmen führen. Die Resultate können sich in einer gesteigerten Effizienz und Innovation sowie sinkender Abwesenheits- beziehungsweise Fluktuationsrate bemerkbar machen. Auch die Beteiligung an der Implementierung einer attraktiven Arbeitgebermarke ist ein wichtiger Baustein im Talentmanagement, denn talentierte Mitarbeiter können sich zukünftig die besten Unternehmen aussuchen. Ohne diesen Baustein werden andere Unternehmen Schwierigkeiten haben, diese Talente für sich zu gewinnen. Im Verständnis von Ritz und Sinelli wird Talentmanagement dabei als Organisationskonzept und -maßnahme verstanden, die gezielt aktuelle und zukünftige Mitarbeiter gewinnen, erhalten und entwickeln sollte. Ausschlaggebend ist dabei die kompetenzorientierte Sichtweise, die einer altersorientierten vorzuziehen ist (vgl. Ritz und Thom 2011, S. 9 ff.). Talentmanagement kann in zwei Dimensionen aufgeteilt werden: die externe und die interne Dimension. Dabei umfasst die externe Sichtweise das Personalmarketing, die Personalpflege im Sinne von Kontaktpflege mit den Kandidaten und das Personalrecruiting. Das interne Talentmanagement befasst sich hingegen mit der Identifikation, der Förderung und der Bindung von leistungs- und potenzialstarken Mitarbeitern. Talentmanagement zielt auf die spezielle Suche nach internen und externen Potenzialträgern ab, die eine starke intrinsische Motivation aufweisen, eine Motivation, die wenig von außen beeinflusst werden kann (vgl. Kolb 2010, S. 515 f.). Diese Talente tragen entscheidend zum Unternehmenserfolg bei, da sie aufgrund ihres inneren Antriebs eine deutlich über dem Durchschnitt liegende Leistung und außergewöhnliches Potenzial in ihrer Arbeit zeigen. Das Talentverständnis sollte dabei aus dem kompetenzorientierten Blickwinkel betrachtet werden, um die Entwicklungsplanung darauf aufbauen und Talente an das Unternehmen binden zu können. Talentmanagement in Unternehmen darf nicht nur in der Personalwirtschaft verankert sein, sondern stellt ein Konzept dar, welches sich auf das komplette Unternehmen erstreckt und die strategischen Zielsetzungen unterstützt. Dabei kann die Talentförderung im externen und internen Bereich mit Hilfe von Personalmarketing und Personalpflege gestaltet werden.

10.1.2   Ansätze und Zielsetzungen

Es gibt zwei verschiedene Ansätze des Talentmanagements, die die unterschiedlichen Anteile der Talentgruppen beleuchten.

- Mit dem Ansatz des **konventionellen Talentmanagement** lassen sich je nach Sichtweise drei bis 20 Prozent der gesamten Belegschaft im Unternehmen als Talente identifizieren (vgl. Bartscher et al. 2012, S. 378).

- Der **integrierte oder auch breite Ansatz** möchte die Talente aller Mitarbeiter eines Unternehmens entdecken, aufbauen und einsetzen. Dieses Verfahren unterstellt, dass in jedem Mitarbeiter ein Talent ruht. Jedoch wird er häufig mit dem Vorwurf belastet, dass er sich nicht klar genug von der traditionellen Personalentwicklung abgrenzt (vgl. Enaux et al. 2011, S. 12 f.).

Der Vorteil der Betrachtung des konventionellen Ansatzes besteht darin, dass talentierte Mitarbeiter aufgrund der kleineren Betrachtungsgruppe eine größere Aufmerksamkeit und Wertschätzung erfahren, die zu einer höheren Bindungsintensität an das Unternehmen und ihrer Steigerung im Status beitragen. Andere Mitarbeiter können dabei motiviert werden, ihre Leistung ebenso anzupassen, damit sie als Talent entdeckt werden. Ein weiterer Grund Talente zu identifizieren ist deren beachtliche Produktivität, die bei High Performern im Vergleich zu durchschnittlichen Kollegen zwischen 40 Prozent bis 50 Prozent höher ausfällt. Im Rahmen enger werdender Budgetvorgaben und betriebswirtschaftlicher Unternehmenssteuerung ist es sinnvoll, sich auf die begabten Mitarbeiter zu fokussieren. Ein weiterer Grund zur Anwendung des konventionellen Ansatzes ist die vorläufige Sicherung der internen Ressourcen durch eine langfristig ausgerichtete Nachfolgeplanung dank der identifizierten Talente. Durch den demografischen Wandel bedingt, wird es erheblichen Mehraufwand bedeuten, die Schlüsselpositionen durch geeignete externe Kandidaten besetzen zu können. Die interne Nachfolgeplanung hingegen kann einen entscheidenden Wettbewerbsvorteil bieten, da die Mitarbeiter durch eine prognostizierte Zukunftsgestaltung an das Unternehmen gebunden werden. Diese sind dadurch motiviert, ihr Leistungsniveau hoch zu halten und ergreifen die Chance in der Entwicklungs- oder Karriereleiter früher aufzusteigen. Generell weist das Talentmanagement dabei folgende strategische Zielsetzungen auf:

- Talentverständnis im Unternehmen festlegen.
- Unternehmensstrategie und Talentmanagement verknüpfen.
- Strategierelevante Anforderungen an Talente ableiten.
- Talentiertes Humankapital sicherstellen.

Talentmanagement vereint verschiedene Bausteine aus den Bereichen Recruiting, Performance Management, Vergütungssystem, Wissens- und Kompetenzmanagement, Laufbahn- und Nachfolgeplanung sowie Talent-Relationship-Management (Abb. 10.1).

Teilweise entstehen hier gegenseitige Bedingungen. So ist das Compensation Management an das Performance Management gebunden, da die Vergütung abhängig von der Leistungserbringung anhand von bonusorientierten Zielerreichungssystemen gestaltet werden kann. Um die Karriereplanung der Talente zu definieren, werden die Ergebnisse des Skill- und Kompetenzmanagements genutzt. Hier wird das Wissen des Mitarbeiters mit den Anforderungen der Stelle abgeglichen. Entweder zeigt es dann eine Übereinstimmung, eine Übererfüllung oder noch Wissensbedarf auf.

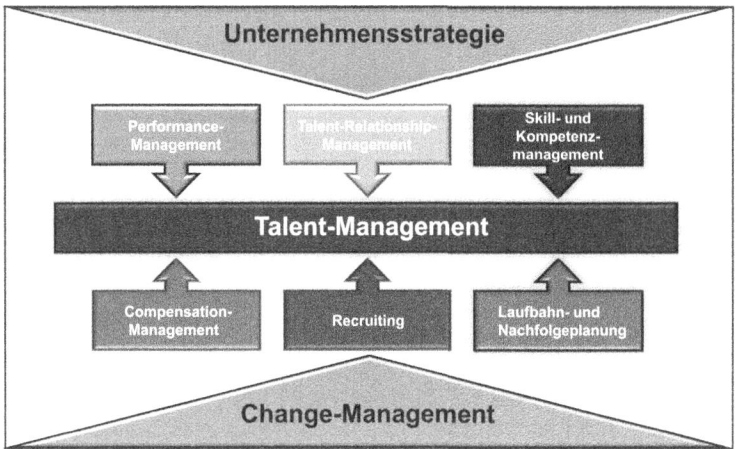

Abb. 10.1 Bausteine des Talentmanagements

Im Talent-Relationship-Management geht es um die Bindung der Mitarbeiter oder potenziellen Bewerber an das Unternehmen. Dabei wird eine definierte Zielgruppe, die entweder strategisch relevante Funktionen besetzt oder deren Stellenbesetzung schwierig erscheint, gesucht. Um diese Kandidaten zu gewinnen, bedarf es eines überzeugenden Arbeitgeberversprechens, einer gezielten Suchstrategie und einer strukturierten Pflege des Kandidatenbindungsprogramms (vgl. Trost 2012, S. 21 f.).

10.1.3   Phasen im Talentmanagementprozess

Der Prozess des Talentmanagements umfasst im Kern vier Schritte, die sich mit der Gewinnung externer und Identifikation interner Mitarbeiter, der Entwicklung, der Bindung und dem Einsatz von Talenten auseinandersetzen Dabei ist das systematische Zusammenspiel von Recruiting, Entwicklung und Bindung von besonderer Bedeutung.

- Unter der **Gewinnungsphase** ist die Positionierung als attraktiver Arbeitgeber zu verstehen, die zur Akquirierung von externen Talenten dient. In der Prozessbetrachtung zählt nicht nur die Gewinnung von externen Talenten, sondern auch die Identifikation interner Mitarbeiter. In dieser Identifikationsphase wird das Potenzial der Talente gemessen.
- In der zweiten Phase wird die **Entwicklung der Talente** forciert. Dabei unterstützt der Einsatz unterschiedlicher Instrumente, die auf eine individuelle Zielsetzung auszurichten sind. Diverse Personalentwicklungsinstrumente wie Job Enrichment, Job Enlargement, Coaching, Mentoring, Entsendungen, Kompetenz- und Wissensmanagement können hier ihre Anwendung finden.

- **Bindungsstrategien** und **langfristig angelegte Karriere- und Entwicklungsmöglichkeiten** sind in der Phase der Bindung der Mitarbeiter zu berücksichtigen. Ein attraktives Arbeitsumfeld, ansprechende Vergütungssysteme, Übernahme von verantwortungsvollen Aufgaben, ein überzeugender Führungsstil und eine talentorientierte Unternehmenskultur können die Bindung der Mitarbeiter fördern.
- Die letzte Phase zielt auf den **Einsatz der Talente** ab. Das Unternehmen sollte einen regelmäßigen Abgleich von zukünftigem Talentbedarf und dem derzeitigen Talentbestand sowohl in quantitativer als auch qualitativer Hinsicht durchführen, um Schwächen und Lücken (englisch: talent gap) zeitnah schließen zu können.

Im Prozess der Talentförderung und -entwicklung kann Talentmanagement nur durch Begeisterung, Selbstbestimmung und Engagement der Mitarbeiter bestehen. Die Kompetenzen, Instrumente und Richtlinien des Unternehmens unterstützen dabei das Talentmanagement in seiner prozessorientierten Ausrichtung. Die strategische Nachfolgeplanung beispielsweise wird in Zusammenhang mit rückblickenden Leistungen bewertet. Durch diese unternehmensinterne Analyse wird es Talenten ermöglicht, in frei werdende Positionen oder Schlüsselfunktionen aufzusteigen. Dadurch vereinfacht dieser Prozessschritt eine kurzfristige Besetzung ohne kostenintensive externe Recherche nach geeigneten Talenten.

Eine konsequente Beachtung der unterschiedlichen Phasen im Talentmanagement kann zum Aufbau einer starken Arbeitgebermarke führen. Der eigene Talentbestand wird durch eine gezielte Entwicklungs- und Einsatzplanung aufgewertet. Gleichzeitig wird die Kostenstruktur entlastet. Personalentwicklung allein wird aber nicht reichen, um Talente im Unternehmen zu halten, sondern es bedarf der gezielten Identifikation von Talenten, denen dann unternehmensinterne Perspektiven geboten werden.

10.2 Grundlagen der Personalbeurteilung als Teil der Identifikationsphase

Die Aufgabe der Personalbeurteilung konzentriert sich auf die Leistung und Wirkung der Persönlichkeit eines Mitarbeiters und ist Hauptbestandteil der Identifikationsphase im Talentmanagementprozess. Das Ziel ist die individuelle Beratung und Förderung anhand der Fähigkeiten, Motive und Einstellungen zur Erstellung der Laufbahn- und Karriereplanung im Unternehmen.

Dabei gewinnen die Begriffe Performance und Potenzial an Bedeutung. Im Sport beispielsweise steht die Performance für die Bereiche der Leistungsfähigkeit, der Belastungsresistenz und der Trainingsprofile im Vordergrund. So lässt sich zwar der noch verbleibende Vorrat an Talenten und damit das Potenzial einer Person erkennen, wobei die einseitige Sichtweise mehr auf individuellen Erfahrungen, Kenntnissen und Präferenzen der beurteilenden Personen beruht. Die Personalbeurteilung gliedert sich in die Bereiche der Leistungs- und der Potenzialbeurteilung. Während die Leistungsbeurteilung die vergangenheitsbezogenen Leistungen bewertet, konzentriert sich die Potenzialbeurteilung auf die Eignung für zukünftige Aufgaben und mögliche Entwicklungsschritte.

Durch immer komplexere Aufgabenbereiche und Unternehmensumfelder, schnelle Änderungen in der Technologie und unsichere Konkurrenzsituationen, wird die Fähigkeit von Mitarbeitern und Führungskräften verlangt, sich auf immer neue Aufgaben und volatile Bedingungen der Umwelt einstellen zu können. Das müssen nicht unbedingt die Personen sein, die aufgrund der Vergangenheit einen geradlinigen Lebenslauf haben, ein bestimmtes Anforderungsprofil sehr gut erfüllen oder bewährte Tests exzellent meistern. Es geht um Motivation, Neugier, Scharfblick, Engagement und Entschlossenheit. Motivation wird hier verstanden als Antrieb einer Person nach übergeordneten Zielen, bei der die Person ihre eigenen Interessen dem Gesamtwohl unterordnet. Die Neugier impliziert die Offenheit für neues Wissen und Lernbereitschaft, während der Scharfblick die Eigenschaft kennzeichnet, die sich mit der Interpretationsfähigkeit von Informationen beschäftigt. Engagement ist die Art und Weise im Umgang mit Affektivität und Kognition. Komplettiert wird das Paket an Potenzial mit der Entschlossenheit, dem unbedingten Willen, ein Ziel zu verfolgen und selbst bei Niederlagen nicht aufzugeben (vgl. Fernández-Aráoz 2014, S. 19 ff.).

Die Identifikation von Talenten liegt zum einen in der Leistung (englisch: performance) der Vergangenheit begründet und zum anderen im Entwicklungspotenzial (englisch: potential) der Zukunft.

10.2.1   Leistungsbewertung

In der Leistungsbeurteilung geht es darum, einerseits das Leistungsergebnis, dem Erreichungsgrad der Erfüllung von persönlichen und Unternehmenszielen und andererseits das Leistungsverhalten, die Art und Weise zur Zielerreichung, zu messen und zu bewerten. Dabei zeigt sich Performance als „Output" unter Einsatz der Kompetenzen als Ausmaß der quantitativen und qualitativen Ergebnisse, welche in einer bestimmten Zeit oder Situation erreicht werden. Performance lässt sich als einziger Faktor direkt und objektiv messen. Wird die tayloristische Denkweise angesetzt, so entsteht aus dem Input der Arbeitseinheit ein Output einer Produktmenge, welche die Arbeitsproduktivität darstellt.

Im Rahmen eines Soll-Ist-Abgleichs wird die aktuelle Leistung mit der derzeit erforderlichen und zukünftigen Leistungserbringung verglichen. Die Bewertung der Performance wird dabei anhand von Leistungsbeurteilungen, Mitarbeitergesprächen oder Zielvereinbarungen ermittelt. Der Einsatz von Zielvereinbarungen im Rahmen des Managements by Objectives stellt ein geeignetes Instrument zur Bewertung von Leistung dar. Bei dieser Art der funktionalen Führungsmethode wird zwischen Führungskraft und Mitarbeiter festgelegt, welche Ziele sich in Ausrichtung auf die persönliche und fachliche Aufgabe mit welchem inhaltlichen Anspruch ergeben, um Motivation und Leistungsverhalten zu fördern.

Zunächst werden die Unternehmensziele festgesetzt. Daraus lassen sich dann die jeweiligen Einzelziele für einen Mitarbeiter ableiten. Drei bis maximal fünf Zielsetzungen sollten dabei ausreichend sein, um einerseits die Herausforderungen in der Ausrichtung der Ziele zu verdeutlichen und trotzdem die täglichen operativen Arbeitsaufgaben bewältigen zu können. Dabei sind die fünf SMART-Kriterien (spezifisch, messbar, ambitioniert, realistisch, terminiert) in der Definition von Zielen und deren Beschreibung zu beachten.

10.2.2   Potenzialbewertung

Die Potenzialbeurteilung hingegen beschäftigt sich mit den Fähigkeiten und Anlagen der Mitarbeiter, die auf das zukünftige Verhalten schließen. Dabei kann zwischen der sequenziellen und der absoluten Beurteilung unterschieden werden. Die sequenzielle Beurteilung konzentriert sich auf die Potenzialbewertung einer nächsthöheren Entwicklungsstufe, während die absolute Beurteilung auf die gesamte Bandbreite der möglichen Entwicklung eines Mitarbeiters zielt.

Talente werden somit zum einen am Potenzial für den nächsten Karriereschritt in ihrer Hierarchiestufe gemessen, während sich High Potentials zum anderen durch eine überdurchschnittliche Entwicklungsgeschwindigkeit abheben. Für Letztere wird auch eine hervorragende zukünftige Leistung erwartet. Das Potenzial kann dabei im Grad der Bewältigung von horizontalen, gleichwertigen Aufgaben oder vertikalen, höherwertigen Aufgaben bewertet werden. Durch die sequenzielle und absolute Personalbeurteilung werden im Talentmanagement beide Potenzialgruppen betrachtet und im Talent-Pool gesammelt. Aus diesem Pool kann das Unternehmen im Rahmen der Nachfolgeplanung die Talente auswählen (vgl. Kolb 2010, S. 517). Verschiedene Faktoren beeinflussen das Potenzial talentierter Mitarbeiter. Der Ausprägungsgrad persönlicher Eigenschaften, wie Energie und Zielstrebigkeit, Bedürfnisse, Antriebe oder die Fähigkeit, Neues zu lernen und sich weiterzuentwickeln, sind wesentliche Bestandteile, die das Potenzial eines Mitarbeiters ausmachen und sich ebenso auf die Leistung auswirken können.

Da das Potenzial auf eine zukünftige Betrachtung ausgelegt ist, stellt sich die Frage, wie genau die Bewertung von Potenzial stattfinden kann, ohne vorher die Aufgaben zu übertragen und die Erfolge zu messen. Das Verständnis von Potenzial ist daher mit der Annahme verknüpft, dass bestimmte Fertig- oder Fähigkeiten und auch Kompetenzen noch nicht entwickelt sind, aber ausgebaut werden können, um anspruchsvollere Aufgaben erfüllen zu können.

Die Beobachtung kann somit keine Basis sein, um die zukünftige Aufgabenbewältigung einschätzen zu können, weil der Mitarbeiter diese Tätigkeit ja noch nicht ausgeführt hat. Eine Alternative wäre es, in der Praxis beispielsweise ein situatives Verfahren im Rahmen einer Simulation oder Gruppenarbeit anzuwenden. Hier lassen sich Tendenzen der Fertig- und Fähigkeiten erkennen und Indikatoren feststellen, die auf das Potenzial schließen lassen. Auch das Instrument des Feedbacks – sei es durch Meinungsumfragen, Testverfahren oder im Vergleich mit anderen Abteilungen – kann in der Bewertung von Potenzial nützlich sein. Diese Form der Beurteilung muss nicht zwangsläufig nur vom Vorgesetzten erfolgen, sondern kann auch die Meinung von Kollegen, Kunden oder Bereichsleitern widerspiegeln. Dabei ist das 360-Grad-Feedback eine populäre Methode, um ein umfassendes Selbst- und Fremdbild abzugleichen (vgl. Kals 2006, S. 93; Couch 2012, S. 18). Das Unternehmen J. P. Morgan spricht bei einer Beurteilung durch Kollegen gleicher Ebene dabei von sogenannten „peer reviews". Für Ritz und Sinelli ist das Mitarbeitergespräch ein zentrales Instrument der Beurteilung von Talenten. Auch das Assessment-Center, das sich der Beurteilung und Entwicklung von Talenten widmet, kann als sinnvolles Werkzeug eingesetzt werden (vgl. Ritz und Thom 2011, S. 17).

10.2.3 Kompetenzbewertung

Nun gibt es Aufgaben, die experimenteller oder komplexer Natur sind. Hier stellt sich die Frage, wie so etwas quantitativ gemessen werden soll. Die Leistungs- und Potenzialmessung talentierter Mitarbeiter ist in manchen Fällen schwer zu definieren. Heute wird hierzu eher der Begriff der Kompetenz genutzt, der in der Psychologie mit Leistungsvermögen gleichgesetzt wird und die Befähigung von Personen versteht, problemlösungsorientiert und selbst organisiert zu arbeiten. Die Kategorie der Kompetenz schafft es, eine Korrelation zwischen Performance und Potenzial herzustellen. Das Potenzial lässt sich dadurch nicht aus der Leistung ableiten. Das gilt genauso für den umgekehrten Fall. Beide Faktoren sind somit unabhängig voneinander zu verstehen. Eine starke Kompetenzausprägung ist nicht zwangsläufig mit hoher Leistungserbringung gekoppelt, aber durchaus eine gute Grundlage zur Entwicklung der Leistung und Indikation von Potenzial. Schlechte Leistung oder geringes Potenzial können somit ein Hinweis darauf sein, dass zu wenige Kompetenzen entwickelt worden sind und in diesem Bereich Bedarf besteht. Ist das Kompetenzlevel hoch bedeutet das auf der anderen Seite, dass grundsätzlich eine hohe Leistungs- und Potenzialerwartung vorausgesetzt werden kann. Das heißt, bevor eine Leistung oder ein Potenzial bewertet wird, sollte eine Messung des Kompetenzniveaus vorgenommen werden, um die Ergebnisse zielorientiert beurteilen zu können.

In der Betrachtung von Kompetenzen wird zwischen dem kompositiven und multiplen Ansatz unterschieden. Der erste Ansatz konzentriert sich auf ein einzelnes Merkmal der Aufgabe, welches zur Ausführung der Stelle notwendig ist. Die multiple Methode geht von mehreren Eigenschaften aus, die für die Ausführung der Tätigkeit relevant sind. In einer Wissenswelt, die digital und global immer vernetzter wird, ist diese Methode stark verbreitet (vgl. Knecht 2014, S. 87). Es geht dabei um eine Anzahl verschiedener Kompetenzen, die in Beziehung zueinander stehen und somit den Rahmen für ein komplexes Anforderungsprofil bilden.

Das Unternehmen British Airways stellt beispielsweise sieben Grundkompetenzen als Bedingung eines General Managers dar. Dabei spielt unter anderem die visionäre Kraft, also die Fähigkeit, zukünftige Szenarien entwickeln zu können, die Ausrichtung auf Prioritäten, Risiken und Möglichkeiten sowie das Beziehungsmanagement, also das soziale

Verständnis im Umgang mit anderen Personen, eine tragende Rolle. Es wird angenommen, dass die Kompetenzen Lern- und Veränderungsfähigkeit, Flexibilität, Motivation und Leistungswille, Intelligenz und kognitive Leistungsfähigkeit einen Zusammenhang zur Entwicklung der Karriere aufweisen. Je höher diese ausgeprägt sind, desto schneller werden ihrer Meinung nach die nächsten Karrierestufen erreicht.

Die Beurteilung der Kompetenz kann anhand von Befragung mittels Interviews, Beurteilungen von Kollegen oder Managern, Rollenanalysen und Tests erfolgen. Genauso eignet sich die systematische oder unsystematische Beobachtungsmethode oder auch die Fremd- oder Eigenbeobachtung sowie die Dokumentenanalyse, die beispielsweise anhand einer Stellenbeschreibung, einem Anforderungsprofil oder einem Organisationplan erfolgen kann.

Die Handlungskompetenzen unterscheiden sich in Fach-, Methoden-, Sozial- und persönliche Kompetenz.

- Die **fachlichen Kompetenzen** unterliegen der kürzesten Dauer der Halbwertszeit, da sich diese durch technologische Veränderungen am schnellsten verändert. Dabei bilden Fähigkeiten, Fertigkeiten und Kenntnisse die Grundlage für die fachliche Kompetenz. Sie betont die sachgemäßen Kenntnisse, die Ergebnisorientierung, die sich an Effizienz und Effektivität messen lässt, die Klarheit in der Struktur und die Ziel- sowie Dienstleistungsorientierung (vgl. Enaux et al. 2011, S. 228 ff.).
- In der **Methodenkompetenz** findet sich unter anderem das analytische und ganzheitliche Denkvermögen wieder, die eigenständige Informationsbeschaffung, die systematische Bewertung und das Problemverständnis wieder.
- **Sozialkompetenz** lässt sich anhand des Kommunikationsverhaltens, der Integrationsfähigkeit und des Konfliktverhaltens bewerten. Im letzten genannten Baustein spielt die Empathie und die Kooperationsfähigkeit sowie die Konfliktbereitschaft, die Offenheit und Ehrlichkeit gegenüber problematischen Feldern eine bedeutende Rolle. Zur Sozialkompetenz gehören unter anderem Vertrauens- und Kritikfähigkeit, Hilfsbereitschaft, Fähigkeit zur Kommunikation und Zusammenarbeit mit anderen wie beispielsweise bei einer Gruppenpräsentation.
- Die **persönliche Kompetenz** spiegelt sich unter anderem in den Bereichen Engagement, Toleranz, Selbstreflexion, Empathie, Pünktlichkeit, Selbstverantwortung wider (vgl. Bartscher et al. 2012, S. 346 f.). Diese Kriterien können um Eigeninitiative, Selbständigkeit, Zuverlässigkeit, Umsetzungsorientierung sowie Lern- und Veränderungsbereitschaft, Flexibilität, Kreativität und Belastbarkeit erweitert werden.

Das Führungsverhalten wird separat in der Führungskompetenz berücksichtigt. Als Führungskraft sind dabei die Ausprägungen der Steuerung und Delegationsfähigkeit je nach Persönlichkeit der Mitarbeiter, der Förderung und Unterstützung von Motivation und Inspiration, der Orientierung von Feedback und der offenen Kommunikation und Rückmeldung an die eigenen Mitarbeiter zu verstehen. Auch das Change Management und die Personalentwicklung zählen zur Führungskompetenz. Die Führungskraft vertritt dabei die

Interessen des Unternehmens, weckt diese Identifikation und Begeisterung bei anderen und fordert von den Mitarbeitern eine persönliche und fachliche Entwicklung ein, sieht sich selbst aber als Coach in der Verantwortung. Im Rahmen der Verhaltensanker im Management wird das unternehmerische und bereichsübergreifende Denken und Handeln, das strategische Geschäftsverständnis, die gesamtprozessbezogene Sichtweise sowie die Entscheidungs- und Risikobereitschaft bei der Managementkompetenz erwartet.

Neben diesen Kompetenzen, die sich auf die inhaltliche Ebene beziehen, können auch funktionale, fachbereichsbezogene oder einzigartige Kernkompetenzen unterschieden werden, die beispielsweise für eine spezielle Position Bedeutung haben (vgl. Bartscher et al. 2012, S. 346). Diese grundlegenden Kompetenzen sollten schon in der beruflichen Ausbildung vermittelt werden, um einen langfristigen und stetigen Entwicklungsprozess zu fördern. Damit erhöht sich die Wahrscheinlichkeit, dass die dabei gebildeten Kenntnisse, Werte und Erfahrungen in der Person verankert bleiben. Es wird deutlich, dass die persönliche und Sozialkompetenz eine besonders wichtige Rolle in der Praxis zur Bestimmung der Anforderungen einnimmt. Kompetenz ist dabei der Nährboden für die Entstehung von Potenzial und Leistung.

10.2.4   Zusammenfassung der Bewertungskriterien

Im Ergebnis wird deutlich, dass Talent in der Definitionsfindung zum einen mit überdurchschnittlicher Leistung, Intelligenz und Begabung gleich gesetzt wird, aber zum anderen eine breitere Betrachtungsweise impliziert, indem die Kompetenzen die Verbindung zur Performance und zum Potenzial schafft. Die Begriffe Potenzial und Performance treten hier als voneinander unabhängige Faktoren auf. Der Wert der Kompetenz dient der Überprüfung und Unterstützung des Talentbegriffs.

Stellenbeschreibungen, Anforderungsprofile und Arbeitsplatzanalysen bilden die Grundlagen zur Identifikation und Beurteilung von Talenten. Für eine durchgehende Vergleichbarkeit benötigt es gemeinsame Bewertungskriterien. Für Unternehmen bedeutet dies, dass die Talentsuche nach hohem Potenzial mit hohem Leistungsvermögen verknüpft sein sollte. Im Rahmen eines ganzheitlichen Talentmanagementsystems können Talente frühzeitig identifiziert, gefördert und aufgebaut werden.

Talentmanagement ist dabei ein Organisationskonzept, um aktuelle und zukünftige Mitarbeiter gewinnen, entwickeln, binden und einsetzen zu können. Das Unternehmen kann durch die Betreuung und Führung dieser Potenziale ihre strategischen Zielsetzungen erreichen.

10.3   Aufbau eines Bewertungsinstruments

Der Aufbau des Bewertungsinstruments gliedert sich in den Bereich zur Bewertung des einzelnen Mitarbeiters und in den Bereich der Abteilungsübersicht, in der alle Mitarbeiterergebnisse abgebildet werden. Anhand der theoretischen Grundlagen wird ein Bewertungsinstrument des einzelnen Mitarbeiters in Form einer Excel-Tabelle mit mehreren Reitern aufgebaut.

Aus den Ergebnissen von Potenzial und Leistung lässt sich anschließend eine Abgrenzung der abteilungsbezogenen Talente in einer Neun-Felder-Matrix erkennen (Abb. 10.2). Die Nachfolgeplanung wird aus den gesamten Beurteilungen der Mitarbeiter in einer separaten Auswertungstabelle aus Abteilungssicht für den Vorgesetzten abgeleitet (Abb. 10.3).

Durch die Anwendung des Bewertungsinstruments wird die Frage nach der Identifikation und Entwicklung von Talenten theoretisch fundiert und praxisorientiert beantwortet. Die Matrix als Werkzeug unterstützt die Führungskräfte, um die abstrakt wirkende Talentthematik greifbar und praxisorientiert zu gestalten.

Trotz aller Vorzüge zur Einordnung und Einschätzung von Talenten muss sich die Matrix auch Kritikpunkten stellen. Aus jeder Einschätzung der separaten Einteilungen in einer Neun-Felder-Matrix sollten sich auch einzelne Maßnahmen ableiten lassen. Wichtig dabei sind die Beurteilung des Einzelnen und die individuelle Herleitung der Ergebnisse daraus. Rutscht ein Mitarbeiter in die Mitte oder befindet sich außerhalb des oberen Talentrahmens in der Matrix, werden diese oft vernachlässigt. Führungskräfte sind für diese Art der Feedback-Gespräche oft nicht qualifiziert oder es mangelt ihnen an Informationen und der Mitarbeiter weiß letztendlich gar nicht, wo er steht und stehen könnte.

Ein Durchschnittswert aus allen Kriterien, wie er hier in der Talentmanagement-Matrix gebildet wird, ist und bleibt ein Wert, der eine Tendenz beschreibt. Im Detail kann beispielsweise eine hohe fachliche eine schwache soziale Kompetenz nicht ausgleichen, was aber das prozentuale Endergebnis im ersten Schritt aussagen würde. Hier gilt es, auf die einzelnen Bewertungen zu achten und die Maßnahmen für solche Schwachstellen an diesen zu orientieren. Auch bildet die Matrix prozentual einen Wert ab, der nichts über die einzelnen Bereiche eines Talents aussagt. Um Fehlentscheidungen vorzubeugen, sollte eine Führungskraft beispielsweise die ersten fünf Kandidaten aus der Abteilungsübersicht mit den höchsten Werten im Detail untersuchen, um wirklich differenziert den passenden Kandidaten für eine Stelle auszuwählen.

Erfahrungswerte sind ebenso ein wichtiger Bestandteil im Review der Talente und sollten ihre Beachtung finden. Ein hoher Wert in der Matrix heißt nicht gleich, dass die Stelle des Geschäftsführers für den nächsten Schritt geeignet erscheint. Es kommt auf die bisherige Vita und Entwicklung des Kandidaten an, die in der Nachfolge- und Entwicklungsplanung Berücksichtigung finden sollte.

Das vorgestellte Instrument ist nicht die alleinige Lösung, aber es soll eine Möglichkeit darstellen, die verschiedenen Kriterien in die Bewertung eines Talents einfließen zu lassen. Es gibt dem Mitarbeiter die Chance zur Selbstreflexion, um im gemeinsamen Gespräch zwischen Vorgesetztem und dem Mitarbeiter selbst einen Weg zur weiteren Entwicklung und Förderung zu finden.

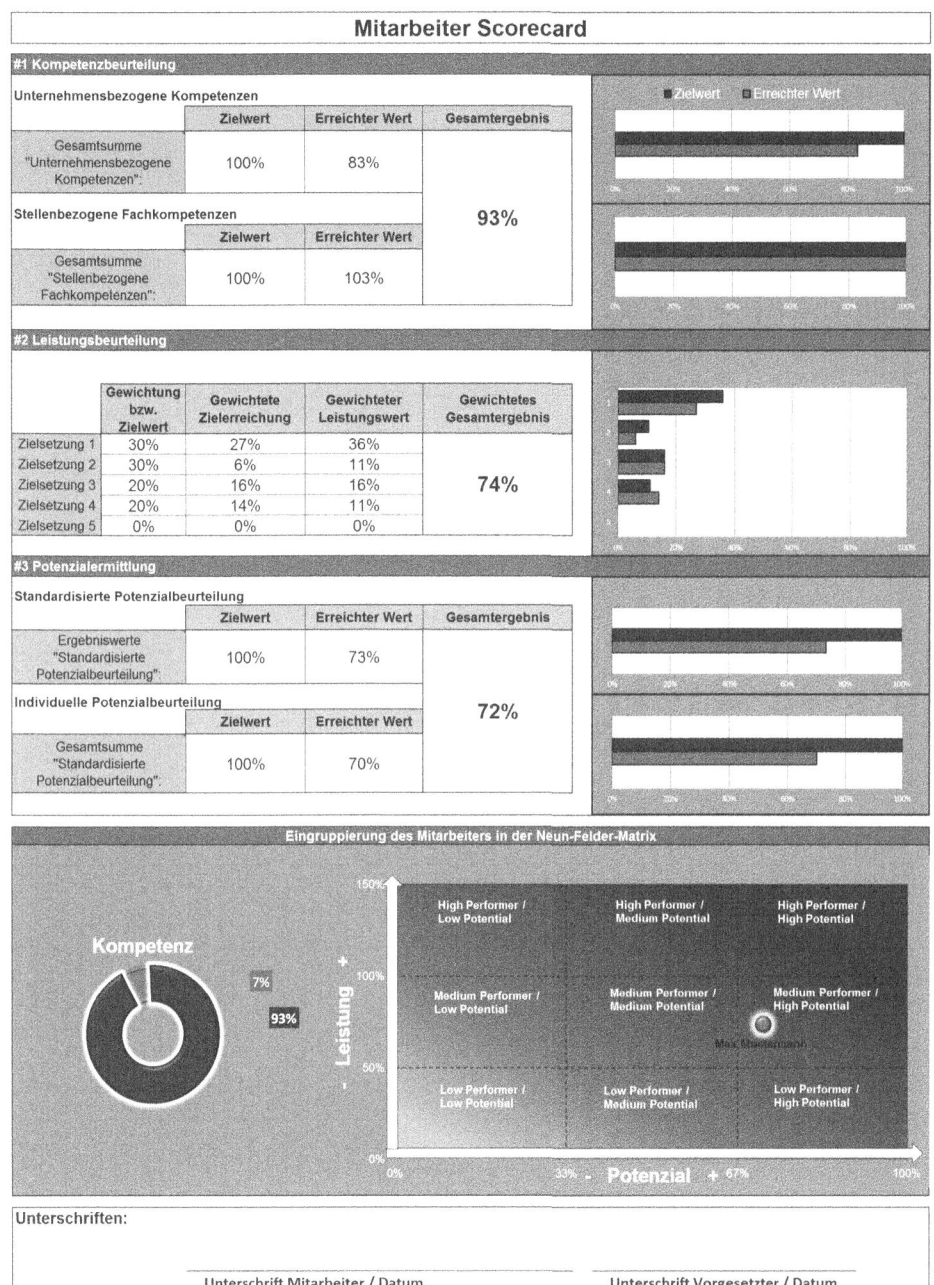

Abb. 10.2 Beispiel einer Mitarbeiter-Scorecard als Teil des Bewertungsinstruments

Nachfolgeplanung

Überblick der Nachfolgeplanung der Abteilung

Talent Rating Reihenfolge	Personalnummer	Mitarbeiter	Derzeitige Position des Mitarbeiters	T Talentfaktor	K Kompetenz als Basis- und Kontrollwert	Einstufung des Mitarbeiters für die nächsten Schritten	Wahrscheinlichkeit einer frei werdenden Stelle in den nächsten 12 Monaten	Neuwertige / Alternative Position	Vertritt derzeit folgende Position	Mitarbeiter übernimmt zukünftig folgende Position (0 - 2 Jahre)	Mitarbeiter übernimmt zukünftig folgende Position (3 - 5 Jahre)	Bemerkungen
1	1010	MA 10	Position 5	93%	96%	⬆⬆	mittel	Position 6	MA18	MA18	MA 14	langfristige Entwicklung zur Position 6
2	1009	MA 9	Position 5	89%	84%	⬆	hoch	Position 5	MA11	MA11	MA11	langfristige Entwicklung zur Position 5
3	1234	Max Mustermann	Position 1	73%	93%	⬆	mittel	Position 4	MA13	MA13	MA13	langfristige Entwicklung zur Position 4
4	1008	MA 8	Position 6	70%	70%	⬡	niedrig	-	MA 4	-	-	passende Position
5	1020	MA 20	Position 3	60%	50%	⬡	niedrig	-	Sara Musterfrau	-	-	passende Position
6	1002	Sara Musterfrau	Position 2	60%	10%	📤	mittel	-	MA 16	-	-	leitet das Projekt für Prozessoptimierungen im Bereich 2
7	1007	MA 7	Position 2	60%	80%	⬡	niedrig	-	Max Mustermann	-	-	passende Position
8	1018	MA 18	Position 6	55%	30%	📤	hoch	-	MA 5	-	-	leitet das bereichsübergreifende Projekt im Zusammenarbeit mit Bereich 3 und 4
9	1006	MA 6	Position 1	53%	50%	⬡	niedrig	-	MA 18	-	-	entwickelt sich gut
10	1019	MA 19	Position 2	50%	40%	⬡	niedrig	-	MA 7	-	-	weiteres Potenzial in den nächsten Jahren
11	1014	MA 14	Position 4	45%	40%	⬡	mittel	-	MA 13	-	-	passende Position
12	1011	MA 11	Position 6	43%	10%	⬭	hoch	-	MA 4	-	-	seit 2 Monaten erst im Unternehmen
13	1005	MA 5	Position 5	40%	40%	⬭	mittel	-	MA 10	-	-	Bereich erst gewechselt
14	1012	MA 12	Position 7	40%	20%	⇔	niedrig	-	MA 19	-	-	Job Enlargement mit zusätzlichen Aufgaben
15	1013	MA 13	Position 2	40%	30%	⇔	mittel	-	MA 3	-	-	Job Rotation mit MA in Abteilung 2
16	1017	MA 17	Position 5	38%	70%	✖	niedrig	-	MA 15	-	-	Versetzung in Abteilung 4
17	1004	MA 4	Position 4	30%	30%	◺	niedrig	-	MA 12	-	-	Schulung 2
18	1015	MA 15	Position 7	25%	60%	◺	niedrig	-	MA 14	-	-	Aufbau der Controlling Kenntnisse
19	1016	MA 16	Position 3	25%	60%	◺	mittel	-	MA 9	-	-	Kommunikation mit Kunden stärken
20	1003	MA 3	Position 3	20%	20%	◉	niedrig	-	MA 16	-	-	Aufhebungsangebot

Einstufungssymbole:

⬆⬆	⬆	⇔	⬡	✖	📤	⬭	◺	◉
Vertikale Entwicklung um 2 Ebenen	Vertikale Entwicklung um 1 Ebene	Horizontale Entwicklung	Die richtige Person für die Stelle	Neues Einsatzfeld notwendig	Talent für besondere Aufgaben	Im Moment keine Einschätzung möglich	Entwicklungsbedarf	Freisetzung

Unterschriften:

_____
Unterschrift Abteilungsleiter / Datum

_____
Unterschrift nächsthöherer Vorgesetzter / Datum

Abb. 10.3 Beispiel einer Nachfolgeplanung

10.4   Fazit

Der vorgestellte Talentmanagementansatz ist pragmatisch und lässt sich leicht an die Gegebenheiten im jeweiligen Unternehmen anpassen. Wichtig ist neben dem Instrument an sich auch der Einführungsprozess. In den Diskussionen mit den verantwortlichen Vorständen und Führungskräften entsteht ein tieferes Verständnis warum es wichtig ist, Talente im Unternehmen zu identifizieren und zu halten. Dies gilt schon heute, in Zukunft aber noch viel mehr.

Literatur

Bartscher, T., Stöckl, J., & Träger, T. (2012). *Personalmanagement, Grundlagen, Handlungsfelder, Praxis*. München: Pearson.

Couch, K. (2012). Talent Management, Build on four key components. *Leadership Excellence, 29*(2), 18.

Enaux, C., Henrich, F., & Meifert, M. (2011). *Strategisches Talent-Management, Talente systematisch finden, entwickeln und binden*. Freiburg/Berlin/München: Haufe-Lexware.

Fernández-Aráoz, C. (2014). Talent Management im 21. Jahrhundert. *Harvard Business Manager, 36*, 19–31.

Kals, E. (2006). *Arbeits- und Organisationspsychologie, Workbook*. Weinheim/Basel: Beltz.

Knecht, S. (2014). *Erfolgsfaktor Quereinsteiger, Unentdecktes Potential im Personalmanagement*. Wiesbaden: Gabler.

Kolb, M. (2010). *Personalmanagement, Grundlagen und Praxis des Human Resources Managements* (2. Aufl.). Wiesbaden: Gabler.

Ritz, A., & Thom, N. (2011). *Talent Management, Talente identifizieren, Kompetenzen entwickeln, Leistungsträger erhalten*. Wiesbaden: Gabler.

Trost, A. (2012). *Talent Relationship Management, Personalgewinnung in Zeiten des Fachkräftemangels*. Berlin/Heidelberg: Springer.

Das 360-Grad-Feedback

Eine wahrnehmungs- und motivationstheoretische Perspektive

11

Wolfgang H. Waldmann

Inhaltsverzeichnis

11.1   Mitarbeiterbefragungen in deutschen Unternehmen 149
11.2   Die 360-Grad-Beurteilung und das 360-Grad-Feedback 150
11.3   Wahrnehmung oder Realität 151
11.4   Die Konstruktion der sozialen Realität 152
11.5   360-Grad-Feedback in der Praxis 153
11.6   Fakten, Studien und Theorien zum Feedback 154
11.7   Das erfolgreiche Feedback-Coaching 157
11.8   Fazit 161
Literatur 161

11.1   Mitarbeiterbefragungen in deutschen Unternehmen

360-Grad-Beurteilung und *360-Grad-Feedback* halten Einzug in deutsche Unternehmen, zum Beispiel *Daimler, Lufthansa und Deutsche Bank* (Waldmann 2003). Ziel ist zumeist Entwicklung ihrer Führungs- und Fachkräfte durch Feedback von Mitarbeiter-Befragungsergebnissen. Die Systeme sind jedoch nicht standardisiert, sondern unterscheiden sich in manchen Aspekten. Ergebnisse aus einer innovativen US-Bank werden hier berichtet (Smither und Walker 2004).

Die Partizipation der Mitarbeiter findet aber nicht nur auf der Ebene des Individuums statt, sondern auch auf der Ebene des Teams und der Abteilung bis hin zur gesamten Organisation. Eine Studie unter 249 der größten Unternehmen in Deutschland, Österreich und der Schweiz zeigt, dass 80 Prozent bereits einmal eine Mitarbeiterbefragung durchgeführt

W. H. Waldmann (✉)
FOM Hochschule für Oekonomie & Management
Stuttgart, Deutschland
email: wolfgang.waldmann@bcw-gruppe.de

© Springer Fachmedien Wiesbaden 2016
M. Seidel (Hrsg.), *Banking & Innovation 2016*, FOM-Edition,
DOI 10.1007/978-3-658-11052-9_11

haben und 64 Prozent regelmäßige Mitarbeiterbefragungen durchführen (Werther 2015, S. 17).

Wozu werden Mitarbeiter befragt? Die Befragung stellt eine Organisationsdiagnose dar, die dazu dient, je nach Ergebnis Organisationsinterventionen zu planen und durchzuführen. So besteht ein Zusammenhang zwischen Mitarbeiterzufriedenheit und Kundenzufriedenheit. Wenn das Kundenkontaktpersonal zufrieden ist, strahlt dies auf die Kunden aus – sie sind ebenfalls zufrieden, beurteilen die Beratung als sehr gut und halten dem Unternehmen ihre Treue. Finden sich in einer entsprechenden Organisationsdiagnose unzufriedene Mitarbeiter und Mitarbeiterinnen, dann tut das Unternehmen gut daran, dies in einer Intervention zu ändern. Denn die Zufriedenheit der Mitarbeiter wirkt mittelbar über Effekte auf die Kundenzufriedenheit eben auch auf ökonomische Unternehmenserfolgskriterien (Gerpott und Paukert 2011).

11.2   Die 360-Grad-Beurteilung und das 360-Grad-Feedback

Was ist mit *360-Grad-Beurteilung und 360-Grad-Feedback* gemeint? Wie die Begrifflichkeit nahelegt, handelt es sich zunächst um einen *Beurteilungsprozess*. Eine Fokusperson, zumeist eine Fach- und Führungskraft, soll nämlich daraufhin eingeschätzt werden, wie und inwieweit sie die an sie gestellten Anforderungen und Erwartungen erfüllt. Die Kriterien können dem Führungsleitbild des Unternehmens entstammen oder einer allgemeinen Führungstheorie, der sich die Unternehmensleitung verpflichtet sieht. Die diesbezüglichen Einschätzungen sind quantitativer Art, wenn der Grad der Zustimmung auf eine vorgegebene Aussage (*mein Vorgesetzter informiert mich in angemessenem Umfang*) zum Beispiel mit den Zahlen zwischen Eins und Fünf ausgedrückt werden soll. Zumeist erhebt die Praxis solch quantitative Beobachtungsdaten. Die Einschätzungen sollten aber vor allem in direkter Weise, das heißt sprachlich, ausgedrückt werden. Diese *freien Kommentare* erlauben ein *qualitatives* Feedback. Die in einer Bankstudie gewonnenen Erkenntnisse zu dieser innovativen Erhebungsweise und Feedbackweise der Beobachtungen sollen in diesem Beitrag berichtet werden (Smither und Walker 2004).

Zuvor sei die Darstellung des Beurteilungsprozesses vervollständigt. Soweit es nur der Vorgesetzte ist, der beurteilt, beschreibt dies nichts Neues, sondern das traditionelle Vorgehen der Leistungsbeurteilung im Unternehmen. Das Konzept der *360-Grad-Beurteilung* unterscheidet sich jedoch in mindestens zweierlei Hinsicht davon. Erstens ist nicht mehr der Vorgesetzte der alleinige Beurteiler, vielmehr tragen weitere hierarchische Positionen, die der Zielposition benachbart sind, zur Eindrucksbildung bei, zum Beispiel die der Kollegen und Mitarbeiter, aber auch die Fokusperson mit ihren Selbsteinschätzungen. Wenn jeder Beurteilergruppe ein Blickwinkel von 90 Grad zugestanden wird, dann addiert sich das bislang beschriebene Beurteilungssystem auf 360 Grad (Vorgesetzter, Mitarbeiter, Kollege, Fokusperson). Aber auch Kunden und Zulieferer des Unternehmens können in den Einschätzungskreis eingeschlossen sein. Auch hier wird meist von einer 360-Grad-Beurteilung gesprochen (und nicht von einer in 540 Grad).

Zweitens beurteilen pro hierarchische Position in der Regel mehrere Individuen, zum Beispiel mehrere Kollegen und mehrere Mitarbeiter. Die Zielperson steht in der Mitte eines Kreises – so kann man es sich vorstellen – und wird von den relevanten Positionsinhabern im Unternehmen, aber auch außerhalb des Unternehmens, beobachtet und beurteilt.

Von der 360-Grad-Beurteilung zur Personal- und Führungskräfteentwicklung ist im Folgenden also die Rede. Das Entscheidende ist dementsprechend der zweite Begriff – das *360-Grad-Feedback*. Die Beobachtungen werden in der Regel in einem schriftlichen Feedback-Bericht zusammengefasst und aufbereitet. Freilich kann man die Führungskraft damit nicht alleine lassen, vielmehr muss man ihr die Unterstützung im Rahmen eines Feedback-Coachings gewähren. Gemeint ist ihre Begleitung durch einen Experten oder eine Expertin mit einer entsprechenden psychologischen Ausbildung.

Die Perspektive des Beitrags ist einerseits die der Wahrnehmungs-, Motivations- und Lernpsychologie und andererseits des Psychologen und Praktikers, der solche Feedbackgespräche führt und Fach- und Führungskräfte darin unterstützt, zu lernen und sich zu entwickeln. Das 360-Grad-Feedback ist hier Anstoß zu Reflexion und Dialog und schließlich zur Einstellungs- und Verhaltensänderung.

11.3 Wahrnehmung oder Realität

Wer als Verantwortlicher im Unternehmen ein Feedbackinstrument einsetzt, muss entscheiden, was beurteilt und zurückgemeldet werden soll: bloße Wahrnehmung oder Realität? Die administrative Verwendung verlangt das Messen der *wahren* und *objektiven* Leistung der Fokusperson (der Realität), denn hierauf sollen ja Entscheidungen gegründet werden, so über die Entgelthöhe, über Einstellung, Beförderung und womöglich Beendigung des Arbeitsverhältnisses. Bloße Bauchentscheidungen, lediglich aufgrund subjektiver Wahrnehmungen, haben hier keinen Platz. Vielmehr ist das Kriterium der Objektivität zu erfüllen, womit sich die psychometrische Testtheorie beschäftigt. Der Beitrag widmet sich jedoch nicht der Objektivität der Wahrnehmungen, sondern deren Subjektivität, das heißt, den (subjektiven) Meinungen und Einstellungen der befragten Beobachter. Aber beides – Realität und Wahrnehmung – sind nicht voneinander losgelöste Bereiche menschlichen Erlebens. Realität und Wahrnehmung sind miteinander verbunden (so für den metaphysischen Realisten). Die Müller-Lyer-Illusion soll einen Eindruck davon geben: Welche Linie in Abb. 11.1 ist länger: AB oder BC?

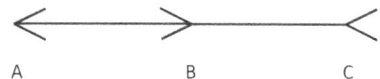

Abb. 11.1 Müller-Lyer-Illusion

Was schätzen Sie mit dem bloßen Auge? Die Strecke AB oder die Strecke BC? Wenn
Sie sich entschieden haben, messen Sie bitte die Längen mit dem Lineal nach! Welche ist
nun länger?

In der Regel täuschen wir uns über die wahren Längen. Dies lässt sich erklären: Die
Pfeile nach innen (BC) erscheinen uns als Rauminnenkanten und die Pfeile nach außen
(AB) als Raumaußenkanten. Die Räumlichkeiten unserer Erfahrungswelt sind kubisch.
Von Rauminnenkanten sind wir gewöhnlich weiter entfernt als von Raumaußenkanten. Als
Kinder schon lernen wir so die Rauminnenkante-weiter-entfernt-Heuristik. Darum setzen
wir in unsere Formel zur Errechnung der Länge BC (unbewusst) eine weiter entfernte
Distanz ein und überschätzen damit ihre Länge[1]. Hiernach konstruieren Menschen die
physikalische Realität, das heißt, die Länge der Linien. Die Wahrnehmungskonstruktion
der physikalischen Welt erfolgt mühelos und zumeist höchst effizient, jedoch manchmal
mit einem Fehler, der eben zeigt, dass wir uns unsere Welt konstruieren.

11.4   Die Konstruktion der sozialen Realität

Wie steht es mit der Konstruktion der sozialen Welt, das heißt, der Wahrnehmung anderer
Personen und von uns selbst? Unsere sozialen Wahrnehmungen dienen uns dazu, soziale
Urteile zu fällen. In der Organisation sind sie Grundlage administrativer Entscheidungen,
zum Beispiel zu Gehalt, Einstellung und Beförderung. Bei der Wahrnehmung physikali-
scher Objekte sah man schon, dass Beurteiler nicht einfach nur die Realität wahrnehmen,
sondern offensichtlich ihren Sinneserfahrungen etwas hinzufügen, mithin interpretieren:
Konstruktion ihrer Realität. Es scheint wie bei einem Rorschach-Test mit Tintenklecksen,
den man beliebig deuten kann. Darin mag jeder etwas anderes sehen. Geht es denn so
auch bei der Beurteilung von Menschen in der Organisation? Das ist freilich keine bloß
philosophische Frage, sondern eine von höchst praktischer Relevanz. Denn damit das an
die Beurteilung anschließende 360-Grad-Feedback gelingt, muss man die Psychologie der
Beurteilung abschätzen können.

Eine Analogie soll verdeutlichen, wie unterschiedlich die Wahrnehmung physischer
Gegenstände und die von Personen in der Organisation ist. Angenommen, man gäbe
den Beurteilern im Unternehmen einen Maßstab aus dem Baumarkt in die Hand und
würde sie bitten, die Größen von Münzen verschiedener Größe zu messen und mitzu-
teilen, wie groß die jeweils gemessene Münze war. Die Messergebnisse würden sodann
mit der psychometrischen Messtheorie (Generalisierbarkeitstheorie (s. Waldmann 2003))
ausgewertet; sie erlaubt es, festzustellen, von welchen Ursachen die Ergebnisse abhän-
gen. Und wovon? – Von den verschiedenen Größen der Münzen natürlich! Das Ergebnis
erscheint höchst trivial. Jedoch wenn Menschen andere Menschen beurteilen, gilt die-

---

[1] Die wahrgenommene Länge der Linie ist proportional zur Größe der Linie auf der Netzhaut und
der geschätzten Distanz des Beobachters zur Linie (Gregory 1966, zitiert nach Goldstein 2015,
S. 247 f.).

se Relation uneingeschränkt nicht, im Gegenteil. Woher weiß man das? Anstatt Urteile über Münzengrößen gibt man die Urteile über die Fokuspersonen zur Berechnung in die psychometrische Messtheorie. Als Beispiel dient die Studie von Waldmann (2005, S. 230) zu den Kollegenurteilen: Die behaupteten Gesamtunterschiede zwischen den Fokuspersonen werden auf einhundert Prozent gesetzt. Tatsächlich geht davon nur knapp ein Zehntel auf die Fokuspersonen zurück. Dagegen produzieren die Beurteiler selbst etwa ein Drittel des behaupteten Unterschieds. Das bedeutet: Dreimal höher ist das auf die *Beurteiler rückbezügliche Informationspotenzial* als das Informationspotenzial bezüglich die Fokuspersonen. In ihrer Uneinigkeit beurteilen sich Beurteiler also selber in zwei Hauptaspekten: 1. Sie haben jeweils verschiedene Verhaltensweisen wahrgenommen und beobachtet, zumindest in Erinnerung; 2. sie gewichten ihre Wahrnehmungen und Beobachtungen verschieden. Die rein quantitative 360-Grad-Beurteilung kann dieses auf die Beurteiler rückbezügliche Informationspotenzial nicht qualitativ erkennen und will es in der Regel auch nicht; vielmehr gilt es als Messfehler, der vermindert werden muss. Die entsprechende psychometrische Beurteilung, so sei wiederholt, ist nicht unser Thema. Dennoch wird die quantitative Beurteilung in der Praxis auch für die Personal- und Führungskräfteentwicklung benutzt. Der Feedbackcoach mit dem Auftrag für die Begleit- und Folgegespräche hat dann eben den entsprechenden quantitativen Feedbackbericht zur Grundlage und muss damit arbeiten. Die quantitativen Aussagen zeigen jedoch die potenzielle Informationsfülle der Beurteiler-Wahrnehmungen und bilden deshalb die Grundlage der weiteren Reflexionen und des Dialoges.

11.5 360-Grad-Feedback in der Praxis

11.5.1 Konfrontation von Selbst- mit Fremdbild

Die Definition der Feedback-Intervention in der Feedback-Interventions-Theorie von Kluger und DeNisi lautet: „... actions taken by (an) external agent(s) to provide information regarding some aspect(s) of one's task performance" (Kluger und DeNisi 1996, S. 255). Wie die Organisation (*external agent*) Führungsaspekte (*one's task performance*) erhebt, wurde zuvor beschrieben. An dieser Stelle geht es um die der Fokusperson bereitgestellte Information, mithin um die Feedback-Intervention. Das ist die Konfrontation der Selbstbeurteilungen mit denen der Fremdbeurteilungen. Da die Anonymität gewahrt werden soll, wurden zuvor die Fremdurteile zu einem Mittelwert verrechnet.

Die gemittelten Fremdurteile gelten als die Norm, an der die Genauigkeit und Adäquatheit der Selbsturteile bemessen wird. So entstehen Unterschätzer, wenn das Selbstbild unter dem Fremdbild liegt, und Überschätzer, wenn es darüber liegt. Die schriftlichen Feedbackberichte dokumentieren diese Selbst-Fremdbild-Diskrepanzen, herausgehoben in Diskrepanzenprofilen. Darauf beruht die Feedback-Intervention. Die Konfrontation soll der Fokusperson zu Einsicht verhelfen und dazu motivieren, sich zu entwickeln. Diese Konzeption ist aus Sicht der Feedback-Interventions-Theorie freilich viel zu simpel (Kluger und DeNisi 1996, S. 261), wie nachfolgend zu zeigen ist.

11.5.2   Überwiegend nur quantitatives Feedback

Die meisten 360-Grad-Beurteilungsinstrumente erheben rein quantitative Beurteilungsda-
ten und melden sie als Fremdbild-Selbstbild-Diskrepanzen zurück. Das qualitative Potenzial an Informationen zeigen sie so auf, können es aber nicht ausdrücken. Konkrete
Beschreibungen des zu lobenden oder zu kritisierenden Verhaltens sind jedoch für die
Personal- und Führungskräfteentwicklung von ausschlaggebender Bedeutung. Ein Feedbackinstrument braucht die Möglichkeit für freie Feedback-Kommentare, denn nur so
erhält die Fokusperson Informationen darüber, was und wie sie ihr Verhalten ändern und
optimieren könnte. In einer Studie zu Schulnoten änderte sich das Leistungsverhalten nach
dem Schulnoten-Feedback nicht, wohl aber nach Feedback in Form spezifischer Kommentare (Butler 1987, zit. nach Kluger und DeNisi 1996). Darüber, dass die Praxis nicht immer
auch ein qualitatives Feedback vorsieht, soll hier nicht lamentiert werden; vielmehr ist zu
zeigen, wie der Feedback-Coach dennoch Personal- und Führungskräfteentwicklung initiieren und fördern kann. Das Ziel der Feedback-Intervention ist ja zunächst der Anstoß
zu Reflektion und Dialog. Die Beteiligten sollen sich darüber austauschen, wie sie sich
gegenseitig (subjektiv) wahrnehmen. Das nachfolgend noch zu besprechende Feedback-
Coaching beruht darauf. Der Feedback-Coach erfragt die konkreten Einschätzungen direkt, soweit der schriftliche Ergebnisbericht solches qualitative Feedback nicht enthält.

11.6   Fakten, Studien und Theorien zum Feedback

11.6.1   Qualitatives Feedback in der Bank

Über ein Drittel aller Feedbacks misslingt, das heißt führt zur einer Verschlechterung der
Leistung (Kluger und DeNisi 1996). Liegt es am Feedback-Vorzeichen? Verweigern jene
Fokuspersonen vielleicht den Schritt nach vorne, die eine negative Rückmeldung erhalten
haben? Da Selbsteinschätzungen, statistisch gesehen, (geringfügig) höher als Fremdein-
schätzungen sind, erhält mehr als die Hälfte aller Feedbacknehmer negative Bewertungen.
Von daher müsste die Misserfolgsrate noch gravierender sein. Eine Bankstudie in den
USA zeigt den Weg: Erstens wurde dort auch qualitatives Feedback gegeben, das heißt,
konkrete Kommentare. Zweitens kam es auf das Verhältnis von negativen zu positiven
sprachlichen Einschätzungen an. Während sich Bankmanager mit wenigen unvorteilhaf-
ten Beurteilungen mehr als andere verbesserten, verschlechterten sich Bankmanager, die
mehr unvorteilhafte Beurteilungen erhalten hatten (Smither und Walker 2004). Ähnliches
findet sich auch bei Studien mit Arbeitsgruppen, nämlich, dass eine Relation von drei zu
eins von positiven zu negativen Interaktionen die Teamleistung und das individuelle Engagement erhöhen (Nowack und Mashihi 2012). Diese Erkenntnisse kommen im Feedback-
Coaching zum Tragen.

11.6.2 Selbstschemata und Verfügbarkeitsheuristik

An dieser Stelle sei der Leser dazu eingeladen, an zwei sozialpsychologischen Experimenten teilzunehmen, hypothetisch und virtuell natürlich; das eine Experiment kommt gleich, das andere danach.

Die Studie von Schwarz et al. (1991) zielt auf den Zusammenhang von Durchsetzungsfähigkeitsselbstschema und Verfügbarkeitsheuristik. Der Versuchsleiter bittet Sie, sich an *sechs* Situationen zu erinnern, bei denen Sie Durchsetzungsverhalten gezeigt hatten. Dann stellt er Ihnen die Frage, für wie durchsetzungsfähig Sie sich halten. Welches Selbstkonzept haben Sie? Er hätte Sie auch bitten können, sich an *zwölf* solcher Durchsetzungsverhalten zu erinnern. Welches Selbstkonzept haben Sie jetzt? Die beiden Selbstkonzepte unterscheiden sich – so wissen Psychologen –, denn die Menge der verlangten Erinnerungen verändert Ihr Selbstkonzept, und zwar je nachdem, in verschiedene Richtungen. Aber in welche? Je mehr Erinnerungen, desto besser? Wäre es also besser, wenn Sie sich an zwölf Durchsetzungssituationen erinnern würden anstatt an nur sechs? Die Antwort muss der Feedback-Coach wissen, wenn das Feedback-Coaching erfolgreich sein soll. Dies Rätsel wird im letzten Abschnitt zu den Erfolgsgeschichten aufgelöst.

11.6.3 Die prägende Kraft des Feedbacks

Angenommen, Sie nehmen nun an der Studie von Ross et al. (1975) teil, dem zweiten in Abschn. 6.2 angekündigten Experiment; dieses Mal geht es, so wird gesagt, um Ihre soziale Sensibilität: Sie sollen beurteilen, ob Selbstmordbriefe real oder fiktiv sind. Angeblich werden die physiologischen Prozesse während der Entscheidungsfindung untersucht. Der Studienleiter sagt Ihnen sodann nach jedem Urteil, ob es korrekt war oder nicht. Zu Ihrer Freude teilt er Ihnen am Schluss mit, dass Sie in 24 der 25 Fälle richtig gelegen hatten. Erfolgs-Feedback. Doch dann klärt er Sie auf: Das Erfolgsfeedback hat mit Ihrer tatsächlichen Leistung nichts zu tun; es ist vielmehr frei erfunden und völlig haltlos. Zum Schluss gibt Ihnen der Studienleiter einen Fragebogen, bei dem Sie angeben sollen, wie viele Fragen Sie ihres Erachtens wirklich beantwortet haben und in Zukunft beantworten würden. Beeinflusst das frei erfundene und völlig haltlose Feedback Ihr Vertrauen in Ihre tatsächliche und zukünftige Leistung?

Es gab in dieser Studie eine zweite Bedingung: Dort behauptete der Studienleiter, nur zehn von den 24 Urteilen seien korrekt gewesen. Die Versuchspersonen erhielten ein Misserfolgsfeedback. Auch sie wurden über dessen freie Erfindung und Haltlosigkeit aufgeklärt. Wie war das Ergebnis? Wer ein Misserfolgsfeedback bekommen hatte, der zweifelte an seiner Leistungsfähigkeit; wem andererseits ein Erfolgsfeedback zu Teil geworden war, der war voller Erfolgszuversicht. Auch wer erfährt – so die Erkenntnis aus der Studie –, dass ein Leistungs-Feedback falsch war, kann sich dessen Wirkung (Erfolgs- oder Misserfolgserwartung) dennoch nicht entziehen. Wissen allein genügt nicht;

das durch das Feedback erzeugte Selbstschema perseveriert vielmehr. Die Feedback-Intervention ist deshalb eine sehr diffizile und verantwortungsvolle Aufgabe. Der Coach diskutiert und offeriert darum Interpretationen, die das Selbstvertrauen und die Erfolgszuversicht der Fokusperson stärken.

11.6.4   Die Feedback-Interventions-Theorie

Was passiert aus Sicht der Feedback-Interventions-Theorie und der Selbstaufmerksamkeitstheorie mit der Fokusperson, wenn sie beurteilt wird und darüber Feedback als Fremdbild-Selbstbild-Diskrepanzen erhält? Was sind die psychologischen Mechanismen der Feedback-Intervention? Nach der Feedback-Interventions-Theorie verändert die Feedback-Intervention je nach Art der Rückmeldung den Ort der (begrenzten) Aufmerksamkeit und bestimmt darüber, welche psychologischen Prozesse ausgelöst werden. Dreierlei Arten von Feedback unterscheidet die Theorie: a) die Aufgabenausführung (*Wie und wie gut habe ich die Aufgabe erledigt?*), b) der intraindividuelle Vergleich in der Zeit (*Wie ist meine Leistung im Vergleich zum vergangenen Jahr?*) und c) der soziale Vergleich mit anderen (*Wie ist meine Leistung im Vergleich zu den anderen Führungskräften?*). In dieser Prozessabfolge wird am effektivsten gelernt.

Eine Rückmeldung oder ein Feedback mit sozial vergleichenden Informationen lenkt die Aufmerksamkeit auf das Selbst; dies löst Emotionen aus wie Stolz oder Scham. Testergebnisse aus geeigneten normierten Testverfahren stellen den sozialen Vergleich auf eine objektive Grundlage (*Achtzig Prozent Ihrer Vergleichsgruppe zeigt eine geringere Leistungsmotivation!*) und liefern im Beispiel ein positives Feedback; das stärkt das Selbstbild und ermöglicht der Fokusperson, ihre Aufmerksamkeit wieder auf die Ebene der Aufgabe und die Ebene der Aufgabendetails zurückzubringen, wo Lernen stattfinden kann. Ein Feedback zur Aufgabenausführung lenkt die Aufmerksamkeit auf die gerade genannte Ebene der Aufgabendetails; dies löst Lernprozesse aus. Die Fokusperson selbst kann es sein, die ein Feedback zur Aufgabenausführung liefert; dann nämlich, wenn sie gebeten wird, kritische Arbeitssituationen zu beschreiben, die sie mit Erfolg bewältigt hat. (Wie viele das sein sollen und können, wird im letzten Abschnitt zu den Erfolgsgeschichten geklärt.) Eine Rückmeldung mit intraindividuellen Bezugsnorminformationen lenkt schließlich die Aufmerksamkeit auf die Aufgabenebene; dies löst Motivationsprozesse wie Anstrengung aus. Dieser individuelle Gütemaßstab hat dabei einen motivationspsychologischen Primat: Beurteilt man seinen Leistungsstand nach den eigenen zuvor erzielten Ergebnissen, so erlebt man eine *Kovariation* von *eigener Anstrengung* und Ausdauer auf der einen Seite mit einer sich *stetig verbesserten Leistung* auf der anderen Seite. Die erlebte und wahrgenommene eigene Anstrengung – sie entscheidet darüber, welche Art von Aufgaben man später in Angriff nimmt. Dies zeigen auch Studien mit Kindern: Ein Kind, das gelobt wurde, es sei klug (*fähig*), wählte später mit geringer Wahrscheinlichkeit anspruchsvolle Aufgaben und verspürte geringere Freude, Problemaufgaben zu lösen. Anders das Kind, das gelobt wurde, weil es sich angestrengt hat. Es wählte anspruchsvolle

Aufgaben und hatte Freude an Problemlösungen (Mueller und Dweck 1998). Die Anstrengung, die man selber kontrollieren kann, führt zum Erfolg (vgl. Brunstein und Heckhausen 2010, S. 186).

11.7 Das erfolgreiche Feedback-Coaching

11.7.1 Führungskräfte- und Teamentwicklung im Feedback-Workshop

Das Feedback-Coaching beruht auf zwei Säulen, die als zu banal erscheinen, sie hier niederzuschreiben: Erstens, subjektive Wahrnehmungen sind subjektive Wirklichkeiten; zweitens, subjektive Wirklichkeiten müssen kommuniziert werden, damit sich die betrieblichen Akteure verstehen können. Hinter der Uneinigkeit der Fremdbeurteiler (in der Praxis durch Mittelwertbildung eliminiert) verbergen sich einzigarte Beobachtungen, Bewertungen, Hoffnungen, Erwartungen, Wünsche, Motive und Projektionen. Der offene Austausch der vielfältigen Einstellungen und Meinungen ist Ziel des 360-Grad-Feedback-Workshops. Das hohe auf die Beurteiler rückbezügliche Informationspotenzial (etwa ein Drittel der behaupteten Unterschiede zwischen den Fokuspersonen produzieren zum Beispiel die beurteilenden Kollegen selber) ist hier von Vorteil, als es nun mit Inhalt, das heißt mit qualitativen Aussagen, gefüllt werden kann. Die Beurteiler sollen konkretisieren, was sie beobachtet haben oder jedenfalls glauben, beobachtet zu haben. Dies ist erstens Quelle der Erkenntnis für die Fokusperson, und zweitens schildert sie den Beurteilern ihre Sicht der Dinge. Die ursprünglichen Einschätzungen können und sollen revidiert werden, und zwar sowohl jene der Fremdbeobachter als auch die der Selbstbeobachter. Diese Offenheit erhöht die Motivation zur Veränderung.

Personal- und Führungskräfteentwicklung erfordert des Weiteren die Diagnose individueller Stärken und Schwächen. Dafür sind Fremdbeurteiler weniger geeignet als Selbstbeurteiler. Fremdbeurteiler unterliegen nämlich einem starken Halo- oder Überstrahlungseffekt; ein Beispiel ist die Stereotype *Was schön ist, ist gut*. Wenn Versuchspersonen Bilder attraktiver Menschen zu sehen bekommen und sie zu deren (mutmaßlichen) Eigenschaften befragt werden, halten sie diese attraktiven Menschen für freundlicher, geselliger, vertrauenswürdiger. Selbst bei einer Darbietung von nur 100 Millisekunden werden sie als freundlicher und fähiger beurteilt. Die zentrale Eigenschaft der Attraktivität überstrahlt alle anderen Eigenschaften derart, dass der Beobachter ihnen die Positivität der zentralen Eigenschaft zuschreibt. Als (generell) wenig leistungsfähig eingestufte Mitarbeiter oder Mitarbeiterinnen werden auf die gleiche Weise in allen Leistungsaspekten als wenig leistungsfähig gesehen; einzelne Schwächen können so kaum identifiziert werden. Analoges gilt für (generell) hoch leistungsfähig eingestufte Mitarbeiter oder Mitarbeiterinnen bezüglich ihrer einzelnen Stärken. Selbstbeobachter nehmen sich dagegen in ihren einzelnen Leistungsaspekten selbst differenzierter wahr. Dies lässt sich dadurch feststellen, dass man eine Gruppe von Menschen bittet, einerseits die anderen der Gruppe hinsichtlich verschiedener Merkmale zu beurteilen (Fremdurteile), andererseits sich selbst bezüglich dieser

Merkmale einzuschätzen (Selbsturteile). Die Selbstbeurteiler unterscheiden drei Mal so stark zwischen ihren Merkmalsausprägungen als zwischen den Merkmalen der anderen (vgl. Waldmann 2003, S. 124). Somit ergibt sich, dass die Fach- und Führungskräfte selbst gefordert sind, ihre zu entwickelnden Kompetenzbereiche offen zu legen. Dazu braucht es freilich ein Ort des Vertrauens. Der Feedback-Workshop ist dieser Ort, an dem Personal- und Führungskräfteentwicklung sowie Teamentwicklung stattfinden kann.

11.7.2   Der Erfolgszyklus für die zu entwickelnde Führungskraft

Nach der Feedback-Interventionstheorie kann, wie zuvor gezeigt, der psychologische Eindruck durch das Feedback so stark sein, dass die Fokusperson ihre Aufmerksamkeit von der Arbeitsaufgabe abwendet und sie auf ihr Selbst richtet: Sie reflektiert über ihre der Aufgabe übergeordneten Selbstziele, so nach einem hohen Selbstwert, nach Kontrolle und einem guten Eindruck auf andere. Hierin findet sich eine Erklärung für die Verschlechterung der Bankmanager (Smither und Walker 2004) mit dem zu hohen Maß an negativem Feedback; sie sahen womöglich ihren Selbstwert in Gefahr, zweifelten und wollten ihn wieder herstellen, zum Beispiel dadurch, dass sie das Feedback als unfair zurückwiesen. So beschäftigen sie sich mit ihrem Selbst anstatt mit ihrer Führungsaufgabe. Die Ressource Aufmerksamkeit ist jedoch begrenzt. Die der Führungsaufgabe entzogene Aufmerksamkeit minderte auf diese Weise ihre Führungsleistung. In jedem Fall hat die Feedback-Intervention eine Motivationswirkung; sie kann die Fokusperson dazu bringen, sich dem negativen Feedback zu entziehen, oder aber, sich mit dem Feedback konstruktiv auseinander zu setzen.

   Wie kann nun das Wissen angewendet werden für ein Coaching der Fokuspersonen? Die Feedback-Intervention erzeugt eine Veränderungsmotivation. Wohin drängt sie den Feedbacknehmer? Gesucht ist eine Motivationstheorie, deren Anwendung bei der Lösung dieser Frage helfen kann. Das ist die Theorie des Erfolgszyklus als Selbstbekräftigungssystem; sie schließt an diese allgemeine Veränderungsmotivation an, allzumal sie über das gleiche Feedbackartensystem verfügt wie die Feedback-Interventions-Theorie (Aufgabenausführung, intraindividueller Vergleich in der Zeit, sozialer Vergleich). Mehr noch, sie ist in eine bewährte Theorie eingebunden, nämlich die der Leistungsmotivation nach Heckhausen (vgl. Brunstein und Heckhausen 2010). Der Feedback-Coach wendet sie denn an in Gestalt des Erfolgszyklus; er bildet den Dreh- und Angelpunkt zur Personal- und Führungskräfteentwicklung.

   Der schriftliche Feedbackbericht enthält nicht alle Informationen, die es braucht, den Erfolgszyklus zu initiieren und zu stärken. Eine rein quantitative 360-Grad-Beurteilung mit einem entsprechenden quantitativen Feedback zeigt nur Differenzen zwischen Selbstbild und (gemitteltem) Fremdbild, manchmal noch ergänzt um Maße der Streuung dieser Einschätzungen (Standardabweichung, minimaler und maximaler Wert). Wünschenswert sind qualitative Daten, das heißt, freie Kommentare, wie sie die Bankstudie aufwies (Smither und Walker 2004). Sie geben direkte Hinweise auf die Wahrnehmungen der Be-

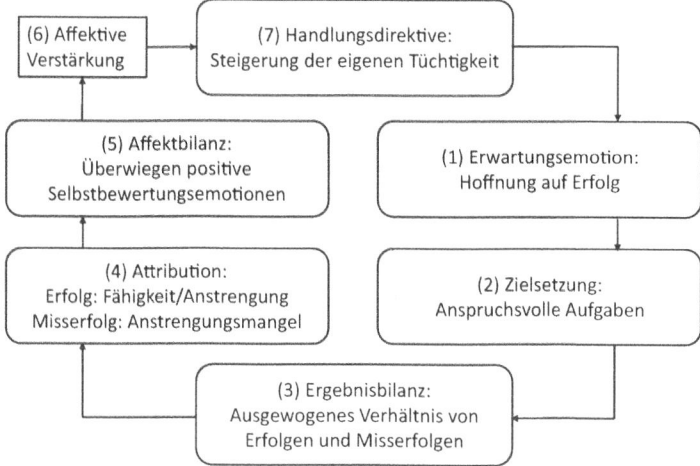

Abb. 11.2 Erfolgsmotivation als Selbstbekräftigungssystem. (Adaptiert nach Brunstein und Heckhausen 2010, S. 184)

urteiler, die zum Gegenstand von Reflexion und Dialog gemacht werden können. Sieht die Fokusperson dies genauso? Kann sie sich darauf einen Reim machen? Die Reflexionen führen meist zu einer Erklärung – eine wichtige Erkenntnis für die Fokusperson (*So wirkte also mein Verhalten damals auf meinen Chef.*). Darüber hinaus orientieren sich der Feedback-Coach und die Fokusperson an den Diskrepanzen zwischen Fremd- und Selbstbild, die es zu interpretieren gilt.

Mit den hieraus gewonnenen Erkenntnissen, manchmal sicher auch nur Vermutungen, und Zielen soll die Zielerreichung in einem Motivations- und Handlungssystem in Gang gesetzt werden und so die Ziele realisiert werden. Vielleicht hat die Verhaltens- und Einstellungsanalyse ergeben, dass die Fokusperson eine Furcht vor Misserfolg hat. Dann wird sie sich entweder zu leichte oder zu schwere Aufgaben stellen. Die leichte Aufgabe bringt ihr einen, wenn auch kleinen Erfolg; die schwere Aufgabe, so sagt und attribuiert sie, hätte auch sonst kein anderer geschafft. Das theoretische Modell der Wahl zur Einstellungsänderung ist in jedem Fall das der Erfolgsmotivation als Selbstbekräftigungssystem.

Der in Gang zu setzende Handlungszyklus beginnt mit der Handlungsdirektive des Erfolgsmotivierten nach Steigerung der eigenen Tüchtigkeit. Die Erfolgsmotivation als Selbstbekräftigungssystem zeigt Abb. 11.2.

Zu (1) Beginn einer Leistungsepisode schlägt sich Erfolgszuversicht (*Erwartungsemotion*) in der (2) Auswahl anspruchsvoller Aufgaben und im Setzen ehrgeiziger Ziele nieder, und zwar in solche, die leicht über dem Niveau der schon gemeisterten Aufgaben liegen. Die (3) Wahrscheinlichkeiten für Erfolg und Misserfolg sind damit in etwa gleich, das heißt, die Ergebnisbilanz ist ausgeglichen. In Schritt (4) attribuiert der (schon) Erfolgsmotivierte seinen Erfolg auf seine Fähigkeit und seine Anstrengung, seinen Misserfolg dagegen auf einen Mangel an Anstrengung. Die als Beispiel genannte misserfolgsängstliche Fokusperson würde einen Misserfolg dagegen auf einen Begabungsmangel zurückführen – sich anstrengen erscheint somit zwecklos. Der Feedback-Coach würde diese Begabungsmangelattribution infrage stellen zugunsten der Ursachenzuschreibung der Erfolgsmotivierten, die davon ausgehen, dass es nur an ihrem eigenen Mangel an Anstrengung lag; und diesen Mangel können sie leicht beheben. Weiter im Erfolgszyklus zu Schritt (5) stellt man fest, dass die Affektbilanz des Erfolgsmotivieren positiv ist, obgleich doch das Scheitern und Gelingen bei Aufgaben mittlerer Schwierigkeit mit gleicher Wahrscheinlichkeit erfolgt. Wie ist das möglich? Der Schlüssel sind erstens die schon erwähnten Ursachenattributionen: Erfolgsorientierte schreiben (4) Erfolge ihren Fähigkeiten und ihrer Anstrengung zu, Misserfolge dagegen einem Anstrengungsmangel. Der Stolz über einen Erfolg wiegt zweitens stärker als die Beschämung über einen Misserfolg. Diese positive Affektbilanz wirkt als (6) Verstärker oder Belohnung der (7) Handlungsdirektive der Erfolgsmotivierten, nämlich Steigerung der eigenen Tüchtigkeit und Kompetenz. Jeder dieser Schritte des Erfolgszyklus wird im Feedback-Coaching aufgegriffen und zum Gegenstand von Lernen und Entwicklung gemacht.

11.7.3 Erfolgsgeschichten, Verfügbarkeitsheuristik und positives Selbstbild

Zum Abschluss ist das Ergebnis der Studie zum Durchsetzungsschema (Schwarz et al. 1991) zu würdigen, an der Sie hypothetisch teilgenommen haben. Die darin bestätigte Verfügbarkeitsheuristik ist relevant für die Feedbackart der Aufgabenausführung, welche die Aufmerksamkeit auf die Aufgabendetails lenkt und so das Lernen fördert und darüber hinaus das Selbstbild bestimmt. Die Fokusperson liefert hierzu selber Informationen, wenn der Feedback-Coach sie bittet, sich an kritische Ereignisse in ihrem Arbeitsleben zu erinnern und zu beschreiben. Das sind solche, die sie gemeistert hat (*Erfolgsgeschichten*), und solche, die sie nicht gemeistert hat (*Misserfolgsereignisse*). Daraus soll sie lernen und ihr Selbstbild entwickeln.

An wie viele Erfolgsgeschichten soll sie sich erinnern und zu Papier bringen? Das war die Frage. Ein positives Selbstbild mit Erfolgserwartung soll entstehen. Welche Menge an zu erinnernden Erfolgsgeschichten befördert dieses Ziel? Die vielleicht überraschende Antwort: weniger sind mehr (zum Beispiel drei!). Und an wie viele Misserfolgserlebnisse? Wenn sie erfragt werden, davon dürfen es jetzt mehr sein (zum Beispiel sechs). Das erscheint paradox. Aber genau dieses Ergebnis zeigte die Studie im Einklang mit der Theorie. Denn sich an weniger Erfolgsgeschichten zu erinnern ist leichter als an viele. Gemäß der Verfügbarkeitsheuristik schließen wir aus dieser kognitiven Leichtigkeit, dass wir doch ganz erfolgreich waren. Das stärkt unser Selbstbild und unsere Erfolgszuversicht, genauso wie es der Erfolgszyklus erfordert.

11.8 Fazit

Der Autor skizziert das Modell der Mitarbeiterpartizipation durch Mitarbeiterbefragungen und erläutert insbesondere das System 360-Grad-Beurteilung und 360-Grad-Feedback. Eine Fokusperson wird von Mitarbeitern, Kollegen, dem Vorgesetzten und mitunter auch von Kunden und Zulieferern daraufhin beurteilt, wie und in welchem Maße sie die an sie gerichteten Anforderungen und Erwartungen erfüllt. Eine solche Befragung ist schon von hohem Wert, wenn man weiß, dass es zum Beispiel einen Zusammenhang zwischen Mitarbeiterzufriedenheit und Kundenzufriedenheit gibt; das Kundenkontaktpersonal überträgt seine Zufriedenheit auf den Kunden. So tut das Unternehmen gut daran, die Mitarbeiterzufriedenheit zu erfragen und gegebenenfalls zu erhöhen. Das hat Effekte für ökonomische Unternehmenserfolgskriterien. Für die Fach- und Führungskräfteentwicklung steht das der Beurteilung folgende Feedback im Vordergrund, denn es soll die Fokuspersonen zum Lernen und zur Weiterentwicklung anregen und befähigen. Der Ausgangspunkt ist die Selbstaufmerksamkeit der Fokusperson, die sie dazu bringt, über ihre Leistungsstands und Ziele zu reflektieren, und ihre Veränderungsmotivation zur Überwindung der Ziel-Feedback-Diskrepanz. Ein Mehr an positivem zu negativem Feedback motiviert die Fokusperson, ihre Leistung zu verbessern, wie die Bankstudie (Smither und Walker 2004) gezeigt hat. Die psychologischen Prozesse sind solche der Feedback-Interventions-Theorie und der Leistungsmotivationstheorie von Heckhausen, deren Anwendung für das erfolgreiche Feedback-Coaching gezeigt wurde. Im Erfolgszyklus der Erfolgsmotivation als Selbstbekräftigungssystem lernt die Fokusperson, sich Leistungsziele jeweils angemessener Schwierigkeit zu setzen und zu realisieren. Von der zu erwartenden Leistungsverbesserung profitieren beide Seiten, sowohl die Fach- und Führungskräfte als auch die Unternehmen.

Literatur

Brunstein, J. C., & Heckhausen, H. (2010). Leistungsmotivation. In J. Heckhausen, & H. Heckhausen (Hrsg.), *Motivation und Handeln* (S. 145–192).

Gerpott, T. J., & Paukert, M. (2011). Der Zusammenhang zwischen Mitarbeiterzufriedenheit und Kundenzufriedenheit: Eine Metaanalyse. *Zeitschrift für Personalforschung, 25*(1), 28–54.

Goldstein, E. B. (2015). *Wahrnehmungspsychologie*. Berlin: Springer.

Kluger, A. N., & DeNisi, A. (1996). The effects of feedback interventions on performance: A historical review, a meta-analysis, and a preliminary feedback intervention theory. *Psychological Bulletin, 119*(2), 254–284.

Mueller, C. M., & Dweck, C. S. (1998). Praise for intelligence can undermine children's motivation and performance. *Journal of Personality and Social Psychology, 75*, 33–52.

Nowack, K. M., & Mashihi, S. (2012). Evidence-based answers to 15 questions about leveraging 360-degree feedback. *Consulting Psychology Journal: Practice and Research, 64*(3), 157–182.

Ross, L., Lepper, M. R., & Hubbard, M. (1975). Perseverance in self-perception and social perception: Biased attributional processes in the debriefing paradigm. *Journal of Personality and Social Psychology, 32*, 880–892.

Schwarz, N., Bless, H., Strack, F., Klumpp, G., Rittenauer-Schatka, H., & Simmons, A. (1991). Ease of retrieval as information: Another look at the availability heuristic. *Journal of Personality and Social Psychology, 61*, 195–202.

Smither, J. W., & Walker, A. G. (2004). Are the characteristics of narrative comments related to improvement in multirater feedback ratings over time? *Journal of Applied Psychology, 89*(3), 575–581.

Waldmann, W. H. (2003). *360°-Beurteilung als Führungsaudit. Eine Überprüfung der Konstruktvalidität mit der Generalisierbarkeitstheorie*. München und Mering: Rainer Hampp.

Waldmann, W. H. (2005). 360°-Beurteilungen in der Praxis – eine Analyse mit der Generalisierbarkeitstheorie. In I. Jöns, & W. Bungard (Hrsg.), *Feedbackinstrumente im Unternehmen* (S. 221–237). Wiesbaden: Gabler.

Werther, S. (2015). *Einführung in Feedbackinstrumente in Organisationen: Vom 360°-Feedback bis hin zur Mitarbeiterbefragung*. Wiesbaden: Springer.

Social-Media-Kommunikation zur Kundenbindung

Chancen und Grenzen

12

Carolin Drechsel und Harald Mertz

Inhaltsverzeichnis

12.1   Wettbewerb um Privatkunden 165
12.2   Relevanz der Social-Media-Kommunikation für die Kundenbindung 166
12.3   Social Media und psychologische Kundenbindungsdeterminanten 167
12.4   Social-Media-Kommunikation bei Banken 171
12.5   Fazit 175
Literatur 175

12.1   Wettbewerb um Privatkunden

Das Privatkundengeschäft der Banken ist hart umkämpft. Gründe dafür liegen unter anderem in der zunehmenden Bedeutung der Onlinekommunikation (Fridgen et al. 2012, S. 47). Durch die Integration des Internets in die tägliche Kommunikation erhalten Marktteilnehmer auch ohne Filialnetz Zugang zu potenziellen Kunden. Die daraus resultierende Wettbewerbsdynamik mit einhergehendem Preisdruck ist eine der größten Herausforderungen für Filialbanken, die ein mit hohen Kosten verbundenes Filialnetz vorhalten und damit im Preiswettbewerb eingeschränkt sind.

Darüber hinaus hat das Hausbankprinzip stark an Bedeutung verloren. Nahezu jeder dritte Deutsche wäre bereit die Bank, bei der er sein Gehaltsgirokonto führt, zu wech-

C. Drechsel (✉)
Stuttgart, Deutschland
email: carolin.c.drechsel@gmail.com

H. Mertz
BWGV Baden-Württ. Genos.-Verband
Karlsruhe, Deutschland
email: harald.mertz@bwgv-info.de

© Springer Fachmedien Wiesbaden 2016
M. Seidel (Hrsg.), *Banking & Innovation 2016*, FOM-Edition,
DOI 10.1007/978-3-658-11052-9_12

seln (EGC 2013). Auch immer besser informierte Kunden sind ein Ergebnis der Digitalisierung. Das gestiegene Niveau an Informationen und Wissen resultiert in höherem Anspruchsdenken und hybridem Konsumentenverhalten (Glahe und Baston 2012, S. 35). War früher die regionale Bankfiliale erste Anlaufstelle für Geldgeschäfte, ist es heute für über 50 Prozent der Bankkunden das Internet (Deutsche Bank Research 2010, S. 9).

Und der Anteil der internetaffinen Bankkunden steigt. Fast 25 Prozent der Deutschen gehören zur Generation der „Digital Natives" (Handelsblatt 2014). Diese Bevölkerungskohorte, die auch als Generation Y bezeichnet wird, legt Wert auf schnelle, transparente und unbürokratische Lösungen und ist durchaus wechselbereit (Eisinger und Weisrock 2013). Die Zielgruppe ist zwar grundsätzlich heterogen. Gemeinsam ist ihnen jedoch per Definition die Aktivität im Social Web. Laut einer Studie erwartet die Zielgruppe der Social-Media-affinen Bankkunden ebenfalls eine „starke Präsenz ihrer Bank auf Facebook, Twitter und Co" (Sieper und Schüllermann 2012). Auch aus Prognosen von Bankenverantwortlichen geht hervor, dass das Web 2.0 Kundenbeziehung entscheidend prägen wird (Elsner und Semle 2012).

Diese Veränderungen und Herausforderungen für die Kundenbindung in der Bankenbranche lassen sich zum Großteil auf die Möglichkeiten, die das Internet mit sich bringt, zurückführen. Infolge des weitverbreiteten Onlinebankings tritt laut Undorf die Beziehung zum Bankmitarbeiter immer weiter in den Hintergrund. Die Bindung muss daher zunehmend medial aufgebaut werden. Deshalb ist es Ziel dieses Beitrags aufzuzeigen, welche Chancen und Grenzen die Social-Media-Kommunikation zur Kundenbindung in der Bankenbranche bietet.

12.2 Relevanz der Social-Media-Kommunikation für die Kundenbindung

Das Internet ist fester Bestandteil des Alltags der Menschen. In Deutschland beträgt der Anteil der Internetnutzer an der deutschen Bevölkerung 79 Prozent (van Eimeren und Frees 2014). 75 Prozent davon sind im Social Web aktiv (Faktenkontor 2014). Mit 27 Millionen aktiven Nutzern ist Facebook das größte soziale Netzwerk in Deutschland (Statista 2014a). Im Vergleich dazu erreicht die Gesamtauflage aller deutschen Zeitungen eine Zahl von 23,9 Millionen (BDZV 2012). Über einen Fernseher verfügen 35 Millionen Haushalte in Deutschland (Statista 2014b). Hinzu kommt, dass die Zeit für die Nutzung von Onlinemedien zu Lasten traditioneller Medien geht (Burmann et al. 2012, S. 130).

Aufgrund dieser Relevanz der sozialen Medien, konstatieren Hanna und Kollegen: „Social media has fundamentally altered marketings ecosystem of influence". (Hanna et al. 2011, S. 265) Laut einer Untersuchung des Bundesverbands Digitale Wirtschaft (BVDW) kommt Social Media bei 70 Prozent der Unternehmen, die Social Media nutzen, in der Kundenbindung zum Einsatz (Sivek 2014, S. 13).

Durch die Interaktion mit Kunden und das Reagieren auf Wünsche lässt sich Kundenbindung nachhaltig steigern, verdeutlicht auch eine Studie der Beratungsgesellschaft

PricewaterhouseCoopers (PwC 2011, S. 12). Innerhalb sozialer Netzwerke haben Unternehmen die Möglichkeit auf ein komplexes Netzwerk an Beziehungen zwischen Kunden und Interessierten zuzugreifen. Die Kommunikationsströme in diesem netzwerkorientierten Interaktionsmodell bieten die Chance, „weitergehende Informationen über Kundenpräferenzen und Einstellungen [...] zu erhalten und für sich nutzbar zu machen". (Greve 2011, S. 265 f.)

Budak und Trauter heben hervor, dass der Erfahrungsaustausch von Nutzern in Social Media „[...] letztlich die Kundenbindung nachhaltig [steigert]" (Budak und Trauter 2011, S. 36). Transparenz und Dialog führen zu authentischer Kommunikation und erhöhen die Kundenbindung (Bruhn 2011, S. 1114). Weinberg konstatiert, dass das Marketing die sozialen Medien nutzt, um einen „Dialog mit Kunden und potenziellen Abnehmern aufzubauen" (Weinberg 2010, S. 4). Ziel dabei ist es, langfristige Beziehungen sowie Vertrauen und Loyalität zu schaffen (Weinberg 2010, S. 4).

12.3   Social Media und psychologische Kundenbindungsdeterminanten

Eine langfristige Kundenbindungsstrategie strebt einen Zustand des „Nicht-Wechseln-Wollens" der Kunden – sogenannte freiwillige Bindung – an. Diese Verbundenheit eines Kunden wird auf den Einfluss psychologischer Faktoren zurückgeführt (Georgie 2010, S. 281). Da je nach Forschungsansatz verschiedene psychologische Kundenbindungsdeterminanten definiert werden, stellen die folgenden Abschnitte relevante Antezedenzien aus dem Bankenbereich vor und erklären, inwiefern Social Media diese beeinflussen kann.

12.3.1   Kundenzufriedenheit

Um Kundenzufriedenheit zu erreichen, müssen Kundenerwartungen regelmäßig analysiert und in Angebotsleistungen übersetzt werden. Bruhn und Hadwich bringen hervor, dass Social Media die Möglichkeit bietet, durch Integration der Kunden und Interaktion mit ihnen, Qualitätskriterien gemeinsam festzulegen und so eine hohe Leistungsqualität zu etablieren (Bruhn und Hadwich 2013, S. 24). Da im Social Web Meinungen und Erfahrungen zwischen Nutzern ausgetauscht werden, ist Monitoring eine Möglichkeit, Kundenanforderungen oder Kundenreaktionen zu sammeln (Weiber und Wolf 2012, S. 401 f.). Kundenreaktionen können dadurch ganzheitlicher erfasst und verarbeitet werden.

Auch wenn es darum geht, Qualitätsmängel zu beheben und Kundenzufriedenheit wiederherzustellen, schafft Social-Media-Kommunikation dem Unternehmen Vorteile. Eine Beschwerde beispielsweise kann durch Social Media jederzeit unkompliziert und aufwandsreduziert platziert werden. Weiterhin besteht so die Chance Nutzer, die negative Kommentare veröffentlichen, proaktiv anzusprechen.

Social Media bietet darüber hinaus eine Plattform, Serviceanfragen entgegenzunehmen ohne Nichterreichbarkeit wie bei Servicenummern zu riskieren. Kunden der Telekom haben beispielsweise die Möglichkeit, technische Fragen auf der Facebook-Seite „Telekom hilft" zu stellen. Auch SAP nutzt Social Media, um die Kundenzufriedenheit zu steigern. Über Social-Media-Plattformen haben Kunden die Möglichkeit, direkt mit kompetenten Mitarbeitern zu chatten. Verglichen mit Anfragen per E-Mail ist diese Art der Interaktion persönlicher und weist kürzere Wartezeiten als ein Anruf oder eine E-Mail auf.

12.3.2 Vertrauen

Vertrauen – eine weitere Determinante zur Kundenbindung – beschreibt die Zuversicht des Kunden, sich auf die vom Unternehmen versprochene Leistung zu verlassen (Bruhn 2009, S. 77). Vertrauen wird durch Fairness, eingehaltene Versprechen und Gleichheit in der Interaktion mit Kunden generiert. Vertrauensbildung in Social Media, so Hawkings und Vel, hängt von der Möglichkeit ab „equitability" und „fairness" zu kreieren sowie Versprechen zu machen, auf die Kunden sich verlassen können (Hawkings und Vel 2013, S. 137).

Schallehn bringt dabei Vertrauen, Glaubwürdigkeit sowie Authentizität in einen kausalen Wirkungszusammenhang, der in Abb. 12.1 veranschaulicht wird. Wird ein Unternehmen als authentisch wahrgenommen, führt das zu höherer Glaubwürdigkeit. Höhere Glaubwürdigkeit wiederum fördert das Vertrauen (Schallehn 2012, S. 48).

Damit das Unternehmen authentisch wahrgenommen werden kann, sollte die Social-Media-Kommunikation Bestandteil einer integrierten Kommunikationskonzeption und ein handlungsleitendes Selbstbild zu erkennen sein. Insbesondere im Aufbau persönlicher Verbindungen ist Authentizität eine wichtige Voraussetzung (Weinberg 2010, S. 278). Als besonders glaubwürdig wahrgenommen werden Einstellungen und Erfahrungen zu oder mit einem Unternehmen, die von anderen Nutzern im Social Web verbreitet werden (Rheinländer et al. 2011 zitiert nach Mangold 2013, S. 74).

Social Media bietet dabei eine bedeutende Plattform für Kundenempfehlungen. Bewertungen oder Empfehlungen, die in Netzwerken oder anderen Plattformen abgegeben werden, gelten aufgrund der Freiwilligkeit und zum Teil Bekanntheit des Senders als sehr vertrauenswürdig (Mühlenbeck und Skibicki 2008, S. 99). Laut Gruber verfolgen Unternehmen mit dem Initiieren von Weiterempfehlungsverhalten deshalb Vertrauensauf-

Abb. 12.1 Wirkungszusammenhang Authentizität, Glaubwürdigkeit, Vertrauen. (Quelle: In Anlehnung an Schallehn 2012, S. 48)

bau und Markenbindung (Gruber 2008, S. 56). In Social Media versuchen Unternehmen durch zielgerichtete Aktivierung der Konsumenten, Weiterempfehlungsverhalten anzustoßen und zu verstärken (Bruhn 2011, S. 1131).

Durch Kundenempfehlungen können so zum einen die Erfahrungen von Bestandskunden verstärkt und bestätigt werden. Wobei hier jedoch eigene Erfahrungen im Hinblick auf die Verhaltenskonsequenz wichtiger sind als die von anderen kommunizierte Wahrnehmung. Kundenempfehlungen wirken zum anderen auch positiv auf die Bindung des Kommunikators. Dies wird mit der positiven Wahrnehmung konsistenten Verhaltens erklärt. Glaubwürdigkeit und Verlässlichkeit des Empfehlenden würden bei einem Wechsel leiden (Helm 2013, S. 145 f.).

12.3.3 Image

Das Image ist eine weitere wesentliche Determinante der Kundenbindung mit psychologischer Wirkung (Meffert und Bruhn 2012, S. 86). Die Literatur unterscheidet verschiedene Arten von Images: Produkt-, Marken-, Unternehmens-, Branchen- und Länderimage (Essig 2003, S. 30). In Bezug auf die Kundenbeziehung ist nach Meffert und Bruhn das Image des Anbieters entscheidend (Meffert und Bruhn 2012, S. 86). Dieses wird definiert als „the overall impression left in the customers' mind as a result of accumulative feelings, ideas, attitudes and experiences with the organization, stored in memory, transformed into a positive/negative meaning, retrieved to reconstruct image and recalled when the name of the organization is heard or brought to ones' mind" (Abd-El-Salam et al. 2013, S. 179).

Abd-El-Salam et al. (2013, S. 179/190) bestätigen auf Basis empirischer Forschungsergebnisse im Dienstleistungsumfeld, dass das Unternehmensimage eine Art Markenimage ist, bei der sich der Markenname auf das Unternehmen als Ganzes statt auf ein einzelnes Produkt oder eine Dienstleistung bezieht. Da Banken als Unternehmensmarken auftreten, kann das Unternehmensimage hier als Markenimage verstanden werden. Das Image entsteht dabei unter anderem aus subjektiven Informationen über das Unternehmen und deren gefühlsmäßiger Bewertung. Vor allem wenn die Leistung schwer eingeschätzt werden kann, gewinnt der Faktor Image stark an Bedeutung (Andreassen und Lindestad 1998, S. 7).

Social-Media-Kommunikation wird nach Bruhn zum Beitrag der Imagebildung eine überdurchschnittliche Wirkungsintensität zugesprochen (Bruhn 2011, S. 34). Eilers identifiziert fünf sogenannte „Social-Media-Stimuli", die das Markenimage beeinflussen (Eilers 2013, S. 63). Abbildung 12.2 schafft einen Überblick über die Faktoren.

Mit der Erstellung von Brand Generated Content (BGC) kommuniziert das Unternehmen basierend auf der Markenidentität die Merkmale, die das Bild der Marke prägen sollen (Burmann et al. 2010, S. 10).

Insbesondere durch Social Media nimmt der Nutzer nicht mehr ausschließlich die Markenkommunikation wahr, sondern auch nutzergenerierte Inhalte, die sich auf die Marke beziehen, sogenannter User Generated Content (UGC). Hierauf hat das Unternehmen

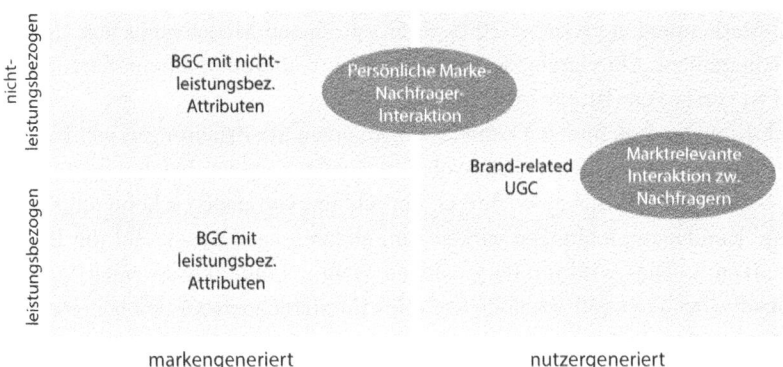

Abb. 12.2 Einflussfaktoren auf das Markenimage. (Quelle: Eilers 2013, S. 63)

hingegen keinen Einfluss. Becker sowie Burmann und Stolle heben den Stellenwert des Einflusses anderer Nutzer auf das Markenimage besonders hervor, da die Marke ihr Bild nur zum Teil selbst gestalten kann (Becker 2012, S. 100).

Die markenrelevante Kommunikation und Mund-zu-Mund-Kommunikation zwischen den Nachfragern zählen in den Ausführungen vieler Veröffentlichungen zu den wichtigsten Informationsquellen und damit Einflussfaktoren des Images (Meiners et al. 2010, S. 83). Durch Social Media steigt die Bedeutung dieser Informationen, da Meinungen und Bewertungen auf Onlineportalen reichweitenstark kundgetan werden können.

12.3.4 Commitment

Commitment ist ein „zentrales beziehungsrelevantes Konstrukt" (Meffert und Bruhn 2012, S. 93) und bezeichnet „eine gewisse freiwillige innere Verpflichtung und das Bestreben des Kunden, die Geschäftsbeziehung aufrechtzuerhalten" (Grohmann et al. 2013, S. 90). Der Einfluss von Social Media auf das Commitment „can be better explained in the light of customer participation in the virtual communities found embedded within social media" (Vesel et al. 2012, S. 128). Dies begründen Vesel et al. mit der Definition von Algesheimer, nach der die Identifikation mit einer Brand Community die Stärke der Beziehung zur Marke widerspiegelt (Vesel et al. 2012, S. 128). Das Ausmaß, mit dem sich jemand zugehörig fühlt, entscheidet über das Gefühl der Verbundenheit und Zugehörigkeit. Dabei ist Identifikation „a consequence of the emotional involvement with the group", was wiederum als affektives Commitment charakterisiert werden kann (Vesel et al. 2012, S. 128).

Auch nach Jahn und Meyer lassen sich Markenseiten auf Facebook oder Twitter konzeptionell den Brand Communities zuordnen, da wie bei Brand Communities die Marke im Mittelpunkt steht (Jahn und Meyer 2013, S. 173). Eine der am häufigsten zitierten Definitionen beschreibt die Brand Community als „specialized, non geographically bound community, based on a structured set of social relationships among admirers of a brand. It is specialized because at its center is a branded good or service. Like other communities it is marked by shared consciousness, rituals and traditions, and a sense of moral responsibility [...] and we also see brand communities explicitly commercial (Muniz und O'Guinn 2001, S. 480).

Im Vergleich zu Brand Communities zeigen Marken-Fanpages jedoch einige Besonderheiten auf und heben sich so von Brand Communities im originären Sinn ab. Ein wichtiger Unterschied ist, dass die Marken-Fanpage ein Kommunikationskanal des Unternehmens und damit ein Instrument zur Kunden-/Markenbindung ist (Jahn und Meyer 2013, S. 177). Eine klassische Brand Community hingegen bezeichnet einen unternehmensunabhängigen Zusammenschluss von „admirers of a brand" (Muniz und O'Guinn 2001, S. 412). Auf Facebook beispielsweise werden alle Mitglieder einer Markenseite als Fans bezeichnet. Hier kann die Marke durch Einbettung in das soziale Netzwerk auch mit eigentlichen Nicht-Fans und Kritikern verbunden sein. Erst wenn sich die Fans positiv einbringen, beispielsweise indem sie gute Bewertungen abgeben, können sie als Marken-Fans im eigentlichen Sinne bezeichnet werden. Damit Marken-Fanpages ihr gesamtes Potenzial zur Kundenbeziehungspflege zum Einsatz bringen können, ist Partizipation der Mitglieder erforderlich (Jahn und Meyer 2013, S. 177).

Nach dieser Herleitung des Wirkungszusammenhangs spiegelt sich Commitment in Social Media als Partizipation des Kunden wieder. Das bedeutet, dass das Unternehmen in Social Media die Chance hat, durch Inhalte Identifikationspotenzial zu schaffen und dadurch die Teilhabe des Kunden zu forcieren.

12.4   Social-Media-Kommunikation bei Banken

Ein Einstieg in die Social-Media-Kommunikation ist nicht für alle Unternehmen gleichermaßen geeignet. Zum Teil ist das Interesse an ganzen Branchen – wie Banken und Versicherungen – geringer als an anderen. Das niedrige emotionale Involvement ist einer der Gründe, Banken als „mäßig geeignet" für Social-Media-Kommunikation einzustufen (Esch et al. 2012, S. 151).

Das derzeit prozentual geringe Interesse der Bankkunden an der Social-Media-Kommunikation ihrer Bank bestätigt diese Einstufung. Eine Studie von Goetzpartners bringt beispielsweise hervor, dass nur 13 Prozent der Bankkunden, die in Social Media aktiv sind, mit ihrer Hausbank auf Twitter, Facebook oder anderen Social-Media-Plattformen vernetzt sind (Goetzpartners 2014, S. 2). Auch ein Unternehmens-Ranking nach Markenseiten mit den meisten Facebook-Fans in Deutschland kommt zu einem ähnlichen Ergebnis. So erreicht die zentrale Seite der Sparkasse mit 120.000 Fans und damit den meisten Fans innerhalb der Bankenbranche Rang 814 (Fanpage Karma 2014). Dennoch ist – zum Beispiel anhand des Wachstums der Fan-Zahlen auf Facebook – ein Bedeutungszuwachs zu erkennen.[1] Auch dass Banken im Social Web Anhänger finden, bestätigt die Relevanz als Kommunikationsinstrument.

Die wissenschaftlichen Erkenntnisse zeigen, dass Social-Media-Kommunikation aufgrund ihrer zunehmenden Relevanz und Charakteristika als Kommunikationsinstrument einen Beitrag zur Kundenbindung leisten kann. Ob auch die Bankenbranche davon profitiert, wird in den folgenden Abschnitten auf Basis der Ergebnisse teilstandardisierter Leitfadeninterviews mit Experten erörtert. Dazu wurden zehn Social-Media-Verantwortliche – die in Großbanken [2], Regionalbanken [1], Direktbanken [3], im öffentlich rechtlichen [1], oder genossenschaftlichen Sektor [3] tätig sind – befragt.

12.4.1 Bedeutung der Social-Media-Kommunikation für Bank und Kunde

Anders als zunächst aufgrund des geringen Interesses der Bankkunden und des niedrigen emotionalen Involvements vermutet, nimmt Social-Media-Kommunikation an sich sowie als Instrument der Kundenbindung für die Mehrheit der Befragten eine bedeutende Rolle ein. Auch wenn die Experten Kundenbindung nicht als explizites Ziel ihrer Social-Media-Kommunikation nennen, führt Kundenkommunikation und Kundeninformation die Zielagenda an. Da zu sein, wo der Kunde sich aufhält, dort mit ihm zu kommunizieren beziehungsweise zu informieren und dadurch relevant zu bleiben, zählen sieben der Interviewteilnehmer – wie Abb. 12.3 zeigt – zu den Hauptzielen ihrer Social-Media-Kommunikation.

Ein Vertreter aus dem Direktbankensektor merkt an, dass die Social-Media-Kommunikation für die Kundenbindung sogar sehr wichtig ist, da sie das einzige „öffentliche

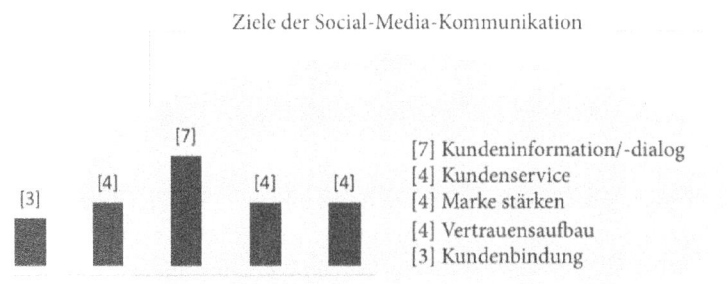

Abb. 12.3 Ziele der Social-Media-Kommunikation

---

[1] Das durchschnittliche Wachstum der Fan-Zahlen von Banken und Finanzinstituten beträgt nahezu 16 Prozent. Absolut stieg die Zahl von im Schnitt 14.250 Fans im ersten Quartal 2014 auf durchschnittliche 17.300 Fans im dritten Quartal 2014 (vgl. Social Bench 2014a, S. 3; Social Bench 2014b).

Sprachrohr" zum Kunden sei. Im Gegensatz dazu misst ein Social-Media-Manager aus dem Genossenschaftssektor Social Media im Hinblick auf Kundenbindung bei seiner Bank nur eine sehr geringe Bedeutung zu. Die Kundenbindung bei seiner Bank werde eher klassisch im persönlichen Kontakt zum Berater aufgebaut.

Die Relevanz der Social-Media-Kommunikation für ihre Kunden sehen die Experten unterschiedlich. Die Hälfte der Befragten verdeutlicht explizit, dass es nur für einen geringen Anteil der Kunden wichtig ist, mit der Bank über Social Media zu kommunizieren. So konstatiert ein weiterer Social-Media-Manager aus dem Direktbankensektor: „Wir denken das schon, dass Kunden mit uns auf Social Media kommunizieren wollen. Es wird auch angenommen, jedoch befindet sich das im Promillebereich."

Im Gegensatz dazu schätzt ein Vertreter aus dem Genossenschaftsbereich, dass vor allem in der jungen urbanen Zielgruppe seiner Meinung nach die Mehrheit an Social-Media-Kommunikation auch im Bankbereich interessiert ist. Er prognostiziert, dass die Bedeutung in den nächsten Jahren weiter zunehmen wird und es deshalb schon heute wichtig ist, präsent zu sein. Auch ein Experte aus dem öffentlich rechtlichen Sektor spricht von einem nicht zu vernachlässigendem Anteil an Kunden, für die es wichtig ist, dass sie über Social Media mit ihrer Bank in Kontakt treten können.

12.4.2   Chancen der Social-Media-Kommunikation für die Kundenbindung

Im Hinblick auf die Chancen zur Kundenbindung messen die Interviewten der Social-Media-Kommunikation sehr gute Möglichkeiten bei, das Vertrauen der Kunden zu stärken. Transparente Kommunikation durch Berichte über Engagement oder finanzierte Projekte sowie die persönliche Nähe durch eine informellere Art der Kommunikation sind hier die Hauptargumente der Befragten. Die Du-Ansprache, durch die eine ganz andere Nähe und Kundenbeziehung aufgebaut werden könne, wählen allerdings nur drei der befragten Banken. Ein Vertreter aus dem Direktbankensektor merkt an: „Wir haben durch Social Media die Möglichkeit, unserer Bank erst einmal ein Gesicht zu geben". Die Antworten der Experten bestätigen somit die in der Theorie aufgezeigte Möglichkeit der authentischen Kommunikation zum Vertrauensaufbau.

Die überwiegende Mehrheit schreibt der Social-Media-Kommunikation ebenfalls gute bis sehr gute Möglichkeiten zu, die Kundenzufriedenheit zu verbessern. Beschwerden anzunehmen und zu lösen ist hier neben dem Serviceangebot die am häufigsten genannte Chance. „Die meisten Nutzer schreiben uns, wenn sie nicht richtig weitergekommen sind, sich falsch verstanden fühlen und sagen dann ‚hey jetzt muss ich aber echt mal was sagen, ich komm hier nicht weiter, bin total unfair behandelt worden'", berichtet ein Social-Media-Manager. Darüber hinaus nutzen die Experten mehrheitlich die Gelegenheit, Kundenmeinungen zu erheben und diese Information an die zuständigen Fachbereiche weiterzugeben. Die Informationen dienen auch zur Marktforschung im Sinne von: „Trifft das, was wir tun, noch den Nerv des Kunden?", merkt ein Social-Media-Verantwortlicher an.

Das Image kann sich nach Meinung von acht Interviewteilnehmern durch Social-Media-Kommunikation verbessern. Erlebbare Transparenz, lockere Kommunikation und damit die Chance, sich sympathisch zu präsentieren und Identifizierungspotenzial zu schaffen, sind dabei die Hauptargumente der Social-Media-Experten. In ihrer Vorreiterrolle, merken zwei Interviewte an, haben sie viel Aufmerksamkeit bekommen. Auch Nutzer, die sich regelmäßig positiv einbringen, gebe es mehr als anfangs gedacht, erklären die Social-Media-Verantwortlichen. Die Reichweite von Social Media ist ein weiterer Aspekt, der die Mehrheit der Befragten überzeugt.

12.4.3   Grenzen der Social-Media-Kommunikation für die Kundenbindung

In Anbetracht der Grenzen der Social-Media-Kommunikation ist Datenschutz eine der größten Herausforderungen. So bringen die Befragten hervor, dass im Hinblick auf Kundenzufriedenheit kunden- und kontospezifische Servicefragen nicht gelöst und auch Informationen aus der Social-Media-Kommunikation nicht weiterverarbeitet werden können.

Eine weitere Schwierigkeit sei, Interaktion mit Kunden beziehungsweise Nutzern voranzutreiben. Dabei, so zeigt die Analyse der Themenschwerpunkte und der interaktionsreichsten Posts, ist es unter anderem eine Herausforderung, Interaktion auch über Gewinnspiele und Aktionen hinaus zu erzielen. Weiter geben die Experten zu bedenken, dass nicht jede Interaktion positiver Natur ist. Social Media spiegelt die Meinung der Nutzer ungefiltert wieder, was wiederum auch Chance sein kann, die Markenwahrnehmung zu spüren und Handlungsbedarfe abzuleiten.

Die Experten merken mehrheitlich an, dass es eine Schwierigkeit für Banken ist, trotz der Beschaffenheit der Bankleistung attraktive Inhalte zu kreieren. Über die Inhalte hinaus, die Interaktion anregen sollen, hat vor allem das Werbebudget, einen immensen Einfluss auf die Interaktionsrate, betonen die Social-Media-Verantwortlichen. Die künstliche Verknappung der Reichweite von Social-Media-Plattformen mit einhergehenden höheren Kosten, Inhalte sichtbar zu machen, sehen die Experten auch im Hinblick auf die Kosten als Problem.

12.4.4   Zukunftsperspektiven

Perspektivisch messen die Experten der Social-Media-Kommunikation dennoch eine steigende Bedeutung in ihrer Bank auch im Hinblick auf das Thema Kundenbindung zu. Social Media werde an Relevanz sowohl für Kunden als auch für die Bank gewinnen.

Eine wesentliche Weiterentwicklung im Hinblick auf die Kundenbeziehung wäre für einen der Social-Media-Verantwortlichen, die Anbindung an interne Prozesse. Auch in der Möglichkeit, ein Beratungsgespräch direkt online zu bewerten und die Erfahrung in Social Media weiterzuverbreiten, sieht er Potenzial.

Im Hinblick auf Kundenservice und Datenschutz wäre für einen Vertreter aus dem Direktbankenbereich die Entwicklung hin zu eigenen Plattformen ein wesentlicher Fortschritt. Um Kunden identifizieren zu können und die Informationen weiterzuverarbeiten, müsste die Kommunikation auf Plattformen der Bank stattfinden, bestätigt auch ein weiterer Experte.

Ein Social-Media-Verantwortlicher aus dem Genossenschaftsbereich sieht außerdem die Chance für die Bank, wenn sie „geschickt" ist, Plattform für die Kommunikation über Finanzthemen zu werden.

12.5   Fazit

Social-Media-Kommunikation bietet auch im Bankenbereich Möglichkeiten zur Kundenbindung beizutragen. Wesentliche Voraussetzung dafür ist die Interaktion mit Kunden im Social Web. Dabei entscheidet die Qualität der Inhalte, die Banken im Social Web veröffentlichen, ob Interaktionen über Gewinnspiele hinaus entstehen können. Auch das Budget, das die Bank in Social Media investiert, beeinflusst, ob gepostete Inhalte für Anhänger des Kreditinstituts überhaupt sichtbar sind.

Um mit Social-Media-Kommunikation zur Kundenbindung beizutragen ist es wichtig, dass Banken mit ihrer Kommunikation auf die Kundenbindungsdeterminanten einwirken. Vertrauen kann dabei durch authentische Kommunikation aufgebaut werden. Themen rund um die Bank wie finanzierte Projekte, Finanzthemen, die einen Mehrwert für den Nutzer bringen oder positive Meinungen von Nutzern sind Möglichkeiten, das Vertrauen zu stärken. Banken können sich außerdem durch eine weniger förmliche Kommunikation – beispielsweise durch die Ansprache per Du – sympathischer sowie persönlicher präsentieren und damit Nähe zum Kunden aufbauen.

Service im Social Web zu bieten, Anfragen aktiv anzunehmen und auch Beschwerden offen zu beantworten trägt dazu bei, die Zufriedenheit der Kunden zu erhöhen. Außerdem beeinflussen integrierte Markenkommunikation und Weiterempfehlungen das Image positiv.

Zu den Chancen gilt es die aufgezeigten Herausforderungen – wie die Kosten- oder Datenschutzproblematik – zu beachten. Auch die Ressourcen, um relevante Inhalte bereitzustellen, sind nicht zu unterschätzen und müssen in die Kosten-/Nutzenrechnung jedes Institutes einfließen.

Literatur

Abd-El-Salam, E. M., Shawky, A. Y., & El-Nahas, T. (2013). The impact of corporate image and reputation on service quality, customer satisfaction and customer loyalty: testing the mediating role, Case analysis in an international service company. *The Business & Management Review*, 3(2), 177–196.

Andreassen, T. W., & Lindestad, B. (1998). Customer loyalty and complex services – the impact of corporate image on quality, customer satisfaction and loyalty for customers with varying degrees of service expertise. *International Journal of Service Industry Management*, 9(1), 7–23.

BDZV (2012). Die deutschen Zeitungen in Zahlen und Daten, Auszug aus dem Jahrbuch „Zeitungen 2011/2012". http://www.bdzv.de/fileadmin/bdzv_hauptseite/markttrends_daten/wirtschaftliche_lage/2011/assets/ZahlenDaten_2011.pdf. Zugegriffen: 13.09.2014

Becker, C. (2012). *Einfluss der räumlichen Markenherkunft auf das Markenimage – Kausalanalytische Untersuchung am Beispiel Indiens*. Wiesbaden: Gabler Verlag.

Bruhn, M. (2009). *Relationship Marketing, Das Management von Kundenbeziehungen* (2. Aufl.). Wiesbaden: Vahlen.

Bruhn, M. (2011). *Unternehmens- und Marketingkommunikation, Handbuch für ein integriertes Kommunikationsmanagement* (2. Aufl.). München: Vahlen.

Bruhn, M., & Hadwich, K. (2013). Dienstleistungsmanagement und Social Media – Eine Einführung in die theoretischen und praktischen Problemstellungen. In M. Bruhn, & K. Hadwich (Hrsg.), *Dienstleistungsmanagement und Social Media* (S. 3–40). Wiesbaden: Gabler.

Budak, Y., & Trauter, K. (2011). Service 2.0: Engagement in Foren, Ein neuer Weg der Kundenbindung. *Social Media Magazin*, 42(2), 36–41.

Burmann, C., Eilers, D., & Hemann, F. (2010). *Bedeutung der Brand Experience für die Markenführung im Internet*. Arbeitspapier Nr. 42 des Lehrstuhls für innovatives Markenmanagement LiM der Universität Bremen.

Burmann, C., Hemann, F., Eilers, D., & Kleine-Kalmer, B. (2012). Authentizität in der In- teraktion als zentraler Erfolgsfaktor der Markenführung in Social Media. In M. Schulten, A. Merten, & A. Horx (Hrsg.), *Social Branding: Strategien – Praxisbeispiele – Perspektiven* (S. 129–146). Wiesbaden: Gabler Verlag.

Deutsche Bank Research (2010). Mehrheit der Bankkunden recherchiert online. Ergebnisse einer Clickstream-Analyse. http://www.full-value-of-search.de/pdf/ROPO%20Case%20Study%20DB%20-%20Wie%20Bankkunden%20im%20Internet%20recherchieren.pdf?129778977. Zugegriffen: 13.10.2014

EGC (2013). Vertrauenskrise: Jeder dritte Kunde liebäugelt mit einer neuen Bank / Direktbanken müssen überproportional viel Abwanderung befürchten / Saarländer Institute führen im bundesweiten Vertrauens-Ranking. http://www.presseportal.de/pm/64523/2553746/vertrauenskrise-jeder-dritte-kunde-liebaeugelt-mit-einer-neuen-bank-direktbanken-muessen. Zugegriffen: 9.09.2014

Eilers, D. (2013). *Wirkung von Social Media auf Marken, eine ganzheitliche Abbildung der Markenführung in Social Media*. Wiesbaden: Gabler Verlag.

van Eimeren, B., & Frees, B. (2014). ARD/ZDF-Onlinestudie 2014. http://www.ard-zdf-onlinestudie.de/index.php?id=506. Zugegriffen: 6.09.2014

Eisinger, C., & Weisrock, C. (2013). Generation Y – eine neue Kundengeneration. http://www.springerprofessional.de/generation-y---eine-neue-kundengeneration/4234092.html. Zugegriffen: 22.07.2014

Elsner, D., & Semle, F. (2012). Banken und Social Media. Transparenz und Dialog als Geschäftsmodell, in: Handelsblatt (2012). http://www.handelsblatt.com/meinung/gastbeitraege/banken-und-social-media-transparenz-und-dialog-als-geschaeftsmodell/6444312.html. Zugegriffen: 25.07.2014

Esch, F. R., von Einem, E., Gawlowski, D., Isenberg, M., & Rühl, V. (2012). Vom Konsumenten zum Markenbotschafter – Durch den gezielten Einsatz von Social Media die Konsumenten an die Marke binden. In M. Schulten, A. Mertens, & A. Horx (Hrsg.), *Social Branding* (S. 147–166). Wiesbaden: Gabler Verlag.

Essig, C. (2003). *Das Image von Produkten, Marken und Unternehmen*. Sternenfels: Verlag Wissenschaft & Praxis Dr. Brauner.

Faktenkontor (2014). Social Media Atlas 2013: Social Media Nutzung in Deutschland. http://social-media-atlas.faktenkontor.de/2013/. Zugegriffen: 13.12.2014

Fanpage Karma (2014). Ranking Produkte & Co. http://www.fanpagekarma.com/. Zugegriffen: 5.12.2014

Fridgen, G., Moser, F., & Weiß, C. (2012). Die digitale (R)evolution. *Die Bank*, (6), 46–50.

Georgie, D. (2010). Kundenbindungsmanagement im Kundenbeziehungszyklus. In M. Bruhn, & C. Homburg (Hrsg.), *Handbuch Kundenbindungsmanagement* (7. Aufl., S. 277–289). Wiesbaden: Gabler Verlag.

Glahe, C., & Baston, J. (2012). Zielgruppenkonzept für junge Erwachsene: Kunden von morgen schon heute nachhaltig binden. *Betriebswirtschaftliche Blätter*, *61*(12), 35–37.

Goetzpartners (2014). Crowdbanking – die Revolution der Banken bis 2020, goetzpartners studie zu den Folgen von Social Media für die Finanzdienstleitungsbranche. http://www.goetzpartners. com/de/media/news/article/deutsche-banken-verlieren-den-anschluss-bei-social-media/. Zugegriffen: 10.10.2014

Greve, G. (2011). Social CRM: Zielgruppenorientiertes Kundenmanagement mit Social Media. In C. Bauer, G. Greve, & G. Hopf (Hrsg.), *Online-Targeting und Controlling, Grundlagen, Anwendungsfelder, Praxisbeispiele* (S. 243–260). Wiesbaden: Gabler Verlag.

Grohmann, M., Heumann, C., & Wangenheim, F. (2013). Determinanten der Kundenbindung. In M. Bruhn, & C. Homburg (Hrsg.), *Handbuch Kundenbindungsmanagement* (8. Aufl., S. 81–100). Wiesbaden: Springer Gabler.

Gruber, G. (2008). Planungsprozess der Markenkommunikation in Web 2.0 und Social Media. Saarbrücken: VDM Verlag Dr. Müller.

Handelsblatt (2014). Regionalbanken. Die Krise der Musterschüler. http://www.handelsblatt. com/unternehmen/banken/regionalbanken-oft-wettbewerbsgefaehrdendes-kosten-ertragsverhaeltnis/9281686-2.html. Zugegriffen: 20.07.2014

Hanna, R., Rohm, A., & Crittenden, V. (2011). We're all connected: The power of the social media ecosystem. *Business horizons*, *54*, 265–273.

Hawkings, K., & Vel, P. (2013). Attitudinal loyalty, behavioural loyalty and social media: an introspection. *The Marketing Review*, *13*(2), 125–141.

Helm, S. (2013). Kundenbindung und Kundenempfehlung. In M. Bruhn, & C. Homburg (Hrsg.), *Handbuch Kundenbindungsmanagement* (8. Aufl., S. 135–154). Wiesbaden: Gabler Verlag.

Jahn, B., & Meyer, A. (2013). Konsumenten-Engagement auf Social Media-Plattformen – Marken-Fanpages als Instrument für das Kundenbeziehungsmanagement (CRM). In M. Bruhn, & K. Hadwich (Hrsg.), *Dienstleistungsmanagement und Social Media* (S. 171–186). Wiesbaden: Springer.

Mangold, T. (2013). *Social Media im Nachhaltigkeitsmarkenmanagement, Ein anwendungsorientiertes Modell*. Lüneburg: Leuphana Universität.

Meffert, H., & Bruhn, M. (2012). *Dienstleistungsmarketing* (7. Aufl.). Wiesbaden: Gabler Verlag.

Meiners, N. H., Schwarting, U., & Seeberger, B. (2010). The renaissance of word-of-mouth marketing: a new standard in twenty-first century marketing management?! *International Journal of Science and Applied Research, 3*(2), 79–97.

Mühlenbeck, F., & Skibicki, K. (2008). *Community Marketing Management. Wie man Online-Communities im Internet-Zeitalter des Web 2.0 zum Erfolg führt* (2. Aufl.). Norderstedt: Nielsen.

Muniz, A., & O'Guinn, T. C. (2001). Brand communities. *Journal of Consumer Research, 27*(4), 412–432.

PwC (2011). Chatten, Posten, Twittern, Kundenbindung im Zeitalter von Social Media. http://www.pwc.de/de_DE/de/handel-und-konsumguter/assets/pwc_social_media.pdf. Zugegriffen: 13.12.2014

Schallehn, M. (2012). *Marken-Authentizität: Konzeption, Einflussfaktoren und Wirkungspotential aus Sicht der identitätsbasierten Markenführung.* Wiesbaden: Gabler Verlag.

Sieper, M., & Schüllermann, M. (2012). Social Media-Aktivitäten der Finanzindustrie haben sich 2011 kaum weiterentwickelt. http://www.absatzwirtschaft.de/content/online-marketing/wissen/social-media-aktivitaeten-der-finanzindustrie-haben-sich-2011-kaum-weiterentwickelt; 76761. Zugegriffen: 22.07.2014

Sivek, C. (2014). BVDW-Studie, Social Media in Unternehmen. http://www.bvdw.org/medien/bvdw-studie-social-media-in-unternehmen?media=5991. Zugegriffen: 4.01.2015

Social Bench (2014a). Q1 2014, Social Media Update, München, 2014, Banken und Finanzinstitute in sozialen Netzwerken, 80 Facebook-Auftritte im direkten Vergleich. http://www.socialbench.com/de/. Zugegriffen: 15.12.2014

Social Bench (2014b). Q3 2014, Social Media Update, München, 2014, Banken und Finanzinstitute in sozialen Netzwerken, 80 Facebook-Auftritte im direkten Vergleich. http://www.socialbench.com/de/. Zugegriffen: 15.12.2014

Statista (2014a). Anzahl der aktiven Nutzer von Facebook in Deutschland von Januar 2010 bis Januar 2014 (in Millionen). http://de.statista.com/statistik/daten/studie/70189/umfrage/nutzer-von-facebook-in-deutschland-seit-2009/. Zugegriffen: 13.12.2014

Statista (2014b). Anzahl der Fernseher im Haushalt. http://de.statista.com/statistik/daten/studie/171950/umfrage/anzahl-der-fernseher-im-haushalt/. Zugegriffen: 13.12.2014

Vesel, P., Orel, P. F., & Spende, M. (2012). Using Multichannel Marketing Actitvities to Build Customer Relationships. In J. Kandampully (Hrsg.), *Service Management: The New Paradigm in Retailing* (S. 117–142). Columbus USA: The Ohio State University.

Weiber, R., & Wolf, T. (2012). Disruptive Empowerment Auswirkungen von Kundeninteraktionen auf den Social-Media-Erfolg. *Marketing Review St. Gallen, 29*(4), 42–47.

Weinberg, T. (2010). *Social Media Marketing – Strategien für Twitter, Facebook & Co.* Köln: O'Reilly Verlag.

Thomas Barsch

Inhaltsverzeichnis

13.1 Ausgangssituation 179
13.2 Mobile Payment 181
13.3 Player Bezahlsystem 183
13.4 Handlungsempfehlungen 190
Literatur 191

13.1 Ausgangssituation

Die Branchengrenzen, auch im Bankenumfeld, sind mehr denn je im Umbruch beziehungsweise beginnen sich aufzulösen. Die traditionellen Erlössäulen fallen weg oder sind aufgrund der politisch bedingten Niedrigzinsen nicht sehr ertragsreich (vgl. Abb. 13.1).

In den letzten Jahren sind Branchenfremde in die Finanzdienstleitung eingestiegen. Typisch hierfür sind die Automobilhersteller mit eigenen Banken und Versicherungen, wie zum Beispiel die Mercedes-Benz Bank, die Audi Bank und die Fiat Bank (vgl. Abb. 13.2).

Doch auch Anbieter wie zum Beispiel der Zahlungsverkehrsanbieter PayPal machen den Banken das Leben schwer. Außerdem belasten zahlreiche regulatorische Auflagen sowie die Gewährleistung hoher Sicherheiten das Bankengeschäft (vgl. Abb. 13.3).

Die Beschäftigung mit diesem Thema beziehungsweise die Abwehrbemühungen benötigen Ressourcen in den Banken. Bei alldem sollten die Banken achtgeben, dass sie nicht die Kunden vergessen und die von außen eindringenden Wettbewerber übersehen.

T. Barsch (✉)
FOM Studienzentrum Stuttgart
Stuttgart, Deutschland
email: thomas.barsch@fom-net.de

© Springer Fachmedien Wiesbaden 2016
M. Seidel (Hrsg.), *Banking & Innovation 2016*, FOM-Edition,
DOI 10.1007/978-3-658-11052-9_13

Abb. 13.1 Entwicklung des Kapitalmarktzinssatzes in Deutschland in den Jahren 1975 bis 2014. (Statista 2015a)

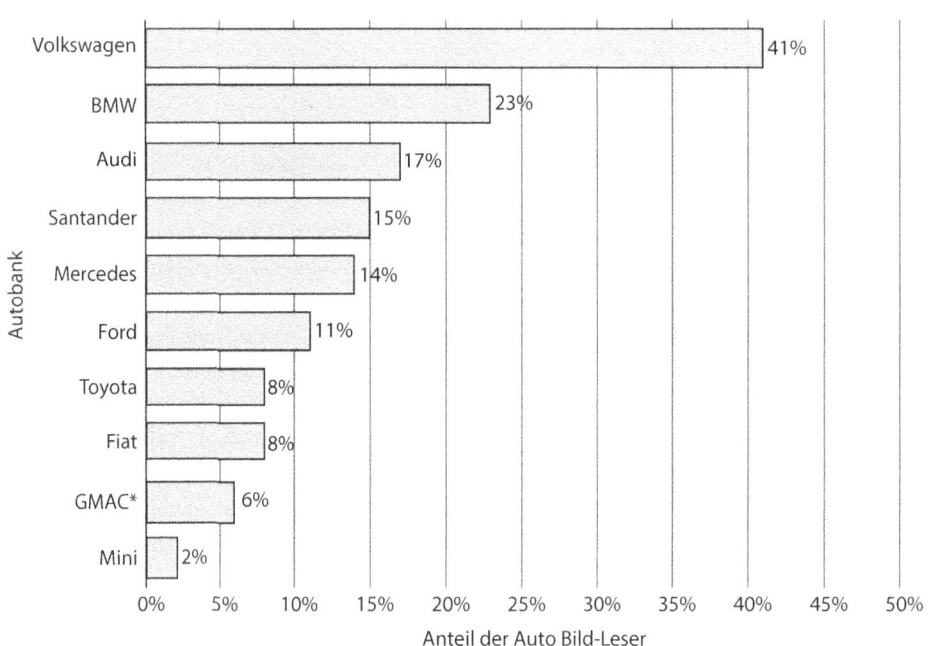

Abb. 13.2 Welche Autobanken überzeugen Sie? (Statista 2015b)

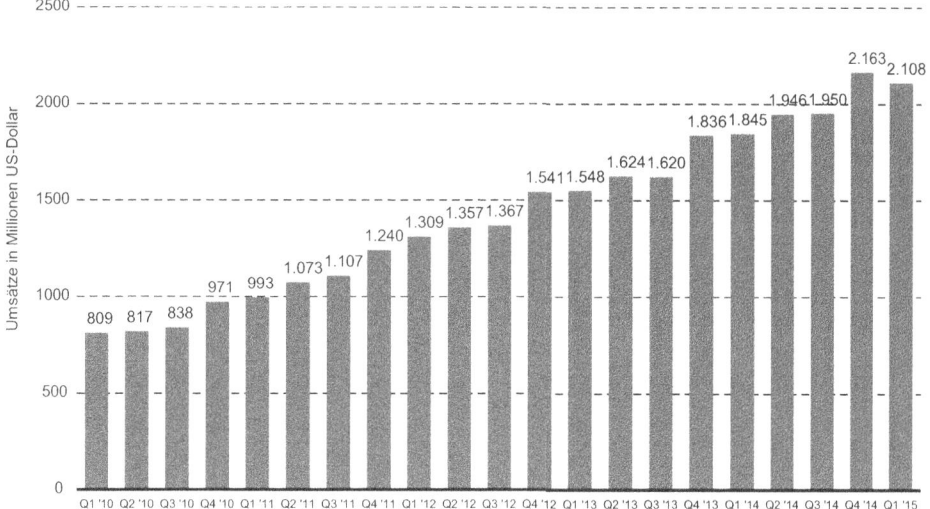

Abb. 13.3 Umsätze von PayPal weltweit vom Q1/2010 bis zum Q1/2015. (In Millionen US-Dollar – Statista 2015c)

In diesem Artikel wird auf neue Bezahlsysteme (Online, Mobil) und deren Bedeutung für unterschiedliche Branchen eingegangen. Anhand einiger wichtiger globaler Anbieter (Global Player) wird gezeigt, welche Unternehmen ein Interesse daran haben, in dieses Segment einzusteigen, um damit ihr Kerngeschäft zu stützen oder gar ein neues aufzubauen.

Bei der Vorbereitung zu diesem Artikel kam der Autor auf die Idee, das Thema „Mobile Payment" in seinen Hochschulvorlesungen zu thematisieren. Die Studenten (circa 50 an der Zahl) wurden gefragt, wen sie denn als Global Player im Mobile Payment sehen. Bei den Antworten war nicht ein einziger Finanzdienstleister dabei. Sicherlich war diese kleine Spontanumfrage wissenschaftlich nicht korrekt, aber dennoch spiegelt sie ein Bild der Wahrnehmung wider.

Im Zusammenhang mit Mobile Payment werden nachfolgend folgende Unternehmen beleuchtet: Amazon, Apple, Google, PayPal, Telekom, Vodafone, Yapital und WeChat. Einen Vergleich der verschiedenen Unternehmen finden Sie in Abb. 13.7.

13.2   Mobile Payment

13.2.1   Definition

Mobile Payment sind Bezahlvorgänge, bei denen mindestens der Zahlungspflichtige mobile elektronische Techniken zur Initiierung, Autorisierung oder Realisierung der Zahlung einsetzt, etwa mittels mobiler Geräte wie Smartphone oder Tablet und dies grundsätzlich unabhängig von der Übertragungstechnologie (Bitkom 2014, S. 13).

Das Mobey Forum[1] definiert die Mobile Wallet als Funktionalität auf einem mobilen Endgerät, die eine sichere Interaktion mit digitalisierten Wertgegenständen ermöglicht. Die Mobile Wallet kann sich auf einem mobilen Gerät oder auch auf einem Remote-Netzwerk beziehungsweise sicheren Server befinden. Der Zugriff, die Steuerung und die Nutzung erfolgt über das mobile Gerät. Die Steuerung erfolgt immer durch den Wallet-Inhaber. Die Mobile Wallet kann einen breiten Funktionsumfang haben und unterschiedliche Wertgegenstände enthalten. Aus Marktsicht interpretiert das Mobey Forum die Mobile Wallet als offenes Plattformsystem, an dem die verschiedenen Dienstleister ihre Dienste anbieten können. Inwieweit es sich um ein generisches, gegebenenfalls zentral verwaltetes System oder mehrere parallel bestehende (Provider-)Systeme handelt, bleibt offen (Mobey Forum 2011, S. 1 ff.).

13.2.2 Einsatzvarianten

Zurzeit existieren unzählige Einsatzvarianten des Mobile Payments und selbst die Fachwelt ist sich noch unklar, welche Methoden mit welcher Technologie sich durchsetzen

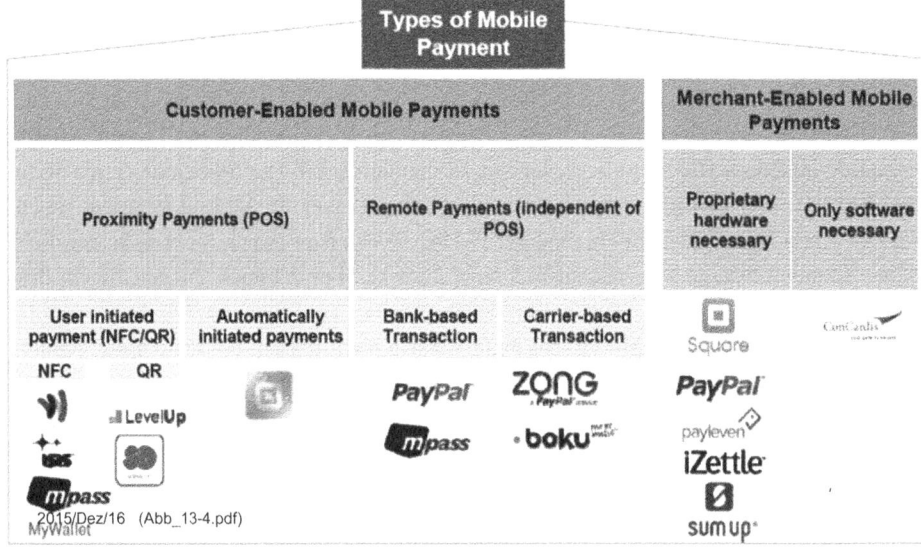

Abb. 13.4 Einsatzvarianten und Zuordnung der ausgewählten Global Player. (Falk 2012, S. 14)

---

[1] Das Mobey Forum ist ein global agierender Interessensverband von Banken und anderen Finanzinstituten mit dem Ziel, zukünftig eine führende Position in mobilen Finanzgeschäften einzunehmen http://www.mobeyforum.org/about-us/.

Abb. 13.5 Anbieter Mobile Payment/Mobile Wallet. (Vgl. Strudthoff 2015)

werden. Auch die visuellen Darstellungsformen sind vielfältig. So unterscheidet Falk (2012, S. 14) diese in zwei Hauptkategorien: Customer-Enabled und Merchant-Enabled Mobile Payments (vgl. Abb. 13.4). Als Basis dient eine kundenorientierte Perspektive.

Eine andere Darstellung der Player hat Strudthoff gewählt. Sie unterscheidet die Anbieter in digitale Giganten, Mobilfunkanbieter, händlerzentrische Plattformen, PayPal, OEM/Software Hersteller, Banken, Kreditkartenunternehmen und Startups, wie Abb. 13.5 deutlich zeigt (vgl. Strudthoff 2015).

13.3 Player Bezahlsystem

13.3.1 Amazon Payments

Amazon führte im Oktober 2013 den neuen Bestellabwicklungsservice „Login und Bezahlen mit Amazon" in den USA ein.[2] Im September 2014 ging der Dienst in Europa live. Der Service erlaubt Webseitenbetreibern und Onlinehändlern, Amazon-Daten zur Bestellabwicklung zu nutzen, ohne dass der Kunde erneut Adress-, Liefer- und Zahlungsdaten

---

[2] Vgl. http://www.it-times.de/news/amazon-bringt-login-und-bezahlen-mit-amazon-nach-europa-106966/?ld=SEDECBAADGogBRe_amazon-payments_amazon%20payments_e_57126086668_c, Abgerufen am 04.07.2015.

eingeben muss. Für den Kunden bedeutet dies eine deutliche Erleichterung beim Onlineshopping. Der Kunde muss sich nicht länger unzählige Benutzernamen und Passwörter merken, es wird einfach die Zugangsinformation des Amazon-Kontos verwendet. Außerdem sollen die Onlineeinkäufe von der bewährten Amazon A-bis-Z-Garantie abgedeckt werden. Gleichzeitig können Onlinehändler die Betrugsverhinderungstechnik nutzen, die auch Amazon verwendet.

„Login und Bezahlen mit Amazon" erweitert das bereits bestehende Angebot „Bezahlen mit Amazon", welches schon von tausenden Händlern in Deutschland genutzt wird. Durch die neue Login- und Bezahlmethode entfällt die aufwendige Neukunden-Anmeldung. Amazon-Kunden loggen sich einfach mit ihrer bei Amazon hinterlegten E-Mail-Adresse und Passwort ein und setzen den Onlineeinkauf wie gewohnt fort. Wie wichtig so ein vereinfachter Login- und Bezahlvorgang ist, zeigte eine Befragung von Redshift Research. Dort gaben 61 Prozent der Konsumenten an, dass sie einen Onlinekauf abbrechen würden, wenn der Bezahlvorgang länger als zehn Minuten dauere. Bei einem länger als fünfminütigen-Bezahlvorgang sind es nur noch 27 Prozent. Zwei Minuten gaben mehr als die Hälfte aller Befragten als die ideale Dauer für einen Onlinekauf an. Die Befragung wurde unter 3000 Konsumenten in Deutschland und Großbritannien durchgeführt.

Der Sport- und Bekleidungseinzelhändler engelhorn nutzt „Login und Bezahlen mit Amazon" bereits seit einiger Zeit. Das erste Fazit ist durchaus positiv: „Der Einsatz von ‚Login und Bezahlen mit Amazon' brachte uns bei engelhorn eine signifikante Steigerung der Onlineverkäufe von Tag Eins an. Innerhalb der ersten Stunden hatten wir bereits hunderte Bestellungen über die Bezahlmöglichkeiten von Amazon erhalten. Das hat uns sehr beeindruckt"[3], sagt Michael Stolte, Bereichsleiter E-Commerce bei engelhorn. Dies spiegelt sich natürlich auch in den Zahlen wider. So konnten seit der Einbindung die wöchentlichen Onlineverkäufe um 18 Prozent gesteigert werden. Die Kundenbasis ist innerhalb von nur zwei Wochen um zehn Prozentpunkte angewachsen. Des Weiteren entscheiden sich ein Viertel der engelhorn-Kunden für das „Bezahlen mit Amazon". So konnte in den ersten zwei Wochen nach Livegang die Konvertierungsrate um zwölf Prozentpunkte gesteigert werden.[4]

13.3.2   Apple Pay

Apple startete seine Payment-Lösung mit der Einführung am 20. Oktober 2014 in den USA. In den ersten 72 Stunden wurden bereits eine Million Kreditkarten für das mobile Bezahlsystem freigeschaltet. Für den Einsatz von Apple Pay in Ladengeschäften sind derzeit nur iPhone 6, iPhone 6 Plus und die Apple Watch geeignet. Der Kunde hält zum

---

[3] http://www.inside-digital.de/news/21032-in-online-shops-via-amazon-bezahlen-login-und-bezahlen-mit-amazon-startet-in-deutschland, Abgerufen am 06.07.2015.
[4] Vgl. http://www.inside-digital.de/news/21032-in-online-shops-via-amazon-bezahlen-login-und-bezahlen-mit-amazon-startet-in-deutschland, Abgerufen am 01.07.2015.

Bezahlen sein Gerät in die Nähe des kontaktlosen Kartenlesers, während ein Finger auf der Touch ID bleibt. Zu den Einzelhändlern, die neben Apples eigenen Stores zum Start dabei sind, zählen McDonald's, Nike und Toys"R"Us.[5] In den ersten drei Wochen wurde der Dienst bei Whole Foods 150.000-mal benutzt und jede zweite mobile Bezahlung bei McDonalds damit bezahlt.[6]

Am 15. Juli 2015 führte Apple Pay schließlich seinen Bezahldienst in Großbritannien ein. Beim Start in Großbritannien kann Apple Pay 250.000 akzeptierende Stellen vorweisen. Mit dabei sind die Drogeriekette Boots, der Modefilialist Marks & Spencer, Lidl, BP, McDonalds, Starbucks und Subway. So wird außerdem das kontaktlose Bezahlen beim Postamt und den öffentlichen Verkehrsmitteln in London möglich sein. Der iPhone-Hersteller konnte die meisten bedeutenden Banken für die Teilnahme an seinem Dienst gewinnen, darunter HSBC, Royal Bank of Scotland und Santander. Zahlungen sollen auch aus Apps heraus möglich sein, ohne wiederholt Daten eingeben zu müssen. Apple setzt hierzu auf die Unterstützung von British Airways, Domino's, lastminute.com, Airbnb, Zalando, Zara und weiteren anderen Unternehmen.[7]

Mit dem kommenden iOS 9 soll Apple Pay außerdem durch die Unterstützung für Bonusprogramme und Kundenkredit- oder Bankkarten erweitert werden. Die Passbook-App, die zunächst als Verwahrort für Gutscheine, Geschenkkarten, Eintrittskarten und Boarding-Pässe dienen sollte, erhält mit Apple Pay mehr Funktionalität und wird in „Wallet" umbenannt. Anwender sollen Bonusprogramme und Kundenkarten hinzufügen und mit dem Bezahldienst an der Kasse nutzen können.

Apple hat des Weiteren ein neues Apple-Pay-Patent angemeldet, das eine Person-to-Person-Bezahlung erlauben soll. Zwei iPhones können dazu genutzt werden, über NFC (Near Field Communication) oder Bluetooth Geldbeträge auszutauschen. Der Empfänger muss den Empfang des Betrags bestätigen und schon wird die Transaktion an Apple übertragen und die Summe auf das virtuelle Kreditkartenkonto gutgeschrieben. Gerade das Thema Sicherheit ist bei Einführung eines solchen Apple Pay Features von elementarer Bedeutung. Eine Authentifikation über die Touch ID oder eine Pin-Eingabe ist in jedem Fall zwingend notwendig. Die Übertragungen zwischen den iPhones und auch mit dem Drittanbieter sind natürlich verschlüsselt. Ob dieses Feature bereits mit iOS 9 eingeführt wird, ist Stand heute noch nicht bekannt.[8]

---

[5] Vgl. http://www.internetworld.de/mobile/apple/internationale-einfuehrung-apple-pay-924848.html, Abgerufen am 04.07.2015.

[6] Vgl. http://www.handelsblatt.com/unternehmen/banken-versicherungen/apple-pay-in-deutschland-warum-apple-vor-einem-flop-stehen-koennte/10993796.html, Abgerufen am 04.07.2015.

[7] Vgl. http://www.handelsblatt.com/unternehmen/it-medien/apple-pay-in-grossbritannien-die-stille-apple-revolution/12053604.html, Abgerufen am 18.07.2015.

[8] Vgl. https://apfeleimer.de/2015/07/apple-pay-person-to-person-payment-patent-angemeldet#, Abgerufen am 03.07.2015.

13.3.3 Google

Google startete mit seinem Bezahldienst bereits am 26. Mai 2011. In der damaligen Version hieß er noch Google Checkout. Dieser wurde zum 21. November 2013 eingestellt und durch „Wallet" ersetzt.[9]

Auch mit Google Wallet besteht die Möglichkeit, Geldbeträge zu senden und zu empfangen – sowohl per Web als auch über Gmail. Diverse Anwendungen sind bisher nur auf die USA beschränkt. Dort können Nutzer außerdem eine an das Google-Wallet-Konto gebundene Karte kostenfrei bestellen. Die Google-Wallet-Card funktioniert in den USA in allen Shops, welche MasterCard akzeptieren. Als Mobile-Payment-Lösung im Handel fungiert die Google Wallet App, die sich auf Smartphones installieren lässt. Sofern das Handy über NFC verfügt, kann damit direkt vor Ort gezahlt werden. Eine NFC-Funktion ist jedoch nicht mehr zwingend Voraussetzung für die Verwendung der App.[10]

Für deutsche User beschränkt sich die Verwendung von Google Wallet derzeit auf die Onlinezahlung im Google Play Store, das heißt, App-Einkäufe oder dort erhältliche Medien lassen sich mit Google Wallet abrechnen. In den USA sind die Zahlungsmöglichkeiten deutlich umfangreicher. Dazu gehören unter anderem mobile Bezahlvorgänge per NFC im Handel, Geldtransfer per Gmail sowie Abrechnungen beim Onlineshopping. Wo die Google Wallet App im Laden ihre Grenzen hat, bietet Google jetzt eine kostenlos erhältliche Google-Wallet-Card – an allen MasterCard-Akzeptanzstellen einsetzbar.

Kontaktlos zahlen lässt sich mit der Google Wallet App inklusive NFC in den USA bei zahlreichen Händlern die entweder PayPass oder PayWave unterstützen.

In der zugehörigen App hat Google die Voraussetzung von NFC entfernt und den Geldtransfer via Gmail integriert. Das kann als Schritt in Richtung internationaler Akzeptanz interpretiert werden.[11]

13.3.4 PayPal

Seit dem 5. April 1993 ist PayPal als Kreditinstitut lizenziert. Die Gründung erfolgte dann 1998. Nach eigenen Angaben hat PayPal über 165 Millionen aktive Kundenkonten. Täglich werden 11,5 Millionen Zahlungen in 203 Ländern abgewickelt. Bezahlen kann der Kunde in 100 verschiedenen Währungen. Es können 26 Währungen als Guthaben auf dem PayPal-Konto sein.[12]

In 2013 wickelte PayPal mit seinen damals 152 Millionen Nutzern Zahlungen in Höhe von 27 Milliarden Dollar mobil ab und 2014 waren es bereits 46 Milliarden (vgl. Abb. 13.6). Ob Lieferanten wie Telepizza.de, Bettenvermittler wie Airbnb, Ticketverkäu-

---

[9] Vgl. http://www.onlinekosten.de/news/artikel/52886/0/Google-Checkout-wird-am-20-November-eingestellt, Abgerufen am 04.07.2015.

[10] Vgl. http://www.kreditkarte.net/mobile-payment/google-wallet/, Abgerufen am 07.07.2015.

[11] Vgl. http://www.kreditkarte.net/mobile-payment/google-wallet/, Abgerufen am 07.07.2015.

[12] Vgl. https://www.paypal.com/de/webapps/mpp/about, Abgerufen am 17.07.2015.

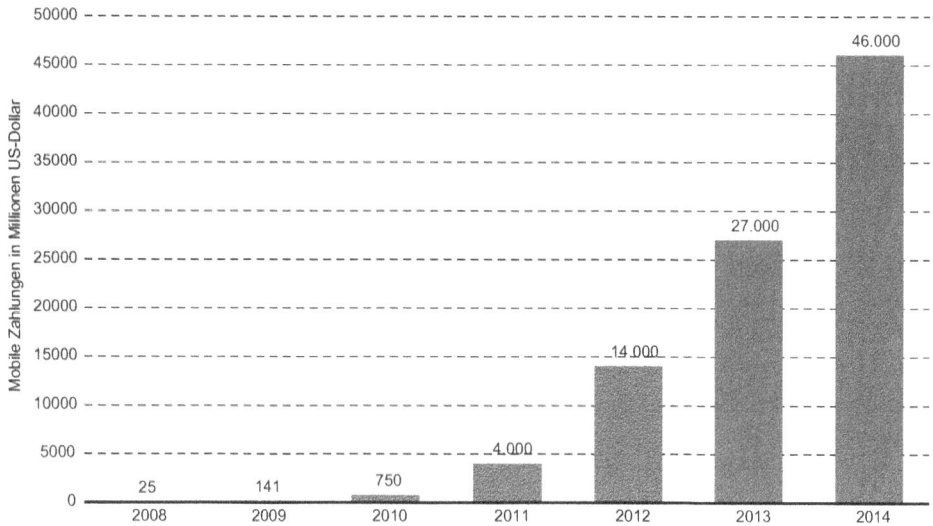

Abb. 13.6 Volumen der mobilen Zahlungen via PayPal von 2008 bis 2015 (in Millionen US-Dollar). (Quelle: http://www.manager-magazin.de/magazin/artikel/mobile-zahlungssysteme-bedrohen-das-kerngeschaeft-der-banken-a-1010114.html, Abgerufen am 04.07.15)

fer wie die Bahn oder die Lufthansa – sie alle bieten das Bezahlen mit PayPal in ihren Apps an.[13]

Das US-Unternehmen PayPal, eine Tochter von eBay, hat in Deutschland mittlerweile zwölf Millionen Kunden. Fast jeder zweite Einkauf im Internet wird – so der Stand im Februar 2015 – über PayPal abgewickelt (vgl. Abb. 13.6).[14]

Vor seiner am 17. Juli 2015 vorgenommenen Abspaltung von eBay arbeitet PayPal daran, seine Position als führender Anbieter für digitales und mobiles Bezahlen zu stärken. Dazu übernahm es bereits Anfang März 2015 die mobile Geldbörse Paydiant. Um diesen Wettbewerbern einen Schritt voraus zu sein, will sich PayPal künftig auf Geldtransfers, Kredite für Kleinunternehmen sowie die Abwicklung von Krediten und Zahlungen zwischen Privatpersonen konzentrieren. Diese Services plant es in seine Online- und Mobile-Payment-Lösungen aufzunehmen.[15]

PayPal hat mittlerweile die Übernahme des Geldtransferdienstleisters Xoom angekündigt. PayPal will Xoom als unabhängigen Dienst innerhalb seines Portfolios weiterführen. Dessen Ressourcen ermöglichen PayPal eine Ausweitung seiner eigenen Angebotspalet-

---

[13] Vgl. http://www.manager-magazin.de/magazin/artikel/mobile-zahlungssysteme-bedrohen-das-kerngeschaeft-der-banken-a-1010114.html, Abgerufen am 04.07.15.
[14] Vgl. http://www.sueddeutsche.de/wirtschaft/bezahlen-im-internet-deutsche-banken-machen-paypal-konkurrenz-1.2368805, Abgerufen am 07.07.2015.
[15] Vgl. http://www.zdnet.de/88239592/paypal-kauft-geldtransferdienst-xoom-fuer-890-millionen-dollar/, Abgerufen am 04.07.2015.

te und Kundenbasis. Xoom ist in 37 Ländern aktiv, darunter sind wichtige Märkte wie Brasilien, China, Indien, Mexiko und die Philippinen.

Für PayPal sind aber besonders Xooms Mobillösungen interessant, da Xoom im ersten Quartal 2015 über eine Milliarde Transaktionen verzeichnete, ein Drittel davon stammte von Mobilgeräten.

13.3.5 Telekom – My Wallet

„In Zukunft können Sie viele weitere Services wie zum Beispiel Kundenkarten, Fahrscheine oder Event Tickets mit der MyWallet App nutzen. So wird Ihr Smartphone zu einem praktischen Begleiter und Ersatz für Ihr Leder-Portemonnaie."[16] So die Vision der Telekom.

Mit My Wallet startet im Mai 2014 auch die Deutsche Telekom ein eigenes mobiles Zahlungssystem – eine Fortführung von Mobile Wallet aus dem Jahr 2011. Der Dienst wurde über mehrere Monate getestet und ist jetzt für alle Telekom-Kunden nutzbar.

Derzeit ist der Einsatz von My Wallet allerdings auf Android-Smartphones beschränkt. Für die Nutzung des Dienstes muss die My-Wallet-App über Googles Play Store installiert werden. Für andere Smartphone-Plattformen wie iOS oder Windows Phone gibt es derzeit keine passende App.

Neben der Android-App wird zwingend eine NFC-fähige SIM-Karte benötigt und das verwendete Smartphone muss ebenfalls mit NFC ausgerüstet sein. Derzeit werden allerdings nur wenige NFC-fähige Smartphones direkt von der Telekom unterstützt. Das sind viele der Samsung-Modelle und eine Auswahl an Sony-Smartphones. Damit ist My Wallet momentan mit vielen Smartphones nicht möglich, auch wenn diese einen NFC-Chip haben.

In Deutschland kann mittlerweile in über 35.000 Geschäften sowie in allen Telekom-Shops mit My Wallet bezahlt werden. Unter anderem unterstützen die Ketten Starbucks, Aral, Douglas, Kaufhof, Thalia und Vapiano My Wallet.

Neben der Funktion der digitalen Geldbörse soll My Wallet in Zukunft auch für andere Funktionen eingesetzt werden können. So sollen Nutzer damit Bonuspunkte sammeln und verwalten können. Aber auch Konzerttickets oder Mitgliedsausweise sollen sich so nutzen lassen.[17]

---

[16] Telekom, https://www.t-mobile.de/apps-und-musik/mywallet/0,26294,28533-_,00.html? mlid=2087.14.1042253.1c302c4cfabf1656039fdea9fa559d93...0.1435220208.1.1437812208& refid=1042253, Abgerufen am 04.07.2015.
[17] Vgl. http://www.golem.de/news/my-wallet-bezahlen-per-smartphone-app-fuer-telekom-kunden-1405-106304.html, Abgerufen am 07.07.2015.

13.3.6   Vodafone – SmartPass

Seit Dezember 2013 ist Vodafone mit seiner Mobile-Payment-Lösung in Deutschland auf dem Markt. Wer als Vodafone-Kunde ein NFC-fähiges Smartphone besitzt, kann sich eine Kreditkarte direkt ins Handy laden. Geeignet ist dieses für Zahlungen an jedem Terminal, das VISA Paywave akzeptiert.

Grundlage hierfür ist eine Prepaid-Kreditkarte, die in Kooperation mit der Wirecard Bank herausgegeben wird. Das Produkt wird wiederum unter dem Namen Smartpass angeboten.

Um auch Kunden ohne NFC-fähiges Handy oder Kunden mit der SIM-Karte eines anderen Mobilfunkproviders bedienen zu können, gibt es nun auch eine Sticker-Lösung. Ein Sticker ist in diesem Fall nichts anderes als eine Kreditkarte mit einer anderen Form. Die dazugehörige Smartpass-App stellt Vodafone in den App Stores von Google und Apple zur Verfügung.

Der Sticker kann direkt aus der App heraus bestellt werden. Auch die Aufladung des Kontos kann so initiiert werden. Als Lademöglichkeiten stehen Giroüberweisung, Sofortüberweisung, Aufladung per anderer Kreditkarte sowie über einen Gutscheincode zur Auswahl. Die Aktivierung des Stickers erfolgt über die Smartpass-Webseite.[18]

13.3.7   Yapital

Yapital ist das erste europäische, bargeldlose Cross-Channel-Payment. Mit Yapital kann der Kunde nach einmaliger Anmeldung über alle Kanäle hinweg, also online, stationär, mobil oder per Rechnung, bezahlen und einkaufen. Im Jahr 2011 als hundertprozentige Tochter der Otto Group gegründet, ist der innovative Service seit 2013 live.[19] Die Nutzung der entsprechenden App ist für den Endkunden kostenlos. Bezahlt wird mit dem QR-Code-Verfahren. Bisher kann man das Zahlungsverfahren bei 350.000 Händlern nutzen. Darunter Douglas, Görtz, Otto, Neckermann und Sport Scheck.

Der weltweit zweitgrößte Handelskonzern Otto schaut sich schon seit Längerem für seine Tochter nach einem finanzkräftigen Partner um, der bei der nötigen Expansion helfen soll. Eine Zusammenarbeit mit allen 416 deutschen Sparkassen sei nun aber nicht zustande gekommen, heißt es in einem Bericht. Der Deutsche Sparkassen- und Giroverband (DSGV) als Dachorganisation der Sparkassen wollte dies allerdings nicht bestätigen.[20]

---

[18] Vgl. http://www.mobile-zeitgeist.com/2014/05/20/mobile-payment-praxistest-vodafone-smartpass/, Abgerufen am 08.07.2015.

[19] Vgl. http://www.payone.de/produkte/payment/wallets/yapital/, Abgerufen am 08.07.2015.

[20] Vgl. http://www.handelsblatt.com/unternehmen/it-medien/ottos-online-bezahldienst-sparkassen-wollen-nicht-in-yapital-investieren/12006334.html, Abgerufen am 18.07.2015.

Abb. 13.7 Player Bezahlsysteme im Vergleich

13.3.8 WeChat

WeChat ist die zurzeit dominierende Onlineplattform in China. Weltweit 594 Millionen aktive Nutzer zählt die mobile App, die sich am ehesten mit WhatsApp vergleichen lässt. Die Mehrheit der Accounts stammt aus China, aber auch in anderen asiatischen Ländern breitet sich der Dienst derzeit aus.

Außerhalb Chinas fungiert WeChat, das im Jahr 2010 an den Start ging, vor allem als Messaging-Service. In China allerdings wurde der Dienst inzwischen mit zahlreichen Zusatzfunktionen ausgestattet, die eine immer breiter werdende Palette an Nutzerbedürfnissen abdecken sollen. Ein wichtiger Bereich ist der integrierte Bezahldienst von WeChat. Wer sich mit seiner Kreditkarte registriert, kann bequem Geld an seine Kontakte verschicken. Das funktioniert so simpel wie das Versenden einer Chat-Nachricht.[21] Auch das Verschenken von „Lucky Money" zur Silvesterfeier vor dem chinesischen Neujahr ist mit WeChat zu einer Trendwende in der chinesischen Tradition geworden. Statistiken von Alipay, dem WeChat Online-Zahlungssystem, belegen, dass über hundert Millionen Menschen Geldgeschenke via mobile-Apps während der Feiertage verschickt haben.[22] Es wird sogar vermutet, dass fast zweihundert Millionen Bankkonten über Neujahr 2015 mittels WeChat Geld verschickt und erhalten haben.[23]

13.4 Handlungsempfehlungen

Die deutsche Bankenszene sollte sich davor hüten, alles selber umsetzen zu wollen oder sogar ein eigenes „Süppchen zu kochen". Vor allem aber sollte eine höhere Risikobereitschaft oder Fehlerkultur entstehen, die finanztechnische Innovation zulässt. Beispiele hierfür gibt es. Barclays zum Beispiel probiert immer wieder neue Themen aus und schafft es so, den Konsumenten für sich zu begeistern.[24]

Weiterhin sollte man akzeptieren, dass es in der heutigen digitalen Welt auch andere Player gibt wie Abschn. 13.3 zeigt. Aber Anbieter mobiler Bezahlsysteme können sich nur

---

[21] Vgl. http://futurezone.at/digital-life/wechat-die-freiheit-im-digitalen-hinterzimmer/136.611.372, Abgerufen am 07.07.2015.
[22] Vgl. http://technode.com/2015/02/11/digital-lucky-money-war/, Abgerufen am 19.07.2015.
[23] Vgl. http://technode.com/2015/02/11/digital-lucky-money-war/, Abgerufen am 19.07.2015.
[24] Vgl. http://www.it-finanzmagazin.de/das-deutsche-bankwesen-in-der-tiefenentspannung-17352/, Abgerufen am 18.07.2015.

dann am Markt behaupten, wenn sie möglichst viele Mehrwertdienste bieten, die über den reinen Bezahlvorgang hinausgehen und für die es im Idealfall Zahlungsbereitschaft von Endkunden gibt. So zum Beispiel Location-based Services und Empfehlungen, um nur zwei zu nennen. Hier wären sicherlich Apple, Google und PayPal weit vorn. Innovative globale Kooperationsmodelle sind hier gefragt und sollten kreativ entwickelt werden.

Feststeht, dass die Nutzung über alle Geräte (PC, Notebook, Tablet, Smartphone) und Betriebssystem möglich sein muss und das unabhängig vom Einsatzort. Und es sollten alle vom Endkunden gewünschten Geldgeschäfte Multichannel-fähig abgewickelt werden und das einfach, wie zum Beispiel durch eine Beschleunigung des Bezahlvorgangs durch den Kauf mit nur einem Klick oder Self-Check-outs.

Die Herausforderung besteht also weiterhin darin, eine einfache und sichere Mobile-Payment-Lösung zu entwickeln, um ein unverwechselbares Kundenerlebnis und eine hohe Markenidentifikation zu schaffen.

Besonders gefährlich sind in den Augen des Autors die Unternehmen, die schon über eine sehr große Kundenanzahl, eine hohe digitale Reichweite und über internationale Marktzugänge verfügen sowie eine sehr hohe Markenloyalität aufweisen.

Der einzige Anbieter aus diesem Vergleich, der das Thema Mobile Payment aktuell und ernsthaft in seine Kommunikationsstrategie eingebaut hat, ist PayPal. Und schon werden Übernahmegerüchte laut. Es bleibt nun gespannt abzuwarten, wie die Finanzwirtschaft auf die vielen Quereinsteiger reagiert und wie sie ihren Kernmarkt verteidigen.

Literatur

BITKOM (2014). *Mobile Wallet Leitfaden*. Berlin: BITKOM Bundesverband Informationswirtschaft, Telekommunikation und neue Medien e. V.

Falk, T., ConCardis (2012). ConCardis Stiftungslehrstuhl für Konsumentenverhalten, Department of Marketing, EBS Universität für Wirtschaft und Recht, Oestrich-Winkel

Mobey Forum (2011). White Paper 2011, o. V., ohne Ortsangabe

Statista (2015a). Entwicklung des Kapitalmarktzinssatzes in Deutschland in den Jahren 1975 bis 2014. http://de.statista.com/statistik/daten/studie/201419/umfrage/entwicklung-des-kapitalmarktzinssatzes-in-deutschland. Zugegriffen: 6.07.2015

Statista (2015b). Welche Autobanken überzeugen Sie? http://de.statista.com/statistik/daten/studie/159380/umfrage/beliebteste-autobanken-in-deutschland/. Zugegriffen: 6.07.2015

Statista (2015c). Umsätze von PayPal weltweit vom 1. Quartal 2010 bis zum 2. Quartal 2015 (in Millionen US-Dollar.). http://de.statista.com/statistik/daten/studie/300215/umfrage/umsaetze-von-paypal-weltweit-quartalszahlen. Zugegriffen: 6.07.2015

Strudthoff, M. (2015). Mobile Payment in der Shopping Experience von morgen. http://mobile-innovation.com/mobile-payment-der-shopping-experience-von-morgen/. Zugegriffen: 6.07.2015

Ein Future-Management-System für das Retail-Banking der Zukunft

14

Michael Durst und Carolin Durst

Inhaltsverzeichnis

14.1   Einleitung 195
14.2   Ausgangssituation und aktuelle Herausforderungen im Retail-Banking 197
14.3   Zielsetzung 201
14.4   Foresight-Management-System 201
14.5   Ergebnisse und Lessons Learned 207
14.6   Zusammenfassung 208
Literatur 209

14.1   Einleitung

Die traditionelle Kreditwirtschaft befindet sich in einer historischen Umbruchphase. Viele aktuelle Entwicklungen zwingen etablierte Retail-Banken zum Umdenken: Zum einen sind Banken dazu gezwungen, ihre Produktpolitik an eine anhaltende Niedrigzinsphase anzupassen. Zum anderen gibt es eine Reihe weiterer Bedrohungen und Risiken: Neue Marktteilnehmer, wie zum Beispiel Einzelhändler, Telekommunikationsanbieter oder Onlinehändler, drängen in den Markt und bieten Konsumentenkredite sowie einfache Spar- und Giroprodukte an (Roland-Berger Studie 2013). PayPal dominiert mit seinem Internetbezahldienst die E-Commerce-Welt und entwickelt sich zu einem ernstzunehmenden

M. Durst (✉)
ITONICS GmbH
Nürnberg, Deutschland
email: michael.durst@itonics.de

C. Durst
Universität Bremen
Bremen, Deutschland
email: durst@uni-bremen.de

© Springer Fachmedien Wiesbaden 2016
M. Seidel (Hrsg.), *Banking & Innovation 2016*, FOM-Edition,
DOI 10.1007/978-3-658-11052-9_14

Konkurrenten im Bankenmarkt. Zusätzlich haben sich die Bedürfnisse der Bankkunden in den letzten Jahren stark verändert. Das Interesse an der Filiale oder dem Telefonbanking sinkt laut aktuellem World Retail Banking Report insbesondere bei jungen Kunden. Hohe Gebühren, mangelnder Service und schlechte Kommunikation veranlasst viele Kunden, zu reinen Onlinebanken zu wechseln (World Retail Banking Report 2015).

Retail-Banken müssen sich demzufolge radikal verändern und erneuern, um diesen Herausforderungen standhalten zu können. Die Trendstudie „Bank & Zukunft 2015" des Fraunhofer IAO kommt zu folgendem Fazit: „[Die] Banken sind in ihren Antworten stringent und schlüssig, leider aber immer noch in der Welt vor der Digitalisierung und des technischen Wandels verhaftet. Banking wird in der Breite noch immer anhand traditioneller Ansichten interpretiert und in vielen Fällen auch gelebt. Damit verschenken die Institute nach wie vor vielfältige Chancen und Möglichkeiten, die ihnen besonders heute offen stehen. Es wird jedoch von Jahr zu Jahr und von Monat zu Monat schwerer, ein traditionelles Geschäftsmodell aufrecht zu erhalten, das nicht mehr die Erträge abwirft, die benötigt werden, um die vorhandenen Arbeitsstrukturen und Infrastrukturen der Institute aufrecht zu erhalten. Der Wandel kommt bzw. ist seit Langem in vollem Gange. Welche Rolle Banken zukünftig im Geschäft mit den Privatkunden spielen werden, ist jedoch offener als je zuvor." (Praeg und Schmidt 2015).

Doch wie können Banken die ständig wachsende Zahl neuer Technologien und Trends (und daraus resultierenden Handlungsoptionen und Risiken) zielgerichtet identifizieren, verarbeiten und daraus zukunftsfähige Dienstleistungen und Geschäftsmodelle ableiten? Informationen über die aktuellen und zukünftigen Trends im Retail-Banking kann man zahlreichen Berichten und Studien renommierter Institute entnehmen. Beispielsweise beschreibt die Studie „Retail Banking 2020" von PricewaterhouseCoopers den Einfluss von Makrotrends auf die Bankenlandschaft (PWC 2015). Alle namhaften Beratungshäuser liefern vielfältige Informationen über die Top-Banking-Trends, wie Digital and Social Selling, Mobile Payment, Industry Consolidation und so weiter. Andere Studien, wie zum Beispiel „Retail-Banking: Die digitale Herausforderung" von Bain & Company, beschäftigen sich mit einzelnen Trends, wie dem Einfluss der Digitalisierung auf den Bankenmarkt (Bain & Company 2012).

Die Identifikation der aktuellen und zukünftigen Retail-Banking-Trends ist folglich mit einem relativ geringen Rechercheaufwand verbunden. Doch was nun? Wie können Entscheider auf Basis von allgemeingültigen Entwicklungen und Trends im Bankenmarkt strategische Handlungsfelder oder zukünftige Szenarien ableiten?

Dieser Beitrag stellt ein Future-Management-System – bestehend aus einer Trend- und Technologiemanagement- und einer Szenariomanagementkomponente – vor, welches von einer global agierenden Retail-Bank zur Entwicklung von Handlungs- und Beobachtungsfeldern und zur Entwicklung der Innovationsstrategie eingesetzt wird.

In Abschn. 14.2 wird die Ausgangssituation und die aktuellen Herausforderungen der Retail-Bank dargestellt. Abschnitt 14.3 beschreibt die Ziele, welche die Retail-Bank mit der Einführung des Future-Management-Systems anstrebt. Anschließend wird in Abschn. 14.4 vorgestellt, wie das Future-Management-System bestehende und neue Innovationsprozesse unterstützt und wie die Retail-Bank relevante Trends und Technologien bewertet, priorisiert und daraus Zukunftsszenarien ableitet. Abschließend diskutiert der Beitrag erste Lessons Learned.

14.2 Ausgangssituation und aktuelle Herausforderungen im Retail-Banking

„In den nächsten zehn Jahren werden wir mehr Verwerfungen und Veränderungen in der Bankenwelt und der weltweiten Finanzbranche sehen, als das in den vergangenen 100 Jahren der Fall gewesen ist." *Brett King, CEO des US-Mobile-Bankinganbieters Moven* (Roland Berger 2015, S. 4)

Sogenannte Retail-Banken sind nach Gabler „Kreditinstitute, die Bankdienstleistungen bereitstellen, indem sie lokal mit Filialen beziehungsweise Zweigstellen präsent sind. Filialbanken zeichnen sich in der Regel durch eine hohe Beratungsintensität und -qualität (besonders bei komplexen Produkten) aus und wollen Kundenwünsche unmittelbar abdecken. Ein Nachteil sind höhere Verwaltungsaufwendungen." (Springer Gabler Verlag 2015) Um die aktuelle Situation klassischer Retail-Banken einschätzen zu können, eignet sich eine Umfeldanalyse nach STEP. Die STEP-Analyse ist dabei ein Modell der externen Umweltanalyse und nutzt die Kategorien Sociological, Technological, Economic and Political Change zur Strukturierung. Die STEP-Analyse listet die Faktoren der einzelnen Kategorien auf, die einen Einfluss auf die untersuchte Einheit haben können.

Sociological
Hier spielen insbesondere Kundenbedürfnisse und Kundensegmente eine wichtige Rolle. Die aktiven Bankkunden sind heute sehr wechselfreudig und stellen hohe Anforderungen an ihre sogenannte Hausbank. Die Preistransparenz im Internet macht Bankkunden zu mündigen und anspruchsvollen Verbrauchern. Andererseits öffnen sich große Marktchancen in Emerging Markets. Hier entwickelt sich eine Mittelschicht, in der attraktive Neukunden für Retail-Banken entstehen. Für neue Geschäftsmodelle in der sogenannten Sharing Economy (wozu wir der Vereinfachung halber auch die DIY Economy und die Circular Economy zählen) werden weiterhin Transaktionsdienstleistungen benötigt und erwartet, die traditionelle Retail-Banken aktuell zumeist nicht anbieten.

Technological
Dank der Kombination verschiedener neuartiger Technologien sind in den letzten zehn Jahren zahlreiche Unternehmen entstanden, die mit ihren Geschäftsmodellen klassische Retail-Banken angreifen. Ob es um Bezahlen, Überweisungen, elektronisches Geld, Kredite und Dienstleistungen rund um das Kreditgeschäft im Privatkundenbereich oder die Analyse von Kundendaten geht – zahlreiche neue Wettbewerber und deren Geschäftsmodelle machen den Retail-Banken zu schaffen. Eine Übersicht ist hierzu bietet beispielsweise die FinTech Visual Map (2015).

Abgesehen von branchenfremden neuen Wettbewerbern ist der Veränderungsdruck durch neue Technologien ganz allgemein hoch: Die Digitalisierung der Geschäftsprozesse, Cloud Computing anstelle von eigenen Softwarelösungen, die Analyse und Auswertung großer Datenmengen in nahezu Echtzeit und zahlreiche Mobiltechnologien werden das klassische Filialbankengeschäft radikal verändern.

Economic

Hier spielen insbesondere die historisch niedrigen Zinsen eine entscheidende Rolle für Retail-Banken. Seit Mitte der 1980er Jahre ist zu beobachten, dass die Zinsspanne kontinuierlich sinkt. Dadurch erhöht sich der Druck auf der Kostenseite, einige Institute reagieren beispielsweise mit Filialschließungen, Stellenabbau in der Verwaltung und Fusionen/Konsolidierungen (Dombret 2014).

Political Change

Gesetzliche Anforderungen an Banken haben sich – auch und gerade im Nachgang der Finanzkrise – verschärft. Hierbei sind die Eigenkapitalregeln verschärft und globale Liquiditätsstandards definiert worden. Weiterhin wurde eine europäische Bankenaufsicht eingeführt, mit der die EZB die Aufsicht über die 120 bedeutendsten Banken des Euroraums übernommen hat.

Das Geschäftsmodell der Retail-Banken – zumindest in Europa – an sich ist aktuell bedroht, unter anderem durch

- die aktuelle Niedrigzinsphase,
- geänderte/dynamische Kundenbedürfnisse,
- alternative Geldanlage- und Finanzierungsoptionen,
- neue Player im Markt,
- neue Technologien.

Die Handlungsoptionen erscheinen daher im eigentlichen Kerngeschäft beschränkt zu sein. Neben der fortlaufenden Automatisierung und durchgehenden Digitalisierung von Geschäftsprozessen (und einem daraus folgenden Personalabbau bei gleicher oder höherer Ergebnisleistung) und der durchgehenden Digitalisierung in Vertrieb und After-Sales bleiben wenig Optionen im Kerngeschäft.

Die in diesem Beitrag vorgestellte Retail-Bank (ab hier zur Vereinfachung BANK genannt) bedient in 30 Ländern über 40 Millionen Kunden mit über 100.000 eigenen Mitarbeitern. Der Schwerpunkt der Geschäftstätigkeit liegt im klassischen Retail-Banking. Resultierend aus den zuvor genannten Überlegungen hat die BANK in den letzten Jahren mehrere Maßnahmen eingeleitet, die die Abhängigkeit vom Zinsniveau reduzieren, die Kosten im Betrieb (und je Kunde/je Transaktion) senken und die Kundenbindung und -gewinnung verbessern sollen. Zum einen wurde ein Innovationszentrum eingerichtet, in dem neue Geschäftsmodelle und neue Technologien entwickelt, pilotiert und getestet werden. Zum anderen wurde innerhalb der Stabsstelle Strategie ein mehrköpfiges Expertenteam aus Volks- und Betriebswirten, Sozialwissenschaftlern sowie Technologieexperten zusammengestellt, das die Aktivitäten im Umfeld-Scanning und in der Vorausschau bündeln, strukturieren und etablieren soll.

Die Aufgaben des Expertenteams für Umfeld-Scanning und Vorausschau sind folgendermaßen definiert:

- Analysis: What is happening?
- Interpretation: What impact might it cause on Financial Services companies?
- Prospection: What might we have to do?

Unter anderem wurde ein „Trend Book" erarbeitet, das einzelne Technologien und Trends in einer hierarchischen Struktur vorgestellt. Trends werden dabei in Macro- und Megatrends unterschieden und in acht Kategorien unterteilt: Products & Services, Delivery Models, Relationship Model, Back Office Processes, Assets, Infrastructure, Target Segments, Business Models. Jeder Trend/jede Technologie wird in einem standardisierten Format beschrieben und bewertet. Folgende Parameter beschreiben einen Trend beziehungsweise eine Technologie:

- Titel,
- Kategorisierung,

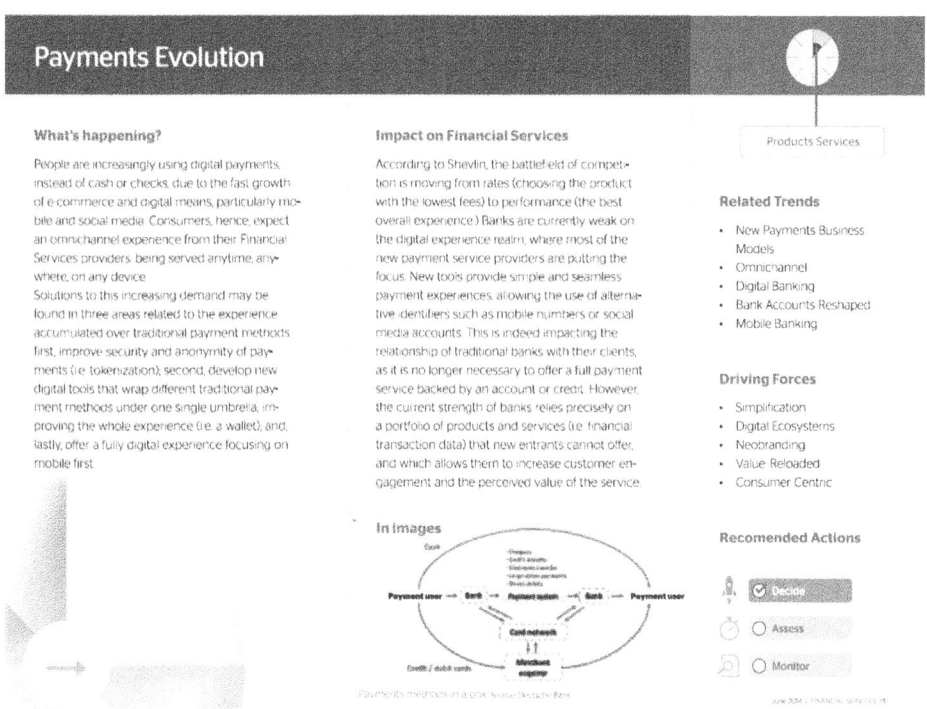

Abb. 14.1 Beispiel einer Trendstrukturierung im Trendbook (1)

- Beschreibung und Implikation(en),
- Grafiken, die die Trendbedeutung verdeutlichen (beispielsweise Zunahme/Abnahme im Zeitverlauf; globale Reichweite),
- Grafiken, die einen Trend/eine Technologie erläutern/vertiefen,
- Multimediale Inhalte wie Videos oder Bildergalerien zur Erläuterung des Trends/der Technologie (auch anhand von Anwendungsbeispielen),
- Liste der sogenannten „Driving Forces", die einen Trend begünstigen,
- Möglicher Einfluss des Trends/der Technologie auf den Finanzsektor (in Worten),
- Trends/Technologien, die im Zusammenhang stehen (Related Trends),
- Vorschlag zum Umgang mit dem Trend/der Technologie (drei Optionen: Decide, Assess, Monitor),
- Beispiele zum Trend/zur Technologie (hier können unter anderem Konkurrenten, Startups oder auch Beispiele aus anderen Branchen genannt werden),
- Möglichkeiten, die sich aus dem Trend/der Technologie ergeben („Opportunities for Banks", in Worten),
- Hintergrundliteratur (als Liste).

Abbildungen 14.1 und 14.2 zeigen ein Beispiel der beschriebenen Trendstruktur.

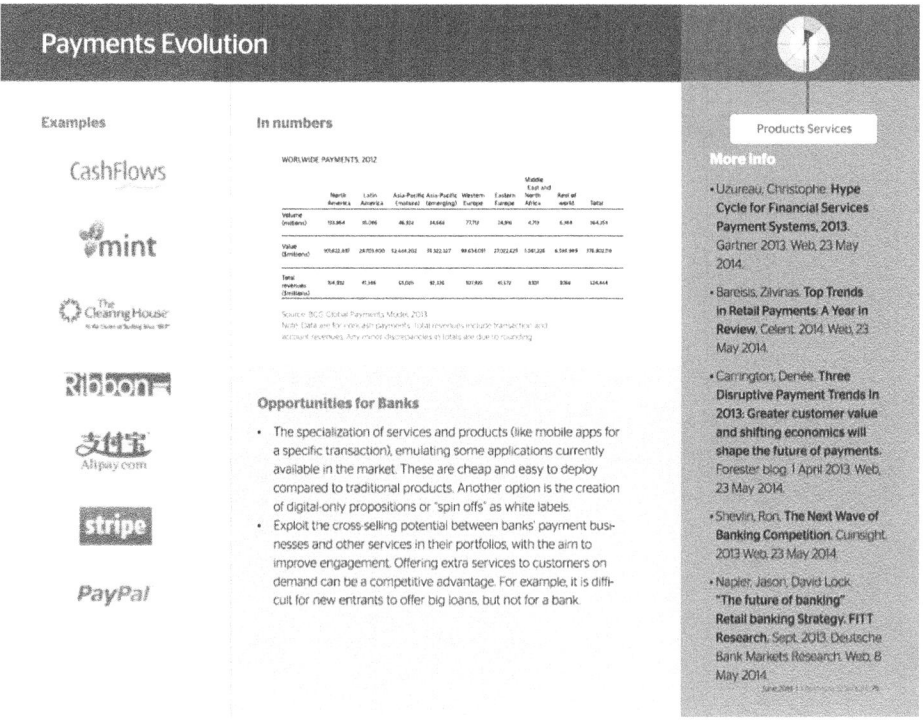

Abb. 14.2 Beispiel einer Trendstrukturierung im Trendbook (2)

14.3 Zielsetzung

Die Kernaufgaben in Umfeld-Scanning und Vorausschau bei der BANK sind

- Trend- und Technologiescouting,
- Trend- und Technologieanalyse und –bewertung,
- Kommunikation der Ergebnisse in Formaten wie einer jährlichen Trendpublikation und regelmäßigen internen Newslettern (als E-Mail),
- Erarbeitung von Schwerpunktthemen (auch Handlungsfelder genannt),
- Erstellung von Szenarien in ausgewählten Handlungsfeldern,
- Ableiten von Strategien zur Schaffung und Sicherung von Wettbewerbsvorteilen,
- Abgleich der Strategien mit den Erkenntnissen aus Szenarien und Trend- und Technologieanalysen,
- Regelmäßige Aktualisierungen und Abgleich von aktuellen Entwicklungen mit den vorliegenden Daten.

Für die genannten Aufgaben hat die BANK ein sechsköpfiges Team in Vollzeit und zahlreiche punktuelle Teammitglieder zu Schwerpunktthemen im Netzwerk aufgebaut. Grundlegende Methoden in der Recherche, Analyse und Interpretation haben sich etabliert, ein Rahmenwerk im Trend- und Technologiemanagement liegt vor. Um die Abläufe im Team und im Netzwerk schneller, internationaler und nachhaltiger zu gestalten, hat die BANK eine kollaborative Softwarelösung zur Unterstützung der zuvor genannten Aufgaben angeschafft und eingeführt. Die Software soll dabei insbesondere

- die Sammlung und Aggregation von Daten aus dem Umfeld-Scanning ermöglichen,
- das räumlich und zeitlich verteilte Arbeiten erleichtern,
- die Datenanalyse beschleunigen,
- die Kommunikation der Analyseergebnisse beschleunigen und vereinfachen,
- allen Mitarbeitern weltweit jederzeit und ortsunabhängig Datenanalysen ermöglichen (sofern ein Zugriff zugelassen ist),
- tiefergehende Analysen als bis dato ermöglichen,
- fortlaufende Aktualisierungen möglich machen und
- ermöglichen, dass Experten aus der weltweiten Organisation in die Datensammlung, -aufbereitung, -bewertung und -analyse bei Bedarf einbezogen werden können.

Der Ansatz dieser Softwareunterstützung wird im nächsten Kapitel erläutert.

14.4 Foresight-Management-System

Das hier vorgestellte Foresight-Management-System basiert auf einer Standardsoftware der Firma ITONICS („Innovation-Suite") und wurde an die Anforderungen der BANK angepasst.

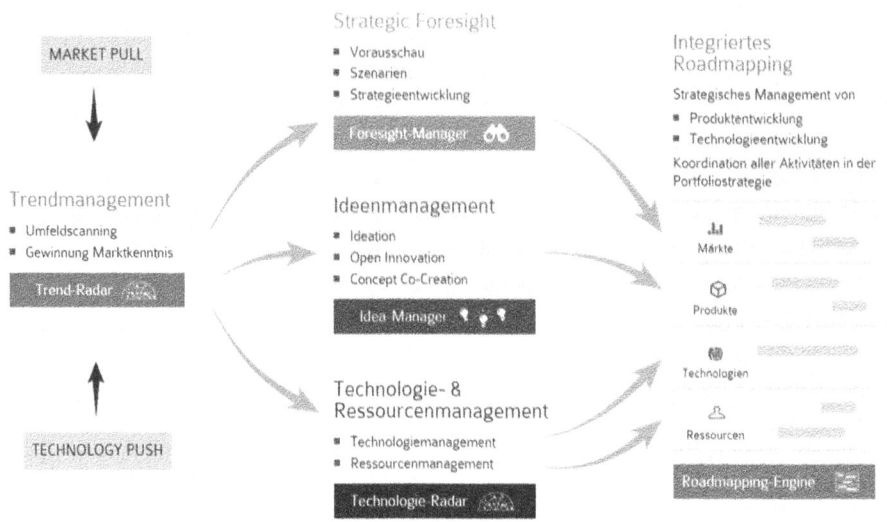

Abb. 14.3 Die ITONICS Innovation-Suite

Die ITONICS Innovation-Suite besteht aus den fünf Modulen Trend-Radar, Foresight-Manager, Idea-Manager, Technologie-Radar und Roadmapping-Engine (s. Abb. 14.3).

In der vorliegenden Fallstudie kommen die Module Trend-Radar und Foresight-Manager zum Einsatz.

14.4.1 Trend-Radar

Der Trend-Radar dient der strukturierten Erfassung, Kategorisierung, Diskussion und Bewertung des Unternehmensumfelds im Sinne eines Umfeld-Scannings. Das Modul bietet verschiedene Kollaborationskomponenten, wie gemeinsames Bewerten, Diskutieren und

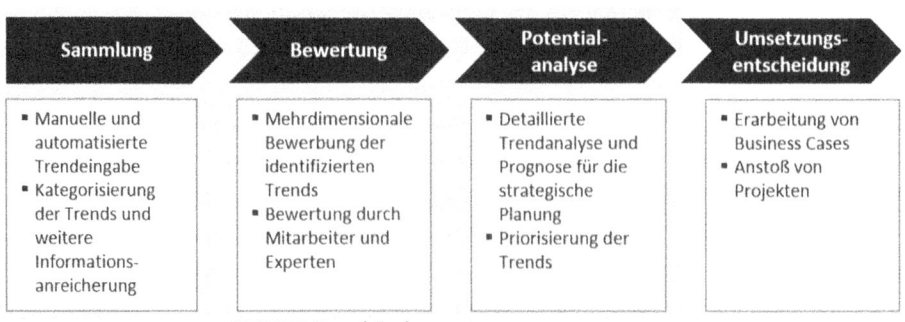

Abb. 14.4 Grundlegende Prozesse im Trendmanagement

Weiterentwickeln von Inhalten, welche die organisationsweite Zusammenarbeit in verteilten Teams ermöglichen. Die Prozesse im Technologie- und Innovationsmanagement werden durch Workflows unterstützt, die einen Stage-Gate-Prozess abbilden. Die grundlegenden Prozesse im Trendmanagement erläutert Abb. 14.4.

Im Trend-Radar können Trends und Technologien durch dedizierte Anwendergruppen angelegt, bearbeitet, angereichert und im Rahmen des Stage-Gate-Prozesses evaluiert und diskutiert werden. Die evaluierten Trends und Technologien werden im System in Form eines Radars visualisiert (s. Abb. 14.5).

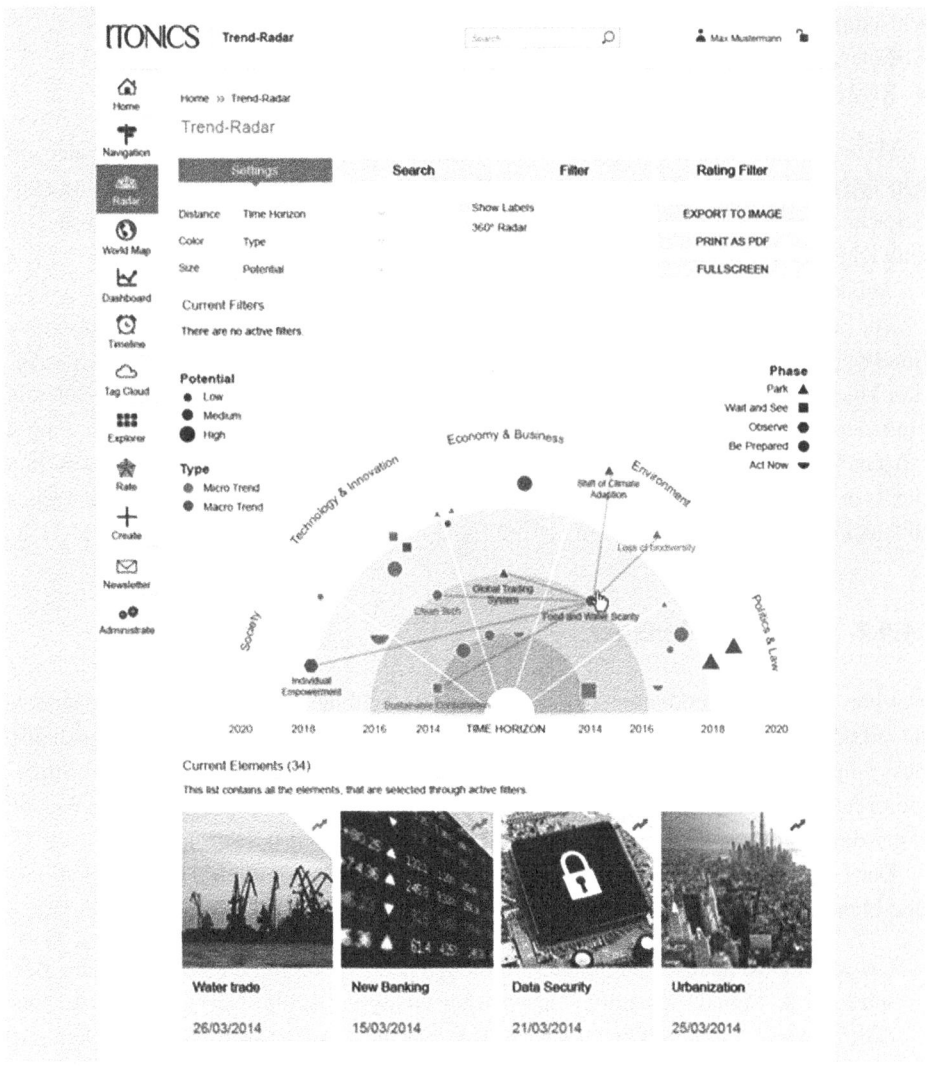

Abb. 14.5 Visualisierung der evaluierten Trends und Technologien im Trend-Radar

Die Dimensionen des Trend-Radars (Abstand vom Mittelpunkt, Einordnung in ein Segment, Größe, Farbe und Form der Datenpunkte) können frei konfiguriert werden. Jeder Datenpunkt im Radar steht für einen Trend oder eine Technologie. Zahlreiche Filteroptionen ermöglichen eine schnelle Analyse der vorliegenden Daten.

Der Anwender kann sich – je nach Anforderung – eine Sammlung an Trends und Technologien zusammenstellen, die dann detailliert anhand verschiedener Kriterien analysiert werden können. Beispielhafte Kriterien sind hierbei:

- Reife (eines Trends/einer Technologie),
- Jahre (ab heute) bis zur Marktreife/Marktrelevanz,
- Neuigkeitsgrad (gibt einen Hinweis auf das Disruptionspotenzial),
- Relevanz (für das Kerngeschäft),
- Risiko (für das Kerngeschäft).

Dazu können Filter auf strategische Handlungsfelder, Regionen/Länder und/oder auf den Typ (Mikro/Makro/Mega) gesetzt werden. So kommt auch ein unerfahrener Anwender schnell zu einem relevanten Datensatz, der zum Beispiel als Grundlage für Strategieentwicklungsprozesse dienen kann.

Abbildung 14.6 zeigt exemplarisch die Detailansicht eines Trends.

Zur Vereinfachung und Internationalisierung der Rechercheprozesse erlaubt eine Smartphone-App das Erfassen von sogenannten Inspirationen in Form von Text, Audio, Video oder Bildern. Inspirationen sind dabei entweder als Bestätigung/Unterstützung eines Trends oder als zusätzliche Quelle eines Trends zu betrachten. Ein Browser-Plugin (sogenannte Webclipper) ermöglicht weiterhin, im Rechercheprozess am PC Webseiten direkt in das Onlinesystem zu übertragen und als Quelle zu einem oder mehreren Trends hinzuzufügen.

14.4.2 Foresight-Manager

Der Foresight-Manager dient der strukturierten Erarbeitung von Szenarien, Studienergebnissen und Strategien. Die Arbeit im Foresight-Manager erfolgt projektbasiert, das heißt, dass konkrete Fragestellungen in einem Projekt bearbeitet und in Szenarien und Strategien beantwortet werden. Eine konkrete Fragestellung könnte beispielsweise sein „Welche Potenziale bietet der osteuropäische Markt im Jahr 2025 für Produktgruppe X?"

Der Foresight-Manager umfasst neben zahlreichen Kollaborations-, Dokumentations- und Import/Exportfunktionalitäten folgende drei Kernkomponenten:

- Der Methodenbaukasten beinhaltet Methoden des Corporate Foresight, wie zum Beispiel Weak Signal Scanning, Unsicherheitsanalyse, Wechselwirkungsanalyse oder Roadmapping. Weiterhin bietet der Foresight-Manager mehrere komplett durchgängig softwaregestützte Methodenkombinationen, wie zum Beispiel die explorative Szenariokonstruktion an.

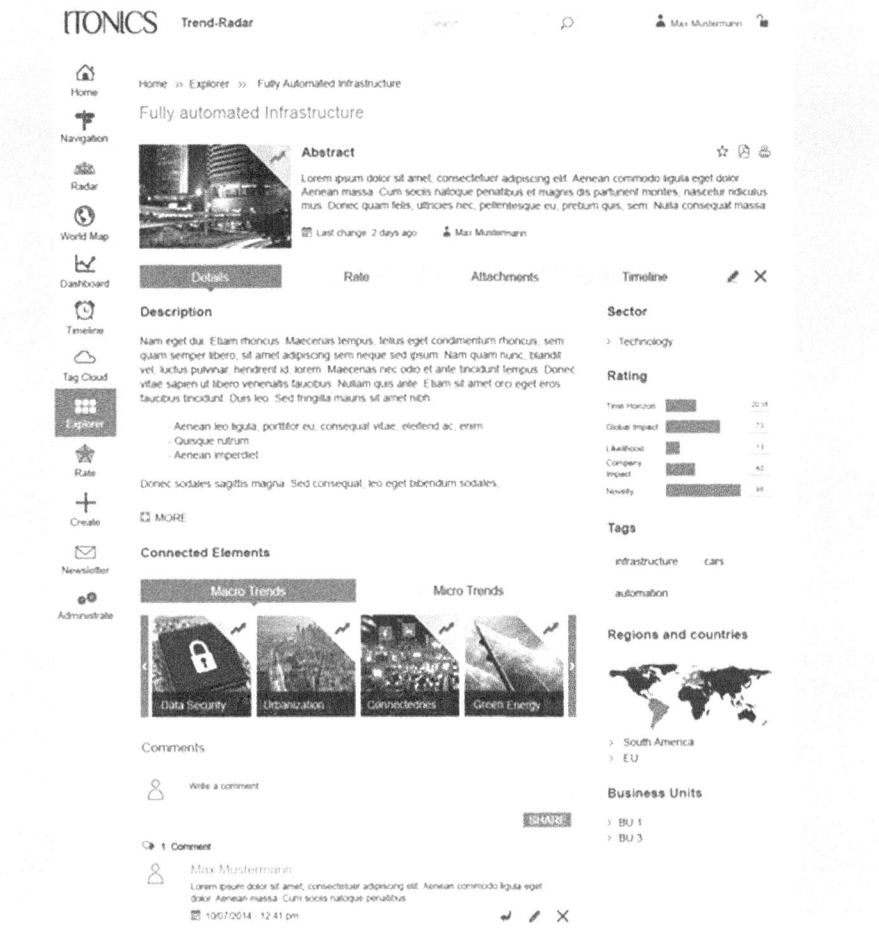

Abb. 14.6 Exemplarische Detailansicht eines Trends

- Der Methodenkonfigurator ermöglicht eine intuitive Zusammenstellung passender Einzelmethoden, um ein konkrete Fragestellung in der strategischen Vorausschau zu untersuchen.
- Die Projektmanagementkomponente ermöglicht die individuelle Verwaltung von Corporate-Foresight-Projekten. Anwender können Projekte anlegen, konfigurieren, Projektmitglieder hinzufügen und mit entsprechenden Rechten im Projekt versehen. Die Projekte werden im Foresight-Manager gespeichert und sind zur späteren Verwendung/Weiterbearbeitung verfügbar.

In der vorliegenden Fallstudie wurden Szenarien mit folgender Methodenkombination erstellt und interpretiert:

- Umfeld-Scanning: Das Umfeld-Scanning ermöglicht es, einen Untersuchungsgegenstand in seinen grundsätzlichen Zusammenhängen abzubilden, zu systematisieren und gezielt mit vertiefenden Informationen anzureichern. Hier können Informationen aus dem Trend-Radar passend zur Fragestellung weiterverarbeitet werden.
- Unsicherheitsanalyse: Die Unsicherheitsanalyse dient in Szenarioprozessen zur Identifizierung von Schlüsselfaktoren. Dazu werden Einflussfaktoren aus dem Umfeld-Scanning systematisch nach den Kriterien Wirkstärke und Unsicherheit analysiert. Die jeweils wirkstärksten Faktoren mit unsicherem Entwicklungsverlauf werden als Schlüsselfaktoren in die Szenariokonstruktion aufgenommen (s. Abb. 14.5).
- Szenariokonstruktion: Für die zuvor erarbeiteten Schlüsselfaktoren werden zunächst Projektionen abgeleitet. Diese werden in der Konsistenzmatrix durch die Projektteilnehmer bewertet. Ein Algorithmus berechnet aus den aggregierten Konsistenzwerten anschließend Rohszenarien. Die Methode beinhaltet ein softwaregestütztes Verfahren zur Konsistenzanalyse, das es erlaubt, auch umfangreiche Projekte mit einer hohen Anzahl von Schlüsselfaktoren zu bearbeiten.
- Strategieevaluation: Die Strategieevaluation dient der Überprüfung von Strategien anhand von Szenarien. Mithilfe der Methode kann festgestellt werden, wie gut eine Strategie unter den Bedingungen verschiedener Szenarien funktioniert und welche Strategie szenarioübergreifend am robustesten ist. Darüber hinaus lässt sich ermitteln, welche Szenarien das höchste Risikopotenzial in Zusammenhang mit der Verfolgung bestimmter Strategien aufweisen.
- Szenario-Writing: Szenario-Writing bezeichnet die narrative Ausgestaltung von Rohszenarien oder Szenarioclustern und die zentrale Methode zur Kommunikation von Ergebnissen aus einem szenariobasierten Foresight-Prozess.
- Szenario-Monitoring: Szenario-Monitoring ist eine Methode zur langfristigen und systematischen Beobachtung von Entwicklungen, die Szenarien stützen oder ihnen entgegenwirken. Die Methode schließt sich somit an den eigentlichen Foresight-Prozess an und kann zur fortlaufenden Kontrolle von Strategieentscheidungen verwendet werden.

Eine tiefergehende Beschreibung der hier genannten Methoden findet sich beispielsweise bei Durst et al. (2014).

Alle Methoden sind kollaborativ und integriert. Das heißt, der Output einer Methode ist der Input der darauf folgenden Methode. Diese beiden Aspekte ermöglichen zum einen ein schnelles und unkompliziertes, verteiltes Arbeiten an der Szenarioerstellung sowie eine Transparenz der Ergebnisse, da der Szenarioerstellungsprozess Schritt für Schritt zurückverfolgt werden kann.

Abbildung 14.7 zeigt exemplarisch die softwaregestützte Unsicherheitsanalyse.

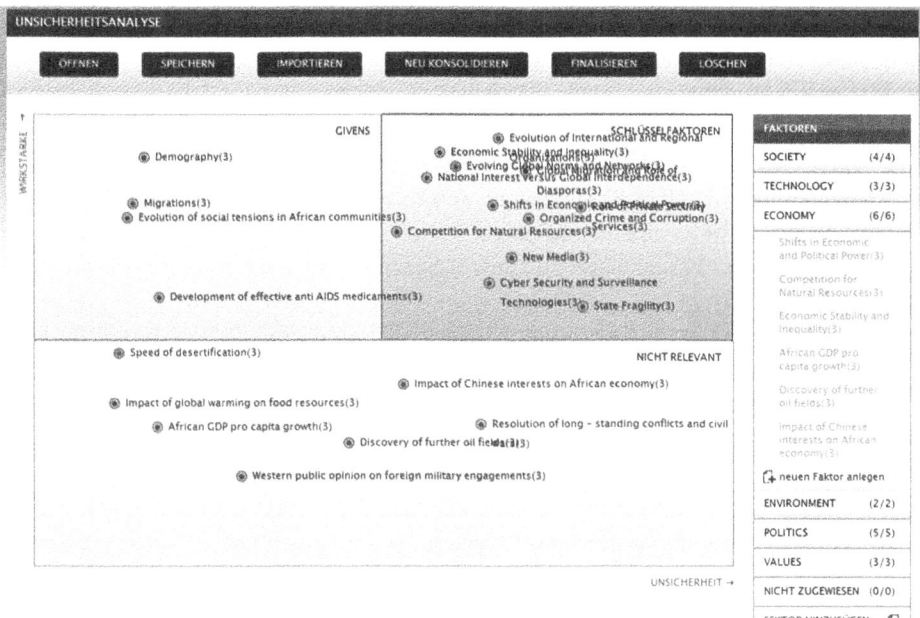

Abb. 14.7 Softwaregestützte Unsicherheitsanalyse im Foresight-Manager

14.5 Ergebnisse und Lessons Learned

Die in Kap. 3 formulierten Ziele an eine integrierte Softwareunterstützung in Umfeld-Scanning und Vorausschau konnten weitestgehend erreicht werden. Nach einer Spezifi-kationsphase, der Systemkonfiguration und dem Einlesen der vorliegenden Inhalte wurde zunächst in einem Kernteam intensiv getestet. Diese Testphase wurde fortlaufend beglei-tet und hat zu kleineren Anpassungen an der Software geführt. Die Einbindung weiterer Anwendergruppen wurde stufenweise vorgenommen und durch Schulungen begleitet.

Die existierenden Prozesse und Methoden konnten nicht nur in der Software abgebil-det, sondern auch erweitert werden. Insbesondere die Möglichkeiten des verteilten Ar-beitens in einer Weboberfläche haben die Geschwindigkeit der Inhaltserstellung und die Qualität der Inhalte und deren Bewertung stark verbessert.

Als kritisch hat sich insbesondere die hohe Komplexität in der Szenariotechnik her-ausgestellt: Im Umfeld-Scanning (abgebildet im Trend-Radar) konnten auch unerfahrene Mitarbeiter schnell relevante Beiträge liefern und die Analysemöglichkeiten haben in zahlreichen Geschäftseinheiten zu fokussierten und zielführenden Innovationsaktivitäten geführt. Die Szenariotechnik als Methode der Mittel- und Langfristvorausschau ist da-gegen komplex und der Mehrwert in der Organisation umstritten. Während das Umfeld-Scanning kontinuierlich und intensiv genutzt wird, liefert die Szenariotechnik punktuell Ergebnisse, die dann in einem Strategieprozess operationalisiert werden müssen. Ob die

Strategie maßgeblich durch Szenarien beeinflusst wird, konnte zum Zeitpunkt der Erstellung dieses Beitrags nicht nachgewiesen werden.

Klar nachvollziehbar sind folgende Ergebnisse:

- Höherer Output/Ressource als ohne integrierte Softwareunterstützung.
- Kontinuierliches Umfeld-Scanning mit wesentlich breiterer und tieferer Analyse als ohne integrierte Softwareunterstützung.
- Gewinnung neuer Erkenntnisse im Umfeld-Scanning durch die Aktivierung einer globalen Community.
- Stärkere Wirkung in die Organisation/höherer Nutzungsgrad der Ergebnisse im Umfeld-Scanning als ohne integrierte Softwareunterstützung.
- Nachhaltige Schwerpunktsetzung im Innovationsmanagement anstelle einer reinen „Informationsfunktion".
- Integration von Umfeld-Scanning und Vorausschau in die Unternehmensstrategie und die Geschäftsfeldstrategien (vor der Softwareeinführung und entsprechender Prozesse lediglich als „Informationsfunktion" etabliert).

14.6   Zusammenfassung

Die vorliegende Fallstudie behandelt die Fragestellung, ob und wie spezialisierte Software die Aufgaben in Umfeld-Scanning und Vorausschau unterstützen und optimieren kann. Da sich gerade Banken in einer disruptiven Umbruchphase befinden, konnte der Nutzen der vorgestellten Lösung anhand eines relevanten Beispiels untersucht und beschrieben werden.

Durch die Komplexität der Aufgaben und die Beteiligung zahlreicher Akteure in Umfeld-Scanning und Vorausschau erscheint eine spezialisierte Softwarelösung, die ein orts- und zeitunabhängiges Zusammenarbeiten ermöglicht, per se als geeignet. Im vorliegenden Fall wurden vorhandene Strukturen, Prozesse, Inhalte und Aufgaben in eine ebensolche spezialisierte Softwarelösung übertragen und in Teilen erweitert. Die Ergebnisse der Untersuchung sind vielversprechend und äußern sich insbesondere in der höheren Qualität der Daten und Analysen in Umfeld-Scanning und Vorausschau und in der intensiveren Nutzung der Arbeitsergebnisse in der Organisation.

Die tatsächlichen Auswirkungen des vorgestellten Ansatzes insbesondere in Bezug auf die Wettbewerbsfähigkeit werden sich allerdings erst in einigen Jahren beobachten und dokumentieren lassen.

Literatur

Bain & Company (2012). Retail-Banking: Die digitale Herausforderung. http://www.bain.de/Images/Retail_Banking_II_Digitalisierung_ES.pdf. Zugegriffen: 03. August 2015

Berger, R. (2015). Digitale Revolution im Retail-Banking. http://www.rolandberger.de/media/pdf/Roland_Berger_TAB_Digitale_Revolution_im_Retail_Banking_D_20150226.pdf.   Zugegriffen: 03. August 2015

Dombret, A. (2014). Die Zukunft der Kreditwirtschaft. https://www.bundesbank.de/Redaktion/DE/Reden/2014/2014_11_07_dombret.html. Zugegriffen: 03. August 2015

Durst, C., Durst, M., Kolonko, T., Neef, A., & Greif, F. (2014). A holistic approach to strategic foresight: A foresight support system for the German Federal Armed Forces. *Technological Forecasting and Social Change*. doi:10.1016/j.techfore.2014.01.005.

FinTech Visual Map (2015). https://venturescannerinsights.files.wordpress.com/2015/04/fintech-visual-map5.jpg. Zugegriffen: 03. August 2015

Praeg, C.-P., & Schmidt, C. (2015). *Trendstudie Bank & Zukunft. Aufbruch zu neuen Kundenerlebnissen und Services in der digitalen Ökonomie*. Stuttgart: Fraunhofer-Institut für Arbeitswirtschaft und Organisation IAO.

PWC (2015). Retail-Banking 2020 Report. http://www.pwc.com/gx/en/banking-capital-markets/banking-2020/download-and-read-the-report.jhtml. Zugegriffen: 03. August 2015

Roland-Berger Studie (2013). Die Zukunft des Retail Bankings in Europa: Direktbanken weiter auf dem Vormarsch. http://www.rolandberger.de/pressemitteilungen/513-press_archive2013_sc_content/Neue_Studie_zur_Zukunft_des_Retails_Bankings_in_EU.html. Zugegriffen: 03. August 2015

Springer Gabler Verlag (2015). Gabler Wirtschaftslexikon, Stichwort: Filialbank. http://wirtschaftslexikon.gabler.de/Archiv/7441/filialbank-v8.html. Zugegriffen: 03. August 2015

World Retail Banking Report (2015). World Retail Banking Report. https://www.worldretailbankingreport.com/download#sign-in. Zugegriffen: 03. August 2015

Serviceorientierte innovative Entwicklung neuer Geschäftsmodelle für Banken

15

Steffen Weimann und Sascha Beul

Inhaltsverzeichnis

15.1   Ausgangssituation und Umfeld im Geno-Bankenbereich 211
15.2   Grundlagen der Serviceorientierung 213
15.3   Grundlagen der Prozessgestaltung bei der Geschäftsmodellierung 214
15.4   Serviceorientierte innovative Entwicklung neuer Geschäftsmodelle für Banken 216
Literatur 225

15.1   Ausgangssituation und Umfeld im Geno-Bankenbereich

Betrachtet man die heutige Geschäftswelt, ist VUCA ein Akronym für eine volatile, unsichere komplexe und mehrdeutige Welt (VUCA – Volatility, Uncertainty, Complexity and Ambiguity).

Digitalisierung und die mobile Revolution verändern unsere Welt, wobei das Internet und moderne Technologien zunehmend die produzierende Industrie prägen. Wir befinden uns mitten im Wandel zur Industrie 4.0 und der Transformation zur digitalen Ökonomie. Durch die zunehmende Informatisierung ergeben sich gleichzeitig immer vielfältigere Möglichkeiten, Geschäftsmodelle zu formieren, die auf Dienstleistungen basieren. Genau hier setzen der methodische Ansatz unter Anwendung des Service Design und der Geschäftsmodellierung sowie des Lean Managements an. Dabei wird aufgezeigt, wel-

S. Weimann (✉)
Servicelle GmbH
Nordhausen, Deutschland
email: steffen.weimann@servicelle.de

S. Beul
Ingersheim, Deutschland
email: sascha.beul@gmx.de

© Springer Fachmedien Wiesbaden 2016
M. Seidel (Hrsg.), *Banking & Innovation 2016*, FOM-Edition,
DOI 10.1007/978-3-658-11052-9_15

che Möglichkeiten zur Umsatzsteigerung und Marktpositionierung durch die Entwicklung neuer, auf Dienstleistung beruhender, Geschäftsmodelle entstehen. Im Zentrum der Überlegungen stehen die Verkürzung von Innovationszyklen und ein verbessertes Time-to-Market für neue Geschäftsmodelle bei Banken.

Die Frage, die sich dabei stellt ist: Wie kann ein geführter Prozess und dazugehörige Tools gestaltet beziehungsweise ausgewählt werden, um maximalen Nutzen für Unternehmen zu erzeugen. Dabei sind organisatorische, kulturelle und technische Rahmenbedingungen zu berücksichtigen. Gleichzeitig muss der Anspruch sein, Unternehmen und Mitarbeiter über einen kreativen Prozess hinaus bei der Bearbeitung und Verfeinerung von Geschäftsmodellen bis zur Marktreife zu unterstützen. Sodass dem Aufwand für die Implementierung von Tools und Methoden auch ein nachhaltiger Nutzen durch ständige Erweiterung und Ergänzung des eigenen Portfolios gegenübersteht.

Was heißt das für die strategische Zielpyramide des BVR und für die Genossenschaftswelt? Schauen wir uns die Zielpyramide des BVR genauer an, so stehen an oberster Stelle als strategische Ziele drei Punkte:

- die Nr. 1 in der Mitglieder- und Kundenzufriedenheit,
- die Sicherung nachhaltiger Wirtschaftlichkeit im Kundengeschäft,
- die Nr. 1 in Mitarbeiteridentifikation und -qualität.

Nr. 1 in der Mitglieder- und Kundenzufriedenheit
Die Nr. 1 in der Mitglieder- und Kundenzufriedenheit: Auch hier gilt es im Kontext der genossenschaftlichen Beratung genauer darauf zu schauen. Wird diese tatsächlich ausgeführt? Was heißt das für Kunden mit ihren veränderten Werten in der VUCA-World? Fragen, die sich Banken stellen müssen: Wann haben sie das letzte Mal mit ihren Beratern darüber gesprochen, welchen Nutzen, welchen Mehrwert sie für Kunden geschaffen haben, worauf sie stolz sind? Starke, selbstbewusste Berater kennen ihren Wert für den Erfolg der durch sie betreuten Kunden und setzen gesunde Preise durch, minimieren Risiken und schaffen Zusatzerträge durch intelligentes Cross-Selling. In welchen Segmenten haben Banken ihre Stärken und wie werden diese Segmente sich in Zukunft verändern? Welche Mitarbeiter können sie nutzstiftend als passenden Berater für die jeweiligen Bedürfnisse der Kunden einsetzen? Kunden brauchen den passenden Berater und der Berater braucht die passenden Geschäftsmodelle, um in der VUCA-World nachhaltig und langfristig erfolgreich zu sein.

Sicherung nachhaltiger Wirtschaftlichkeit im Kundengeschäft
Die Sicherung nachhaltiger Wirtschaftlichkeit im Kundengeschäft: Zinsen fallen, Margen sinken, Banken fusionieren aus dem Druck heraus, wirtschaftlich gut da zu stehen. Prozesse werden verändert und verschlankt, die Fiducia als IT-Dienstleister, wirft alles halbe Jahr ein neues Update auf den Markt und Cross-Selling heißt die neue Devise. Warum aber nicht mal in andere Märkte hineinschauen? Schon Darwin wusste: „Es ist nicht die stärkste Spezies, die überlebt, auch nicht die intelligenteste, sondern diejenige, die am

ehesten bereit ist, sich zu verändern." Wo ist Kodak geblieben, wo ist Hertie? Wo stehen Unternehmen wie Apple, Tesla und Google heute? Was machen diese Unternehmen anders als die Geno-Welt? Sie verändern sich und ihre Geschäftsmodelle permanent.

Wer bestehen will, muss den Fokus ändern. Weg vom Produkt, hin zu funktionierenden Lösungen, die den Menschen angesichts zunehmender Digitalisierung, der Vernetzung und neuer Trends weiterbringen. Innovative Banken haben diesen Trend erkannt und setzen zum Beispiel verstärkt auf eine Innovationswerkstatt. Social Media, Crowdfunding und ein neuer Einbezug der Mitarbeiter sind hier Schlagwörter. Andere Banken wiederum gründen neue GmbHs, um neue Erträge zu generieren, ohne auf die Regularien schauen zu müssen. Oder wie es der Spiegel in seiner Ausgabe 34 vom 22.08.2011 formulierte: „… ohne die destruktive Kraft der Banken, Hedgefonds und anderer Investmentgesellschaften stünde die Welt nicht da, wo sie heute steht – am Abgrund." (vgl. Hawranek et al. 2011)

Nr. 1 in Mitarbeiteridentifikation und -qualität

Um die Nr. 1 in der Mitarbeiteridentifikation zu werden, gilt es anzuerkennen, dass in heutigen Banken Menschen aus bis zu vier verschiedenen Generationen arbeiten. Dabei fällt eine Verschiebung im Wertesystem auf, zwischen Mitarbeitern, welche der Nachkriegsgeneration, der Baby-Boomer-Generation angehören, verglichen zu Mitarbeitern aus der Generation X oder gar der Generation Y. Speziell in den letzten beiden Generationen kam es zu einer Verlagerung von Pflicht- und Disziplinwerten hin zu Selbstentfaltungs- und Autonomiewerten. Der Wunsch nach Leistung ist zwar immer noch vorherrschend in der Arbeitswelt, ein Großteil der Arbeitnehmer jedoch, speziell die der Generation Y, sehen Arbeit aber nicht so sehr als reine Pflicht, sondern auch als Mittel zur Selbstverwirklichung. Die Veränderung der Wertorientierung stellt dadurch höhere Ansprüche an die Qualität des Arbeitslebens und somit auch an die Qualität des Vorgesetzten.

Zur Unterstützung der strategischen Zielerreichung wurde die nachfolgend beschriebene Methode entwickelt. Sie gibt Banken, deren Mitarbeitern, Partnern und Kunden Klarheit, Transparenz und Sicherheit im Innovationsprozess, durch konsequente Führung anhand ausgewählter Tools bis zur marktreifen Gestaltung neuer Geschäftsmodelle. Damit wird die Methode zur ständigen Quelle der Entwicklung und des Bankenerfolgs.

15.2 Grundlagen der Serviceorientierung

Geschäftsmodellierung und Werteversprechen

Um den Blick von Anfang an nach draußen in Richtung der Kunden und Partner zu richten, ist das Werteversprechen als zentrales Element in der gesamten Kommunikation verankert. Wie in der Geschäftsmodellvorlage (Business Model Canvas) von Osterwalter und Pigneur (2011) für die Entwicklung von Geschäftsmodellen vorgeschlagen und im Service Design auch beispielsweise schon bei den Customer Insights steht das Werteversprechen im Mittelpunkt. Geschäftsmodelle sind ein Konzept, um den logischen

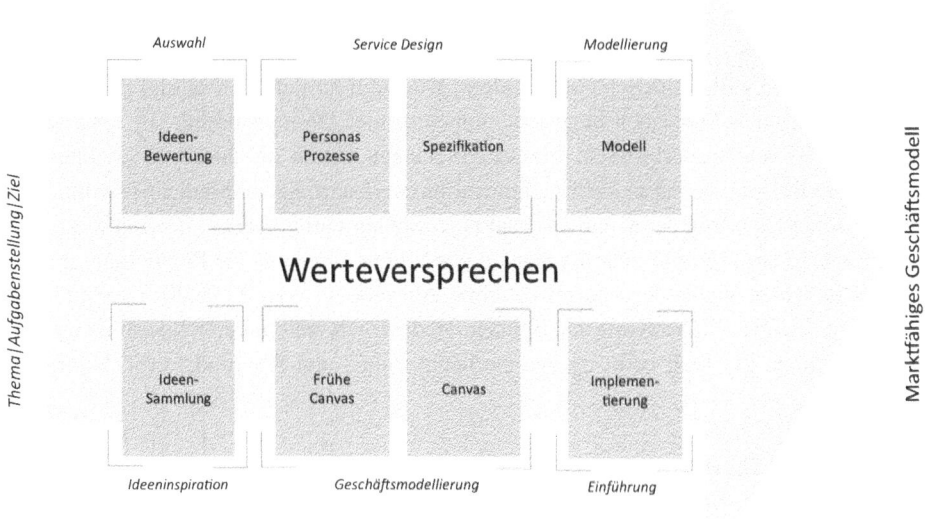

Abb. 15.1 Geschäftsmodellierung und Werteversprechen

Zusammenhang einzelner Bausteine in einer Geschäftslogik sichtbar zu machen. Die Geschäftsmodellvorlage besteht dabei aus insgesamt neun Elementen, die zur Beschreibung eines durchgängigen Geschäftsmodells dienen. Durch die klare Formulierung des Werteversprechens entsteht eine serviceorientierte Ausrichtung. Alle Elemente richten sich an diesem Werteversprechen aus und leiten sich daraus ab (vgl. Abb. 15.1).

Service Design
Service Design ist sowohl der Prozess als auch das Ergebnis der Gestaltung von Dienstleistungen. Durch den immateriellen Charakter und der damit erschwerten Beurteilung der Qualität von Dienstleistungen rückt die Sicht der Kunden, deren Bedürfnisse und Wünsche in den Mittelpunkt der Überlegungen. Bei der Gestaltung oder Neugestaltung ist neben der Integration der Kunden in den Dienstleistungsprozess auf persönlichen Ebene auch zunehmend die Interaktion über digitale Medien zu berücksichtigen (vgl. Mager et al. 2009).

15.3 Grundlagen der Prozessgestaltung bei der Geschäftsmodellierung

Womack und Jones veröffentlichten 1990 ihr Buch „Die 2. Revolution in der Automobilindustrie". Sie wollten Manager, Mitarbeiter und Investoren in der veralteten Welt der Massenproduktion wachrütteln (Womack et al. 1990).

Das Buch enthält eine Fülle von Daten ihrer Studie zu Benchmarking, die zeigten, dass es einen besseren Weg für die Organisation und das Management der Kundenbeziehungen, der Zuliefererkette, Produktentwicklung und Herstellung gibt, nämlich einen Ansatz, bei dem Toyota nach dem 2. Weltkrieg Pionierarbeit geleistet hat. Sie nennen ihren Ansatz Lean Production. Das Ergebnis der Studie ist, dass in Japan qualitativ hochwertigere Automobile mit geringerem Personalaufwand auf geringerer Fläche bei gleichzeitig niedrigeren Investitionen innerhalb kürzerer Zeiträume entwickelt und produziert werden.

Auf Basis ihrer Studie entwickelten sie fünf Prinzipien, die als Leitlinie für die folgenden Ausführungen zu verstehen sind:

- Bestimme Werte aus Sicht des Kunden (Werteversprechen).
- Definiere wertschöpfende Tätigkeiten und eliminiere Verschwendung.
- Beseitige Unterbrechungen.
- Passe die Produktion an die Nachfrage des Kunden an.
- Verbessere fortlaufend mit dem Streben nach Perfektion, übertrage Verantwortung und beziehe alle Mitarbeiter ein.

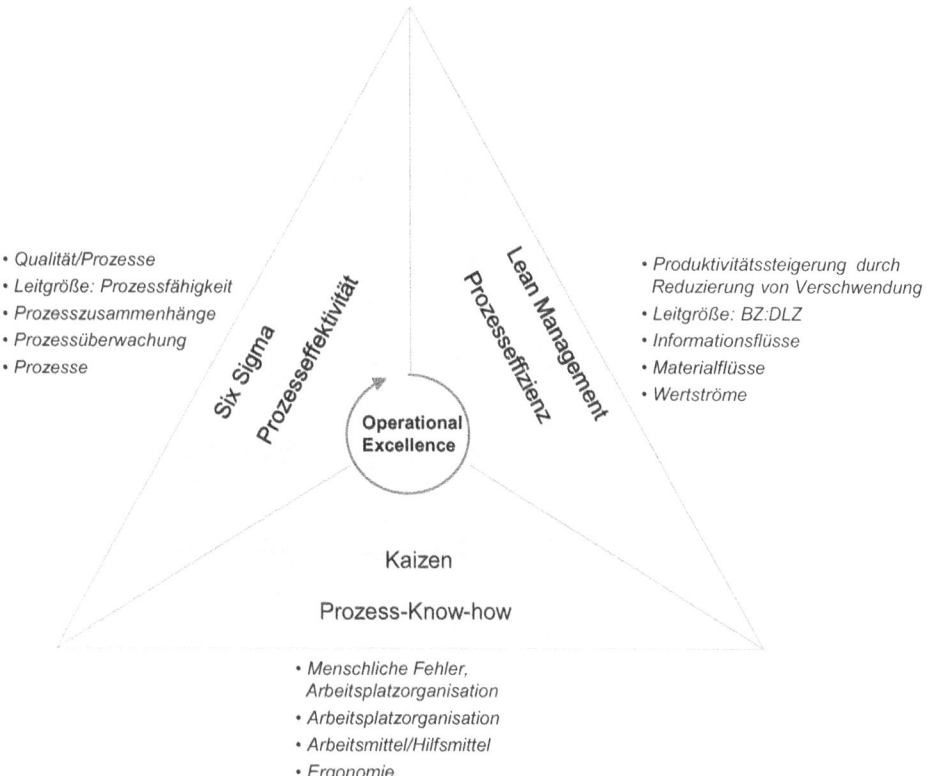

Abb. 15.2 Operational Excellence

Wichtig hierbei ist zu verstehen, dass Lean Management keine Methode zur Verbesserung der Prozesse, sondern eine Unternehmensstrategie ist, an der das gesamte Unternehmen ausgerichtet wird. Operational Excellence wird nur im Zusammenspiel der drei Systeme Lean Management, Six Sigma und als Basis der Kaizen-Gedanke erreicht (vgl. Abb. 15.2).

15.4 Serviceorientierte innovative Entwicklung neuer Geschäftsmodelle für Banken

15.4.1 Voraussetzungen zur Implementierung

Voraussetzungen für das methodische Vorgehen sind die Vereinbarung der Spielregeln und die Zusammenstellung des heterogenen Projektteams. Da es darum geht, möglichst viele Ideen zu bewerten und umzusetzen, sollten möglichst unterschiedliche Personen aus unterschiedlichen Abteilungen in das Team miteinbezogen werden. Das Einhalten der Regeln und des standardisierten Vorgehen sind hierbei zwingend zu berücksichtigen. Eine Standardisierung erfolgt nicht im Sinne des definierten Prozesses. Standard heißt lediglich, ein Standard ist messbar und trainierbar. Um Innovation in der Entwicklung erfolgreich voranzutreiben, muss dieser jedoch jederzeit weiterentwickelt und hinterfragt werden können.

Zu Beginn der Arbeit mit der Methode ist es deswegen wichtig, alle betroffenen Personen entsprechend ihrer Rolle zu schulen, um eine größtmögliche Transparenz zu schaffen und seinen Beitrag zur Geschäftsmodellierung zu verstehen (Erklärung der Rollen: s. Abschn. „Rollenverteilung in der Projektumsetzung").

15.4.2 Vorgehensweise

Die Vorgehensweise zur Entwicklung neuer Geschäftsmodelle beginnt mit den Überlegungen zu Rahmenbedingungen. Ziele sind klar zu formulieren. Messbare und nachvollziehbare Kriterien sind festzulegen, die sich unmittelbar aus der Strategie der Bank ableiten.

Die Begleitung des Entwicklungsprozesses ist dabei zunächst als Projekt definiert, beginnt also mit dem Kick-off und endet mit der Übergabe der Methode und Rollout in die Bankorganisation. Eine Betreuungs- und Coaching-Phase kann angeschlossen werden.

Erhebungen und Befragungen von Kunden und Stakeholdern können vor dem Start des Projekts als Eingabe dienen oder zur Bestätigung, Korrektur oder Verwerfung von Ideen herangezogen werden.

Als Start des Projekts dient das gemeinsame Kick-off mit dem Auftraggeber, den Projektbeteiligten und Beratern zur Festlegung von Verantwortlichkeiten und Rollen sowie zur Abstimmung der Termine und des Zeitplans. Um eine Verarbeitung und Klärung von sich aus den jeweiligen Workshops ergebenden Fragen und Aufgabenstellungen zu gewährleisten, folgen definierte Workshops in zeitlichen Abständen.

Als Ausgangspunkt für die weitere Bewertung ist es zunächst wichtig, möglichst viele Ideen zu generieren und einer Bewertung zuzuführen. Hierzu werden je nach Teilnehmerzahl und Anforderungen passende Methoden zur Verfügung gestellt und die Teilnehmer entsprechend unter Beteiligung des Trainers zur Unterstützung des kreativen Prozesses stimuliert.

Anschließend gilt es die Bewertungskriterien für eine erste Auswahl festzulegen und Ideen zu clustern, um Unterschiede oder Zusammenhänge zwischen den Ideen herauszustellen. Eine Auswahl der vorhandenen Ideen wird möglichst schnell in eine frühe CANVAS überführt und ein erstes Geschäftsmodell skizziert. Dies dient zum einen dazu, das Denken im Gesamtzusammenhang zu fördern, als auch zur Konzentration auf ein Problem und dessen Lösung. Wichtig ist dabei, dass die anderen Ideen erhalten bleiben, um sie zu einem späteren Zeitpunkt bearbeiten zu können.

Im weiteren Verlauf gilt es schnell an Sicherheit zu gewinnen. Es gilt herauszufinden, ob die erdachte Lösung für die entsprechenden Zielgruppen relevant ist. Dies gelingt durch ein empathisches Einfühlen in Personen dieser Zielgruppe und die Beschreibung der relevanten Merkmale wie Einkommen, Geschlecht, Alter, Lebenssituation. Dabei entstehen Zielgruppenprofile. Wichtig ist die Antizipation der Sorgen, Ängste sowie Chancen und Hoffnungen der Zielgruppe in Bezug zur Idee und der sich daraus ergebenden Probleme. Wenn notwendig kann dieser Vorgang so lange wiederholt und auf mehrere Zielgruppenprofile (Personas) (Osterwalder und Pigneur 2011) ausgeweitet werden. Bis sich ein klares Profil ergibt.

Stehen die ersten Überlegungen zu einer frühen CANVAS als auch die Beschreibung der Zielgruppe zur Verfügung, können die Überlegungen zum Ablauf der Dienstleistung angestellt werden. Wo und wie werden Kunden in den Dienstleistungsprozess integriert? Welche Kundenerlebnisse sollen gestaltet werden? Welche unterstützenden Leistungen sind dazu notwendig? Aus dieser Phase, der Gestaltung des Dienstleistungsprozesses (Service Blueprint) lassen sich zusätzlich Erkenntnisse über die notwendige Beschaffung von technischer Ausstattung, Methoden, Systeme und Personal erkennen. Dies gelingt durch die optische Trennung der Beiträge im Dienstleistungsprozess in Schwimmbahnen. Die Besonderheit ist dabei die Sichtbarkeit der Integration der Kunden in den Dienstleistungsprozess. Dafür werden die einzelnen Aktivitäten chronologisch angeordnet. Eine weitere Besonderheit ist die Einordnung und Abgrenzung von unterstützenden Leistungen und Voraussetzungen für die Dienstleistungserbringung (Leimeister 2012). Auch die Gestaltung der Dienstleistungsumgebung und die Ausgestaltung des gesamten internen Prozesses, als auch der Kundeninteraktion, werden sichtbar.

Durch die Spezifikation der Leistung gelingt die verbindliche Darstellung der gewünschten Qualität. Es geht darum, in Bezug auf Zeit, Kosten und Qualität Maßstäbe zu setzen. Dieser Schritt dient zur Schärfung des Werteversprechens, zur Überprüfung des eigenen Anspruchs, als auch zur Einschätzung der Akzeptanz durch die avisierte Zielgruppe.

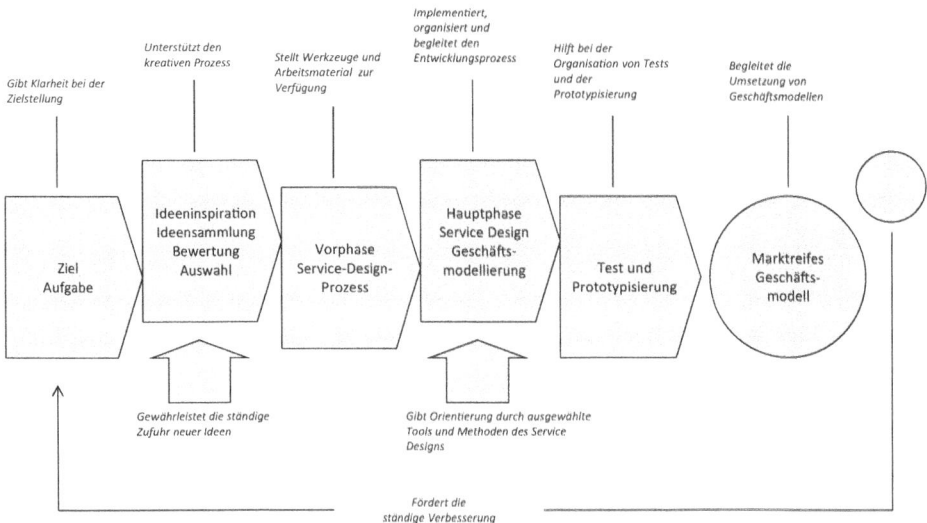

Abb. 15.3 Vorgehensweise und Phasen des Prozesses

Durch eine iterative Betrachtung und Gegenüberstellung der erarbeiteten Dokumen-
te und Inhalte wird das daraus entstehende Gesamtbild harmonisiert und einem validen
Zustand zugeführt. Alle Erkenntnisse werden erneut in das Business-Modell Canvas übertragen. Das Geschäftsmodell auf konzeptioneller Ebene liegt vor (vgl. Abb. 15.3).

15.4.3   Betrachtung des Portfolios

Der Entwicklungsprozess kann parallel für beliebig viele Ideen durchgeführt werden und
ist somit entsprechend skalierbar. Der limitierende Faktor sind die zur Verfügung stehen-
den Ressourcen und der vorhandene Arbeitsvorrat (Work in Progress). So lässt sich ein
Portfolio an Leistungen entwickeln. Die Entscheidung und Priorisierung zur Weiterentwicklung und Fokussierung erfolgt durch die Bewertung der Ideen anhand von Entschei-
dungskriterien in den verschiedenen Phasen des Prozesses.

15.4.4   Rollenverteilung in der Projektumsetzung

Prozess-Master
Der Prozess-Master ist dafür verantwortlich, dass der Prozess gelingt. Dazu arbeitet er mit
dem Entwicklungsteam zusammen, gehört aber meist selber nicht zu ihm. Er führt Prozessregeln ein und überprüft deren Einhaltung, er moderiert die Meetings und kümmert
sich um die Behebung von Störungen und Hindernissen. Dazu gehören Probleme bei der

Einhaltung des Prozesses, im Entwicklungsteam (zum Beispiel mangelnde Kommunikation und Zusammenarbeit, persönliche Konflikte) und im Projekt Team (zum Beispiel in der Zusammenarbeit zwischen Prozesseigner und Entwicklungsteam) sowie Störungen von außen (zum Beispiel Aufforderungen der Fachabteilung zur Bearbeitung zusätzlicher Aufgaben während des Prototyping). Ein Prozess-Master ist gegenüber dem Entwicklungsteam eine dienende Führungskraft. Er gibt einzelnen Teammitgliedern keine Arbeitsanweisungen, noch beurteilt er diese oder belangt sie disziplinarisch. Der Prozess-Master ist als Coach aber für den Prozess und die Beseitigung von Hindernissen verantwortlich. Unterschiedliche Teams und Situationen erfordern vom Prozess-Master ein situatives Führen.

Prozesseigner

Der Prozesseigner ist für die Eigenschaften und den wirtschaftlichen Erfolg des Geschäftsmodells verantwortlich. Seine Verantwortung beinhaltet die Konzeption und Mitteilung einer klaren Vision. Außerdem erstellt, periodisiert und erläutert er die zu entwickelnden Serviceeigenschaften, und er entscheidet darüber, welche Eigenschaften am Ende jeder Entwicklungsphase fertiggestellt wurden. Der Prozesseigner gestaltet das Geschäftsmodell mit dem Ziel, den wirtschaftlichen Nutzen für das eigene Unternehmen zu maximieren. Der Prozesseigner ist eine Person, kein Komitee. Ihm allein obliegt die Entscheidung über das Geschäftsmodell, seine Eigenschaften und die Reihenfolge der Implementierung. So balanciert er Eigenschaften, Markteinführung und Kosten. Zur Festlegung der Geschäftsmodelleigenschaften verwendet der Prozesseigner die CANVAS. Darin trägt er in Zusammenarbeit mit dem Entwicklungsteam und den Stakeholdern die beabsichtigten Eigenschaften ein. Der Prozesseigner ordnet, detailliert, und aktualisiert die CANVAS regelmäßig in den Prozessphasen. Er ist dafür verantwortlich, dass die Ideen generiert und das vorhandene Kreativitätspersonal aller Mitarbeiter genutzt werden.

Als Verantwortlicher hält der Prozesseigner regelmäßig Rücksprache mit den Stakeholdern (zum Beispiel Anwender oder Kunden), um deren Bedürfnisse und Wünsche zu verstehen. Die definitiven Entscheidungen über die Geschäftsmodelleigenschaften trifft aber der Prozesseigner. Dabei muss er die Interessen und Anforderungen unterschiedlicher Stakeholder verstehen und abwägen. Bei der Implementierung des Prozessmodells ist darauf zu achten, dass der Prozesseigner bevollmächtigt ist, die notwendigen Entscheidungen verbindlich zu treffen.

Prozessentwicklungsteam

Das Entwicklungsteam ist für die Lieferung des Geschäftsmodells in der vom Prozesseigner gewünschten Reihenfolge verantwortlich. Zudem trägt es die Verantwortung für die Einhaltung der vereinbarten Qualitätsstandards. Das Entwicklungsteam organisiert sich selbst, lässt sich insbesondere von niemandem, auch nicht vom Prozess-Master, vorschreiben, wie es CANVAS-Einträge umzusetzen hat. Ebenso sollte ein Entwicklungsteam in der Lage sein, das Ziel einer Phase ohne größere Abhängigkeiten von außen zu erreichen. Deshalb ist eine interdisziplinäre Besetzung des Entwicklungsteams wichtig. Im Prozessmodell tritt das Entwicklungsteam immer als Team auf – gute und schlechte Ergebnisse werden nie auf einzelne Teammitglieder, sondern immer auf das Entwicklungsteam als Einheit zurückgeführt. Das ideale Teammitglied ist sowohl Spezialist als auch Generalist, damit es Teamkollegen beim Erreichen des gemeinsamen Ziels helfen kann.

Ein Entwicklungsteam besteht aus mindestens drei, höchstens neun Mitgliedern; es muss einerseits groß genug sein, alle benötigten Kompetenzen zu vereinigen, andererseits steigt mit wachsender Teamgröße der Koordinierungsaufwand.

Zu den weiteren Aufgaben eines Entwicklungsteams zählen die Schätzung des Umfangs der Einträge in der CANVAS und die Beachtung des Work In Progress (WIP). Außerdem bricht das Entwicklungsteam im Prototyping die Einträge aus der CANVAS in Arbeitsschritte (sogenannte Tasks) herunter, deren Bearbeitung in der Regel nicht länger als einen Tag dauert. Das Ergebnis ist das tägliche Meeting (Leopold und Kaltenecker 2012).

15.4.5 Überblick über die Prozesssteuerung mittels Kanban Board

Einer der größten Herausforderungen der VUCA-World ist es, das man Wissensarbeit im Produktionsprozess nicht sieht und nicht weiß, was gerade passiert. Denkprozesse sind nicht standardisiert, da die Entwicklung in den Köpfen der beteiligten Menschen funktioniert und nicht visualisiert, beziehungsweise getaktet werden. Um Ansatzpunkt für Verbesserungen zu finden, muss deshalb der Prozess visualisiert werden. Das Sichtbarmachen der einzelnen Arbeitsschritte sorgt für ein Bewusstsein für die Begrenztheit und maximale Auslastungsmöglichkeit eines Systems. Aus Sicht von David J. Anderson (2011) sind es fünf Kernpraktiken, die eine Kanban-Implementierung erfolgreich machen:

- Visualisierung des Arbeitsflusses und der Arbeit.
- Limitierung des Work in Progress.
- Steuerung und Messung des Arbeitsflusses.
- Prozessregeln explizit machen.
- Verbesserung durch bewährte Modelle und wissenschaftliche Methoden (KAIZEN).

Das Ziel eines Kanban-Systems ist es also, einen kontinuierlichen Arbeitsfluss zu etablieren, der ein schlankes System implementiert, ohne Verschwendung zu generieren.

Um dieses System zu schaffen, ist es sinnvoll, den Work in Progress (WIP) festzulegen, um die Durchlaufzeiten zu reduzieren und nicht „geistige Rüstzeiten" zu generieren. In Abb. 15.4 wird das Problem verdeutlicht.

Oberhalb der Zeitlinie werden drei Projekte von a bis c durchgearbeitet. Es entstehen lediglich zwei Rüstzeiten. Rüstzeiten heißt, in einer Produktion müssten die Maschinen neu eingestellt werden. In unserer Wissensarbeit heißt das, sich in das nächste Projekt hineinzudenken, ein anderes PC-Programm zu starten oder durchzuatmen.

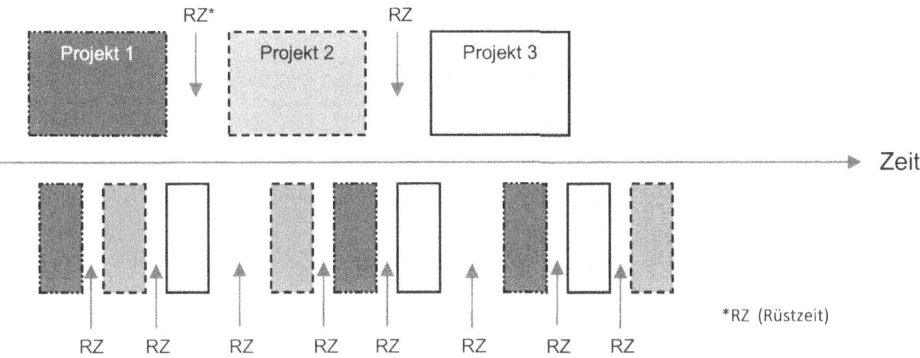

Abb. 15.4 Sequenzielle vs. quasi-parallele Arbeit. (Leopold und Kaltenecker 2012)

Schauen wir unterhalb der Zeitlinie, sehen wir, wie in der Realität oftmals gearbeitet wird. Man arbeitet an einem Projekt, plötzlich ruft der Kunde von Projekt 2 an, der Kollege vom Vertrieb hat eine Frage zu Projekt 3, etc. Jedes Mal findet ein Umdenken in das neue Projekt statt. Durch die Stückelung der Projekte entstehen hierbei neue Rüstzeiten und damit eine Verlängerung der Durchlaufzeit. Diese Rüstzeiten gilt es zu minimieren, um entsprechende Zeit zu sparen und Projekte schneller durchlaufen zu können.

Das Kanban-Board (Methode der Produktionsprozesssteuerung) visualisiert die Prozessschritte und gleichzeitig wird ein Work-in-Progress-Limit festgelegt (vgl. Abb. 15.5). Dieses limitiert die Anzahl der Projekte auf eine machbare Menge für die beteiligten Mitarbeiter und sorgt dafür, dass die Durchlaufzeit möglichst gering gehalten wird (Leopold und Kaltenecker 2012). Beim Work in Progress müssen sich die Projektbeteiligten hinterfragen, wie viele Projekte ein Mitarbeiter maximal gleichzeitig stemmen kann.

15.4.6 Funktionsweise des Kanban-Boards

Der „Just Do It"-Raum
Dieser Raum sollte physisch vorhanden sein und digital abgebildet werden. Alle Besprechungen sollten im „Just Do It"-Raum abgehalten werden. Er dient als kreativer Spielraum, in dem alle Ideen gesammelt und visualisiert werden. Um das Geschäftsmodell auf Qualität überprüfen zu können, findet nach jeder Phase eine Qualitätsprüfung statt. Diese richtet sich in erster Linie an der Reichweite in Bezug auf potenzielle Zielgruppen aus.

Ideensammlung und Orientierung
In der ersten Phase werden die Ideen für neue Geschäftsmodelle gesammelt. Ausgangspunkt hierbei ist ein „Problem", das beim Kunden oder im vorhandenen Geschäftsmodell identifiziert wird. Dieses wird methodisch über eine frühe Canvas geclustert. Im ersten Schritt werden mögliche Lösungen, erste Kennzahlen, Schlüsselpartner, Wettbewerbsvorteile, Kanäle und Alleinstellungsmerkmale diskutiert.

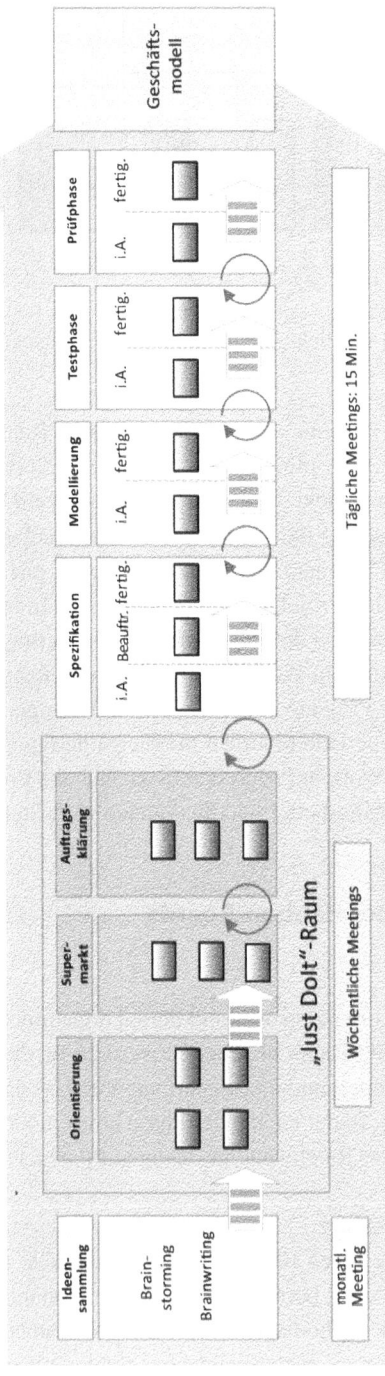

Abb. 15.5 Vorgehensweise mittels Kanban-Board

Supermarkt

Diese Ideen werden in den Supermarkt gelegt. Hier findet eine erste Bewertung der potenziellen Geschäftsmodelle statt. Eine Priorisierung erfolgt von oben nach unten innerhalb des Boards. Die Reihenfolge der CANVAS sollte regelmäßig in den Meetings überprüft werden. Das Prinzip des Supermarktes ist es, das Regal zu füllen, damit das System mit Nachschub versorgt wird. Wenn man ein neues Projekt starten kann, kann man, wie in einem Supermarkt, zum Regal gehen und ein neues Projekt herausholen.

Auftragsklärung

In der Auftragsklärung betrachtet man die CANVAS nochmals genauer, das Team füllt Lücken aus, schärft die entstandenen Ideen und generiert aus der CANVAS zu bearbeitende Teilprojekte, die auf Kanban-Tickets (Abb. 15.6) verschriftlicht werden. In den Teilprojekten entsteht die eigentliche Arbeit. Durch den Einsatz von Kanban-Tickets werden Arbeitsprozesse für jeden transparenter und Probleme, wie zum Beispiel die Überlastung von Mitarbeitern, schneller sichtbar. Anforderungen aus der Canvas werden auf die Tickets an das Kanban-Board gehängt und durchlaufen die einzelnen Prozessschritte bis zur Fertigstellung der jeweiligen Anforderung. Durch das Kanban-Board werden rudimentär vor allem drei Dinge gut sichtbar.

- Welche Arbeit wird gerade erledigt?
- Welche Arbeit wurde noch nicht angefangen?
- Wie effizient wird gearbeitet?

CANVAS Nr.		CANVAS Baustein		Startdatum:	
Schlüsselaktivität:				Kunde:	
				Lieferant:	
Folgeaktivität:				Speicherort:	
Handhabung (to do's):					
Verantwortlicher:		Prozess-Phase:			
				BZ:	
				Enddatum:	
Anzahl Tickets:					

Abb. 15.6 Aufbau eines Kanban-Tickets

Durch Kanban hat man den Vorteil, dass Probleme in Echtzeit erkannt werden, da man durch das Kanban-Board genau sehen kann, an welchen Stationen sich die Tickets stauen. Dies veranlasst die Leute im Team dazu, den kompletten Prozess zu optimieren und nicht nur ihr eigenes Teilstück zu verbessern, um das Projekt abzuschließen.

Das Team arbeitet die zuvor festgelegten Kriterien der Auftragsklärung ab und generiert daraus Kennzahlen, die den Erfolg des potenziellen Geschäftsmodells messbar machen.

Spezifikation

Die Service Spezifikation entstammt dem Leitkonzept der Servicialisierung von Paul G. Huppertz (2012) und dient zur eindeutigen Spezifikation der Dienstleistung anhand von zwölf Parametern. Im Mittelpunkt steht der Konsumentennutzen und damit das Werteversprechen als zentrales Element für die spätere Geschäftsmodellierung. Sie enthält erste Inhalte für spätere Service Level Agreements, die Vertragsgestaltung sowie die Möglichkeit der Katalogisierung. Wichtig in dieser Phase sind verschiedene Hilfsmittel wie zum Beispiel die Durchführung von Kundeninterviews oder die Bedarfsermittlung.

Modellierung

In der Modellierung wird der Prozess mittels eines Service Blueprints abgebildet. Es geht darum, die vorhandenen Elemente einzusetzen und den Prozess sichtbar und erlebbar zu machen. Zuerst werden die Prozessschritte definiert, danach werden diese folgenden Kriterien zugeordnet:

- Materielle Hilfsmittel,
- Kundenaktivitäten,
- sichtbare Aktivitäten des Kundenkontakter,
- nicht sichtbare (Backstage)Aktivitäten des Kundenkontakter,
- Support Aktivitäten im Backoffice,
- Vorbereitungsaktivitäten (Disposition),
- vorgelagerte Aktivitäten (Beschaffung von Potenzial- und Verbrauchsfaktoren).

Unter jedem Schritt wird die Bearbeitungszeit festgehalten und insgesamt die Durchlaufzeit des Prozesses als wichtigstes Element zur Prozessverbesserung gemessen.

In dieser Phase entstehen aber auch erste Prototypen. Prototypen sind Abbildungen (zum Beispiel neuer Kundenkontaktpunkt) von Serviceideen, die eine Visualisierung ermöglichen.

- Der Kunde muss anhand eines Prototyps den Kern- und Zusatznutzen erkennen.
- Ein Prototyp sollte eine Leistung so detailliert wiedergeben, dass sowohl Endnutzer als auch Mitarbeiter lernen, mit der Leistung umzugehen.
- Der Prototyp sollte geeignet zum Testen sein, um Erkenntnisse für die Evaluierung und Verbesserungsmöglichkeiten gefunden werden können.

Testphase

In dieser Phase wird das neue Geschäftsmodell ausführlich getestet. Nehmen Sie hierfür wieder die generierten Kennzahlen zur Hand. Gehen Sie eventuell an erste Kunden ran. Diese Phase ist individuell je nach Geschäftsmodell zu gestalten.

Prüfungsphase

In der letzten Phase der Methode wird das neue Geschäftsmodell im Alltag getestet und überwacht, ob die Lösungen aus der Modellierungsphase auch im normalen Betrieb dauerhaft und nachhaltig Erfolg haben.

Kernpunkte der Prüfphase sind die Überwachung und Dokumentation der Veränderungen. Folgende Techniken können hierfür unter anderem eingesetzt werden (Lunau et al. 2013):

- SOP (Standard Operating Procedure): überarbeitete Arbeitsanweisungen, wie das Geschäftsmodell ablaufen soll.
- statistische Prozesskontrolle (SPC): Überwachung der aktuellen Performance, Qualitätsregelkartentechniken zur Visualisierung des Verlaufs.
- OCAP-Plan (Out of Control Action Plan): Anweisung, wer was wann tun muss, wenn unerwartete Veränderungen auftreten.
- Beurteilung der aktuellen Prozessleistung: Berechnung des Six-Sigma-Levels und/oder der Prozessfähigkeitsindizes C_p und C_{pk} auf Basis des verbesserten Prozesses und Vergleich der Kennzahlen mit den ursprünglichen Ergebnissen.
- Lessons Learned: Dokumentation des im Projekt gesammelten Wissens und der Erkenntnisse.
- Project Board/Steering Group: Informieren des Lenkungsausschusses über die Ergebnisse, Veränderungen, Fehlschläge und Erfolge des Six-Sigma-Projekts.

15.4.7   Ergebnis

Sind alle Phasen des Prozesses durchlaufen, liegt als Ergebnis ein neues, serviceorientiertes Geschäftsmodell vor, ausgerichtet an den strategischen Maximen der BVR-Pyramide:

- die Nr. 1 in der Mitglieder- und Kundenzufriedenheit,
- die Sicherung nachhaltiger Wirtschaftlichkeit im Kundengeschäft,
- die Nr. 1 in Mitarbeiteridentifikation und -qualität.

Literatur

Anderson, D. J. (2011). *Kanban. Evolutionäres Change Management für IT-Organisationen*. Heidelberg: Dpunkt.

Hawranek, D., Mahler, A., Pauly, C., Schiessl, & Schulz, M. T. (2011). Märkte außer Kontrolle. Hamburg. *Der Spiegel*, 34/2011, S. 60.

Huppertz, P. G. (2012). *Service-Spezifizierung – 12 Service-Attribute*. http://www.comconsult-research.de/service-spezifizierung-12-service-attribute/. Zugegriffen: 10. Juli 2015

Leimeister, J. M. (2012). *Dienstleistungsengineering und -management*. Berlin Heidelberg: Springer.

Leopold, K., & Kaltenecker, S. (2012). *Kanban in der IT: Eine Kultur der kontinuierlichen Verbesserungen schaffen*. München: Carl Hanser.

Lunau, S., Staudter, C., Hugo, C., Bosselmann, P., Mollenhauer, J. P., Meran, R., & Roenpage, O. (2013). *Design for Six Sigma + Lean Toolset. Mindset für erfolgreiche Innovationen*. Wiesbaden: Springer Fachmedien..

Mager, B., Gais, M., & Fink, W. (2009). *Service Design. Design studieren*. Paderborn: Fink.

Osterwalder, A., & Pigneur, Y. (2011). *Business Model Generation*. Frankfurt a.M.: Campus.

Womack, J., Jones, T., & Roos, D. (1990). *The Machine that changed the world*. New York: Rawson Associates.

Hier studiere ich.

Das Bachelor- oder Master-Hochschulstudium neben dem Beruf.

Alle Studiengänge, alle Infos
unter: **fom.de**

The manufacturer's authorised representative in the EU is Springer
Nature Customer Service Centre GmbH, Europaplatz 3, 69115 Heidelberg,
Germany. If you have any concerns regarding our products, please
contact ProductSafety@springernature.com

Printed and bound by CPI Group (UK) Ltd, Croydon, CR0 4YY
28/04/2026
02098479-0013